120°
150°
USA
Alaska
Prudhoe Bay
BEAUFORT-
SEE
Barrow
Aleuten
Beringstraße
Uelen
Kap Deschnjow
TSCHUKTSCHEN-
SEE
OLARMEER
ZEAN)
Tschuktschen-
Halbinsel
BERINGMEER
Wrangel-Insel
180°
Kap Schmidt
Tschukotka
Anadyr
PAZIFISCHER
OZEAN
Pewek
Anadyr
Anadyrsk
Markowa
OST-
SIBIRISCHE
SEE
De-Long-Inseln
Nischnekolymsk
Neusibirische
Inseln
Indigirka
Kamtschatka
Kolyma
APTEW-
SEE
Kamtschatka
70°
NÖRDLICHER POLARKREIS
Tiksi
Jana
Magadan
OCHOTSKISCHS
MEER
Lena
Ochotsk
150°
Jakutsk
120°
Sachalin

mare

Andreas Renner

Nordostpassage

Geschichte eines Seewegs

mare

Für Lena

Umschlagmotiv: Karte Nowaja Semljas,
gezeichnet 1597 von Gerrit de Veer, einem Überlebenden
aller drei Expeditionen von Willem Barents,
und veröffentlicht 1601 von Theodore de Bry
(Tertia pars Indiae Orientalis, Frankfurt 1601).

2., aktualisierte Auflage 2024

Lektorat Claudia Jürgens, Berlin
Karten Peter Palm, Berlin
Typografie Iris Farnschläder / mareverlag
Schrift Stempel Garamond
Druck und Bindung CPI books GmbH, Germany
ISBN 978-3-86648-684-3

MIX
Papier | Fördert gute Waldnutzung
FSC® C083411

www.mare.de

Inhalt

Prolog

Vom Traum zur Wirklichkeit

Juni 2023. Eis liegt meterdick zwischen der Nordküste Sibiriens und dem Horizont. In der Wilkizki-Straße, einer 60 Kilometer schmalen Meerenge vor der nördlichsten Landspitze Asiens, bahnen zwei wuchtige Eisbrecher eine Fahrrinne. Mit über 80000 PS aus je zwei Atomreaktoren schieben sich die 33000 Tonnen schweren und 34 Meter breiten Schiffe auf den gefrorenen Ozean vor ihnen. Mal dünne, einjährige Eisflächen, mal riesige, kompakt verkantete Schollen aus mehreren Wintern zerbersten mit einem langen knirschenden Geräusch und werden seitlich unter das Festeis gedrückt. *Sibir* und *Arktika* sind zwei der neuesten und stärksten Eisbrecher Russlands. Auf 78 Grad Nord helfen sie einem 300 Meter langen Tanker auf seinem Weg ins japanische Yanai durch ein gefährliches Nadelöhr. Die nach einem Arktisforscher der Zarenzeit benannte *Fjodor Litke* ist in diesem Jahr das erste Schiff, das die arktische Abkürzung in den Pazifik fährt. Sie hat fast 100 Millionen Kubikmeter verflüssigtes Erdgas (LNG) von der westsibirischen Halbinsel Jamal geladen.

Seit Christoph Kolumbus im 15. Jahrhundert den Seeweg nach Indien und China verfehlt hatte, haben westeuropäische Seefahrer von einem schnellen Weg nach Asien durch das sibirische Polarmeer geträumt – die Nordostpassage. Doch das Meereis 1500 Kilometer nördlich des Polarkreises erwies sich als undurchdringlich. Jahrhundertelang. Alle Vorstöße mit fragilen Segelschiffen scheiterten; glücklich konnte sein, wer rechtzeitig umkehrte und nicht in den bizarr gefrorenen Wassermassen überwintern und oft genug sterben musste. Die Nordostpassage blieb eine Legende, wie ihr Pendant, die noch unzugänglichere Nordwestpassage entlang der kanadischen Arktisküste.

Ein halbes Jahrtausend nach Kolumbus drängt der Klimawandel das Meereis jeden Hochsommer so weit zurück, dass immer mehr Schiffe im Jahr die Nordostpassage nutzen können – und immer längere Teilstrecken ohne Eisbrecher-Begleitung. Doch mithilfe von Schiffen wie der *Sibir* oder der *Arktika* sind inzwischen sogar Transporte in der tiefsten Polarnacht möglich – wie erst im Januar ein aus China geschickter Tanker gezeigt hat. Das macht die Fahrt durch eines der abgelegensten Seegebiete der Welt zu einer attraktiven Abkürzung. Je nach Start- und Zielhafen ist die transarktische Route um 20 bis 60 Prozent kürzer als die Standardstrecke durch den Suezkanal und spart entsprechend Arbeitszeit, Treibstoffkosten sowie Emissionen.

Auf die *Sibir* wartet in der Tschuktschensee nördlich der Beringstraße bereits der nächste Kunde, der unter liberianischer Flagge segelnde Schwergutfrachter *Pugnax*. Er soll ein mehrere Tausend Tonnen wiegendes Bauelement aus chinesischer Produktion nach Murmansk bringen; genauere Angaben über die Ladung macht der Reeder nicht. Aber sie ist für die Fertigstellung eines russischen Flüssigerdgas-Terminals bestimmt, das auf der Kola-Halbinsel am Westufer der Barentssee vormontiert und dann in Teilen über den Arktischen Ozean nach Westsibirien geschleppt wird. Ohne Zwischenfälle geleitet die *Sibir* die übergroße Lieferung durch die in diesem Juni noch fast vollständig vereisten sibirischen Meere. Siebzehn Tage später erreicht die *Pugnax* ihren Zielhafen.

Nicht nur wegen der Eisbrecher ist die Nordostpassage im 21. Jahrhundert zu einer neuen Route der Handelsschifffahrt geworden. Sie ist zwar noch lange nicht so gut vermessen wie andere Seewege, aber dank moderner Navigationstechnik und Meteorologie mit einem einschätzbaren Risiko befahrbar. Verpflegung und Hygiene an Bord geben, anders als in der frühen Neuzeit, keinen Anlass zu Meutereien. Arktisforscher lassen sich zwar weiterhin gern mit ihren Schiffen einfrieren, aber mit einem vor 500 Jahren unvorstellbaren Gefühl der Sicherheit und stets in Echtzeit mit der Welt verbunden. Und die polare Handelsschifffahrt nach oder von Asien verläuft inzwischen wie auf jeder internationalen Seeroute nach Zeitplan. Er ist zwar elastischer kalkuliert als der Frachtverkehr auf beispielsweise der Ostsee. Doch die Todesgefahren sind auf beiden Meeren inzwischen gleichermaßen vernachlässigbar.

Die Nordostpassage ist aber anders Wirklichkeit geworden, als es sich die westeuropäischen Seefahrernationen der frühen Neuzeit hätten träumen lassen. Und das nicht nur wegen des Klimawandels und der technischen Erfindungen von fünf Jahrhunderten. Auf der Nordostpassage, deren längstes und schwierigstes Teilstück vor der sibirischen Nordküste verläuft, sind vor allem Schiffe unterwegs, die, wie die *Fjodor Litke* oder die *Pugnax*, Güter aus und nach Russland bringen. Und sie sind es nicht erst seit dem Abschmelzen des Polareises, sondern profitieren nur besonders davon. Auch im 21. Jahrhundert macht der von Kolumbus' arktischen Nachfolgern erträumte Transithandel mit den reichen Ländern Asiens nur einen Bruchteil des Schiffsverkehrs vor Sibirien aus. Mit Russlands Krieg gegen die Ukraine kamen die internationalen Durchfahrten sogar völlig zum Erliegen und der Traum einstweilen zu einem bösen Ende – während russisches LNG aus der Arktis weiterhin nicht nur nach Japan, sondern auch in die Europäische Union geliefert wird.

Dieses Buch wagt erstmals einen kompakten Überblick über die gesamte Geschichte der Nordostpassage. Was passierte eigentlich in dem halben Jahrtausend zwischen den ersten Eismeerfahrten englischer und niederländischer Galeonen und dem gegenwärtigen Schiffsverkehr? Verfiel der Arktische Ozean in einen eisigen Dornröschenschlaf, nur weil westeuropäische Kapitäne aufhörten, ihn zu »entdecken«? Um diese Frage zu beantworten, darf man die Nordostpassage nicht als bloße Verbindungslinie zwischen Atlantik und Pazifik betrachten. Was lag Backbord und Steuerbord der Eismeerfahrer, durch wessen Lebensraum schipperten sie – und mit welchen Folgen? Und nicht zuletzt: Was für Beweggründe jenseits des Fernhandels gab es, sich in die unbekannten, die meiste Zeit vereisten Meere zwischen Pol und Tundra vorzuwagen?

Die Antwort auf diese Fragen ist in der Geschichte des Zarenreichs und der Sowjetunion zu suchen. Hat das expandierende Russland den Arktischen Ozean doch viel früher als die Ostsee, das Schwarze Meer oder den Pazifik erreicht. Lange vor westeuropäischen Schiffern waren sibirische Fischer und Walrossjäger im Polarmeer unterwegs – und indigene Schlittenführer auf ihm. Sie kämpften gegen Skorbut und Kälte, Eisbären und Dunkelheit und inspirierten doch immer ihre Nachfolger. Kosaken segelten schon im 17. Jahrhundert über den Arktischen Ozean nach Sibirien, um von den einheimischen Völkern Tribute zu erpressen; Kaufleute machten ein Vermögen mit auf gefrorenen Inseln gefundenem Mammutelfenbein. Zarische und sowjetische Geografen vermaßen als Erste die Inseln und Meeresströmungen vor Sibirien.

Später pfropften Stalins Ingenieure Häfen, Bergwerke und Arbeitslager an die Arktisküste. Jahrzehnte vor dem jüngsten Hype um die Nordostpassage haben sowjetische Binnenschiffer das Eismeer erobert. Im Kalten Krieg – wie heute wieder – durchzogen Militärstützpunkte und atomgetriebene U-Boote die Meere im hohen Norden. Und wie selbstverständlich und mit technischen Argusaugen verwaltet und überwacht Moskau gegenwärtig den Schiffsverkehr auf dem zentralen Abschnitt der Nordostpassage.

Die neueste Marinedoktrin der Russischen Föderation vom Juli 2022 nennt den Arktischen Ozean das für Russland wichtigste Seegebiet und Russlands Abschnitt der Nordostpassage ein historisch gewachsenes, nationales Erbe, das es gegen fremde Übergriffe zu schützen gelte. Diese konfrontative Sprache lässt aufhorchen. Zum einen, weil andere seefahrende Länder, allen voran die USA, aus der Geschichte keine besonderen Vorrechte für Russland in »seinen« arktischen Meeren ableiten wollen. Zum anderen, weil schon einmal, und zwar in der frühen Stalinzeit der 1930er-Jahre, die polare Schifffahrt einen propagandistisch überhöhten Wert erhielt. Aktuell wie vor neunzig Jahren geht es um den Abtransport von Rohstoffen und um geopolitische Machtansprüche. Russland definiert sich keineswegs nur im Kontrast zum Westen, sondern auch als wichtigste Macht des Nordens. Die Arktis macht einen wesentlichen, aber erstaunlich wenig erforschten Teil seiner Geschichte aus.

Doch worauf gründen sich und was genau bedeuten Russlands historische Ansprüche im Arktischen Ozean des 21. Jahrhunderts? Diese Frage drängt plötzlich an den Anfang eines Buches, das eigentlich mit einer Seefahrerlegende aus dem 16. Jahrhundert beginnen wollte.

1

Wege durchs Eismeer

Auf den Lieblingslisten von Städtereisenden ist Murmansk nicht zu finden. Zwischen baumloser Tundra und Arktischem Ozean, gut 200 Kilometer entfernt von der russisch-norwegischen Grenze, liegt die mit 300 000 Einwohnern größte Siedlung nördlich des Polarkreises. Seit ihrer Gründung als Marinebasis im Ersten Weltkrieg ist die Stadt schmuckloser Militär- und Industriestandort. Doch nicht allein der Abbau von Nickel oder die strategische Lage am westlichen Eingang der Barentssee haben Murmansk groß gemacht, sondern ein glücklicher Umstand: Der Golfstrom hält den lang gezogenen Hafen im Kola-Fjord ganzjährig eisfrei. Von Juli bis September spült er neben den üblichen Matrosen auf Landgang auch Touristen mit bunten Funktionsjacken und Urlaubsgeld in die graue Stadt. Sie ist der wichtigste Ausgangspunkt oder Zwischenstopp für Schiffsreisen in die russische Arktis.

Im Hafen wartet neben Ausflugsbooten für preiswerte Kurztrips ein auffallend bullig gebautes, rot-schwarz lackiertes Schiff. Der Atomeisbrecher *50 Let Pobedy* (50 Jahre Sieg) fährt für eine fünfstellige Dollarsumme Touristen zum Barbecue an den Nordpol. Am Anleger von Murmansk starten oder beenden auch Kreuzfahrtdampfer ihre Touren durch die fünf arktischen Meere vor Russlands Nordküste. Die Barentssee am Ausgang des Atlantiks, Karasee, Laptewsee, die Ostsibirische See und schließlich die Tschuktschensee am Nordostrand des Pazifiks machen zusammen die Hälfte des Arktischen Ozeans aus. 7000 Kilometer ist die Durchquerung lang; sie bildet den Hauptabschnitt der lange Zeit als unbezwingbar geltenden Nordostpassage von Westeuropa nach Ostasien. Seit der frühen Neuzeit endeten die meisten Versuche, diesen kürzesten Seeweg in den Stillen Ozean zu nehmen, im sibirischen Meereis. Erst sowjetische Schiffe haben den Seeweg systematisch erschlossen, der Klimawandel hat ihn für den Welthandel geöffnet. In den späten 2010er-Jahren hat der boomende Arktistourismus die Nordostpassage entdeckt und Seefahrerlegenden belebt, die sich um Expeditionen aus fünf Jahrhunderten ranken.

Die große Fahrt vom Atlantischen über den Arktischen in den Pazifischen Ozean dauert knapp vier Wochen. Die Reise zwischen 70 und 80 Grad Nord, also bis zu 1500 Kilometer nördlich des Polarkreises, ist schnell per Mausklick gebucht. Für über 20 000 Dollar im umgerüsteten Forschungsschiff oder für die fast vierfache Summe in der Suite eines mondänen Passagierdampfers mit Eismeerzulassung. Oneway, versteht sich. Nicht inbegriffen sind An- und Abreise nach Murmansk. Im Reisepreis enthalten ist dagegen ein sehr wahrscheinliches Treffen mit dem König der Arktis, dem Eisbären. Und das Versprechen unendlicher Weiten.

Denn anders als Spitzbergen ist die russische Arktis bislang nicht vom Übertourismus bedroht. Die anderswo üblichen Kreuzfahrtriesen können die teils flachen und eisgefährdeten Gewässer schon gar nicht befahren. Die Passagierschiffe, die bislang die ganze Nordostpassage absolviert haben, lassen sich an zwei Händen abzählen. Coronapandemie und Ukraine-Krieg haben die Nachfrage dann einbrechen lassen. Die meisten ausländischen Reiseveranstalter fahren inzwischen einen großen Bogen um die russische Arktis – die russische Konkurrenz drängt in den Nischenmarkt. Der Umbau von arktistauglichen Schiffen aus der Sowjetzeit in Touristentransporter ist in vollem Gange.

Russische Reiseveranstalter können weniger Luxus, aber weiterhin ein exklusives Naturerlebnis garantieren – mit Walen und Walrosskolonien, ungezählten Möwenarten und unbekannten Krustenflechten, frostiger Polarluft und frischem Meersaibling. Jede Kreuzfahrt entlang der Nordostpassage ist aber auch eine Reise durch die Zeitschichten ihrer schwierigen Erschließung. Die tagelangen Etappen durch menschenleere Meeres- und bizarre Eislandschaften lassen noch erahnen, wie unüberwindlich diese Distanzen früher waren, während sommerlicher Eisregen ganz vage an die klimatischen Extreme des Polarwinters erinnert. Landgänge in sowjetische Funktionssiedlungen oder zu Rentierzüchtern in der Tundra zeigen, dass die Nordostpassage mehr als nur eine Abkürzung zum Pazifik ist; zu ihr zählen über 24 000 Kilometer russischer Arktisküste. Ausflüge mit dem Zodiac-Schlauchboot zwischen Kontinent und Packeisgrenze vermitteln die Namen bislang nie gehörter Meeresforscher, Geografen und verschollener Schiffe. Hinter der bewunderten Natur der Nordostpassage verbergen sich auch fünf Jahrhunderte menschlicher Geschichte. Passagiere auf Kreuzfahrten bewegen sich über die arktischen Meere wie Lesende über einen Palimpsest, ein mit immer neuen Texten überschriebenes Pergament.

In Murmansk sind keine großen Dechiffrierkünste nötig, um die beiden Hauptsehenswürdigkeiten einzuordnen. Gleich gegenüber dem brandneuen Passagierterminal hat der erste Atomeisbrecher der Welt, die 1959 in Dienst gestellte *Lenin*, seinen letzten Ankerplatz als Museumsschiff gefunden. Und im Norden überragt *Aljoscha*, das zweitgrößte Kriegsdenkmal des Landes, die verwitterten Plattenbauten. Im Zweiten Weltkrieg hielt Murmansk unter deutschem Dauerbombardement den überlebenswichtigen Zugang der UdSSR zum Atlantik aufrecht. In der Nachkriegszeit wurde die Stadt nicht nur zur wichtigsten Basis von Moskaus nuklearer U-Boot-Flotte, sondern auch zum Heimathafen der Atomeisbrecher. Sie operierten im Sommer bis zum Pazifik und hielten im Winter immerhin den Weg nach

Westsibirien offen. Murmansk war der Schlüssel zum sowjetischen »Nördlichen Seeweg«, wie der Kreml »seinen« Abschnitt der Nordostpassage taufte. Zwar hat die Stadt seit dem Untergang der UdSSR gut ein Drittel ihrer Einwohner verloren, doch nicht ihre Bedeutung als Schnittstelle zwischen Atlantik und Pazifik. Kreuzfahrtschiffe mit Ziel Beringstraße – dieser symbolisch aufgeladenen Meerenge zwischen Asien und Amerika – können hier zum letzten Mal Treibstoff und Proviant bunkern.

Für die ersten westeuropäischen Seefahrer, die sich in der zweiten Hälfte des 16. Jahrhunderts auf die Suche nach der Nordostpassage machten, begann auf der Höhe des heutigen Murmansk das Unbekannte. Die Küste war unbewohnt und die Erforschung des stürmischen und eisigen Murman-Meeres (wie die Barentssee bis ins 19. Jahrhundert hieß) herausfordernd. Auch der spätere Namensgeber, der holländische Navigator Willem Barents, kam auf seinen drei Fahrten in den 1590er-Jahren nicht über die nordöstliche Grenze des Meeres hinaus. Auf 76 Grad Nord führte er astronomische Pionierstudien durch – und verstarb völlig entkräftet nach der ersten (dokumentierten) Polarüberwinterung von Westeuropäern.

Inzwischen ist die Barentssee eisfreier und besser kartografiert als zu Barents' Zeiten. Ihre Überquerung ist nicht mehr lebensgefährlich. Während Barents unter der Vitaminmangelkrankheit Skorbut litt und hungernde Matrosen von der Meuterei abhalten musste, können Passagiere nunmehr das noch immer gerne stürmische Meer mit seinen Buckelwalen und unzähligen Seevögeln bequem aus dem Bordrestaurant betrachten. Der Kurs ist Nordnordost, abseits der küstennahen Hauptroute für Handelsschiffe. Das erste Etappenziel lautet Franz-Josef-Land, 1500 Kilometer von Murmansk entfernt. In der Nähe dieser Inselgruppe zwischen 80 und 82 Grad nördlicher Breite hatte im Juli 1931 die erste sowjetische Arktiskreuzfahrt ein Rendezvous mit dem legendären Luftschiff *Graf Zeppelin*.

Den nach dem vorletzten Habsburger Monarchen benannte Archipel entdeckte 1873 im Vorbeidriften eine österreichisch-ungarische Expedition; diese war auf ihrem Weg zum Nordpol im Packeis vom Kurs abgekommen. Doch in Wien wusste man mit den vergletscherten Inseln nichts anzufangen; erst die UdSSR erklärte 1926 das Niemandsland zu ihrem Staatsgebiet. Dauerbewohner kennt der Archipel bis heute nicht. Doch neben dem nördlichsten Militärflughafen der Welt befinden sich auf Franz-Josef-Land eine Forschungsstation und seit einigen Jahren noch ein kleines Besucherzentrum für die jährlich tausend Sommertouristen. Ein Drittel reist extra aus China an, Tendenz steigend. Die Inseln gehören zu Russlands riesigem Arktis-Nationalpark. Die Biodiversität im nährstoffreichen Wasser der nördlichen Barentssee ist einzigartig und die Grundlage für eine der größten und stabilsten Eisbärenpopulationen der Welt. Mit dem schmelzenden Packeis ziehen sie sich stärker auf die Inseln im Nordpolarmeer zurück. Auch nach Nowaja Semlja, wo es immer wieder zu gefährlichen Treffen zwischen den bärigen Ureinwohnern des Arktischen Ozeans und menschlichen Zuwanderern kommt.

Diese lang gezogene Doppelinsel liegt 500 Kilometer südlich von Franz-Josef-Land; aus geologischer Sicht ist sie eine Verlängerung des Uralgebirges, das als Europas Grenze zu Asien gilt. Die Nordspitze des »Neuen Landes« ist damit zugleich der nordöstlichste Punkt Europas. Östlich der Insel öffnet sich die Karasee, Russlands zweites arktisches Meer, mit gut 1500 Kilometern etwa so lang wie die Ostsee und meist auch nicht viel tiefer. Wie in einem riesigen Trichter kann sich in der Karasee, trotz – oder gerade als Folge – des Klimawandels, ganzjährig meterdickes Drifteis stauen. Die Wassertemperatur liegt selbst im Sommer nur knapp über dem Gefrierpunkt. Am Panoramafenster der Kreuzfahrtschiffe ziehen senkrecht aufragende Felsen mit Vogelkolonien vorbei, Eisschollen mit Eisbären, eine unbemannte Polarstation. Die nördlichsten Bohrtürme der Welt erinnern daran, dass sich unter dem Eismeer gigantische Öl- und Gasvorkommen befinden. Das Ensemble bietet unmittelbares Anschauungsmaterial für die landes- und naturkundlichen Vorträge an Bord einer jeden anspruchsvollen Kreuzfahrt.

Wie Barents scheiterten die meisten Expeditionen der frühen Neuzeit an der Einfahrt in die Karasee. Dass der Flame Olivier Brunel 1577/80 gleich zweimal hindurch und bis zur Mündung des Ob gelangte, dem westlichsten der großen sibirischen Ströme, war eine bemerkenswerte Ausnahme. Doch seine zweite Rückfahrt misslang; Brunel ging mit einer kostbaren Ladung sibirischer Pelze in der Barentssee unter und führte tragisch die Grenzen der damaligen Seemannskunst vor Augen.

Seit etwa 1570 machte sich die weltweite Kleine Eiszeit deutlicher bemerkbar. Mehr Frost, mehr Eis, mehr Schnee in der Arktis erhöhten das Risiko für maritime Expeditionen. Zugleich erkämpften sich die aufstrebenden Seemächte England und die Niederlande an der Wende zum 17. Jahrhundert eine aussichtsreichere Route: den Zugang zu den bislang von Portugal und Spanien kontrollierten Seewegen um Südafrika und Südamerika.

Es gab indes einen weiteren Grund für das schwindende Interesse in London und Amsterdam an der Nordostpassage: die Eroberung Sibiriens durch russische Kosaken und Pelzjäger, die auch auf dem arktischen Seeweg vordrangen. Anders als das damals menschenleere Nowaja Semlja, das die Regierung in Sankt Petersburg erst in den 1870er-Jahren offiziell beanspruchte und besiedelte, wurden die Nordküsten Sibiriens mit ihren tributpflichtigen Nomadenvölkern im 17. Jahrhundert ein Teil des Zarenreichs. Seit dieser Zeit besitzt die Nordostpassage ihre russische Südseite. Obwohl die Karasee bis weit ins 19. Jahrhundert als unpassierbarer Eiskeller der Arktis galt, haben sie nordrussische Fischer und Kaufleute befahren. Schmuggler versuchten ihr Glück in wendigen Booten, schließlich war Sibirien bis in die Mitte des 18. Jahrhunderts durch eine Zollgrenze von Russland getrennt. Lebensgefährlich waren alle diese Fahrten. Erst die Dampfschiffe der späten Zarenzeit sollten einen einigermaßen sicheren und regelmäßigen Schiffsverkehr in der Karasee möglich machen.

Der Weg in das nächste arktische Meer, die Laptewsee, führt um den nördlichsten Festlandpunkt der Welt (und damit auch der Nordostpassage) herum: das nach einem russischen Steuermann des 18. Jahrhunderts benannte Kap Tscheljuskin. Gegenwärtig liegen dort die Temperaturen zehn Grad über dem langjährigen Durchschnitt, noch im 20. Jahrhundert war Winter hier die einzige Jahreszeit. Eisflächen und Torossen blockierten den Weg, haushoch verkeilte Eisschollen.

Für den finno-schwedischen Polarforscher Adolf Erik Nordenskiöld war der Weg im August 1878 ausnahmsweise frei. Ihm glückte mit dem umgebauten Walfangschiff *Vega* die erste Umrundung von Kap Tscheljuskin. Vom Ufer beobachtete ein mächtiger Eisbär die Eindringlinge und nahm Reißaus, als Nordenskiöld ihn mit einem Kanonenschuss begrüßen ließ. Die *Vega* dampfte weiter. Vor dem Wintereinbruch wollte man den Arktischen Ozean wieder verlassen, und zwar durch die Beringstraße, und damit als erstes Schiff die gesamte Nordostpassage bewältigen.

Für die arktische Seefahrt stellt das meist nebelverhangene Kap Tscheljuskin auf 77° 44' Nord noch immer eine anspruchsvolle, selbst im Hochsommer mit Treibeis umgebene Wegmarke dar. Sie ist schon deswegen ein fest eingeplanter Höhepunkt jeder Kreuzfahrt. Passagiere können wie Nordenskiöld »mit Wein und Toasten«[1] auf dem arktischen Dach der Welt anstoßen, etwa in der Mitte zwischen Nordpol und Polarkreis. Der nördlichste Punkt des amerikanischen Kontinents, das Murchison Promontory, liegt 600 Kilometer weiter südlich. Es folgt ein Abstecher noch drei Breitengrade weiter nach Norden zu den blau schimmernden Fjorden und Eisbergen von Sewernaja Semlja, dem »Nordland«.

Erst 1913 hat der russische Meeresforscher Boris Wilkizki diese 300 Kilometer lange Inselgruppe entdeckt. Wilkizki leitete damals die letzte hydrografische Expedition des Zarenreichs. Vier Jahre lang vermaß sie die Küsten, die Eisdicke und die Strömungen der ostsibirischen Meere – und bewältigte nebenbei auch erstmals die Nordostpassage von Ost nach West. Weil Wilkizki zunächst selbst mit seinen zwei Eisbrechern die später nach ihm benannte Meeresstraße vor Kap Tscheljuskin nicht passieren konnte, war er nach Norden ausgewichen und überraschend zunächst auf Eisberge, dann auf Gletscherinseln gestoßen. Er holte die Besatzung an Land, bevor er es mit einer Flaggenzeremonie zu russischem Territorium erklärte. Der Archipel erhielt später den Namen von Zar Nikolaus II. und sollte die letzte Gebietserweiterung des Zarenreichs sein, das vier Jahre später in der Oktoberrevolution unterging. Doch während Nikolaus II. alsbald von den neuen Machthabern ermordet wurde, durften die unbewohnten Inseln seinen Namen noch bis 1926 tragen. Russische Nationalisten fordern heute eine Rückbenennung.

Die sich östlich von diesem »Nordland« anschließende Laptewsee liegt auch ein Jahrhundert nach Wilkizki noch bis zu zehn Monate im Jahr unter einer Eisdecke. Die kombinierte Kraft von Gezeiten, Wind und aufsteigendem Warmwasser türmt das Eis stellenweise haushoch auf – und lässt andernorts das Meer kilometerweit offen liegen, nicht selten über Jahre an denselben Stellen. Für diese riesigen Freiflächen im Meereis hat sich der russische Name Polynja international eingebürgert. Für den Lebensrhythmus der arktischen Meeressäugetiere sind Polynjas essenziell. Auch die winterliche Schifffahrt nutzt sie. Trotzdem ist während der tendenziell länger werdenden Navigationsperiode in der hellen Jahreszeit für die meisten Schiffe eine Begleitung durch Eisbrecher noch Pflicht.

Die 1300 Kilometer lange Laptewsee trägt den Namen von zwei verwandten Marineoffizieren, die sie in den 1730er-Jahren für die Petersburger Akademie der Wissenschaften vermaßen. Doch russische Kosaken und Trapper hatten den Meeresrand bereits im 17. Jahrhundert sporadisch erkundet. Der Zugang erfolgte in beiden Fällen von Jakutsk an der Lena, etwa 1000 Kilometer südlich vom Meer. An der

Nordküste Sibiriens gab es während der ganzen Zarenzeit nicht einen Seehafen.

Noch immer liegen Tagesreisen zwischen Russlands sibirischen Hafenstädten, die alle nur ein paar Tausend Einwohner und eher eine Militärbasis als einen Bahnanschluss haben. Die geringe Dichte an Handelshäfen ist einer der Wettbewerbsnachteile der Nordostpassage gegenüber der Suez-Route. Denn die meisten Handelsschiffe laufen, wie Linienbusse, auf ihrem Weg von Asien nach Europa verschiedene Stationen an, um Fracht zu löschen und neue aufzunehmen. Die Häfen entlang der Nordostpassage besitzen zwar oft immense Verladekapazitäten, sind aber aufgrund ihrer abgeschiedenen Lage nicht für den Warenimport geeignet. Auch die Reparatur- und Tankmöglichkeiten sind begrenzt; Umweltschützer warnen seit Langem davor, dass Schiffsunfälle in der abgelegenen Arktis schnell katastrophale Ausmaße annehmen könnten.

Auf Kreuzfahrtschiffe sind die unter Stalin aus der Tundra gestampften Orte erst recht nicht eingestellt. Tagesausflüge mit dem wendigen Zodiac durch die arktische Fauna und Flora besitzen für Touristen ohnehin mehr Charme, verbunden mit einer Wanderung auf einer Eisscholle oder auf einer der Neusibirischen Inseln am östlichen Ende der Laptewsee.

Lange Zeit hielt sich der Mythos, dass dieser im 18. Jahrhundert entdeckte Archipel aus Elfenbein bestehe. Tatsächlich war er einer der letzten Lebensräume für Mammute, deren Überreste im Permafrostboden zahlreich erhalten sind. Mammutelfenbein aus Nordostsibirien war in der Zarenzeit ein wertvolles Handelsgut. Die allmählich auftauenden Inseln geben gegenwärtig immer neue Fossilien frei. Zugleich wächst die Gefahr, dass ganze Teile des Archipels ins Meer rutschen.

Die nächste Gelegenheit für einen Landgang besteht zwei bis drei einsame Reisetage weiter östlich, auf der Wrangel-Insel. Sie liegt am Ende der Ostsibirischen See, deren Meeresboden schlechter erforscht ist als die Oberfläche des Mondes und die wegen ihrer Untiefen und plötzlichen Eisbildung als besonders gefährlich gilt. Es war eine kleine Sensation, als im Sommer 2018 erstmals einem Containerschiff die Durchfahrt gelang, der dänischen *Venta Maersk*.

140 Jahre früher blieb hier Nordenskiölds *Vega* für zehn Monate stecken. Die Überwinterung war ärgerlich, aber nicht mehr lebensgefährlich wie knapp drei Jahrhunderte zuvor für Barents. Nordenskiöld vertrieb sich die dunkle Zeit mit Polarlichtstudien. Im nächsten Sommer gelang die Weiterfahrt und damit die Erstdurchquerung der Nordostpassage – ein Vierteljahrhundert bevor der norwegische Polarforscher Roald Amundsen als Erster die Nordwestpassage vor Kanada meisterte. Doch wegen der Überwinterungen war der erhoffte Beweis für die behauptete Wirtschaftlichkeit der Seewege gerade nicht erbracht. Amundsen hatte sogar drei lange Pausen im arktischen Winter einlegen müssen.

Die kleinen, aber PS-starken Polar-Kreuzfahrtschiffe meistern die Ostsibirische See heute problemlos. Für ihre Passagiere ist das unberechenbare Sommerwetter mit seinen fotogenen Lichtwechseln rund um die Uhr eine der wichtigsten Sehenswürdigkeiten. Bei günstiger Eislage folgen die Touristendampfer schon mal dem zurückweichenden Packeis bis auf 80 oder gar 85 Grad Nord. Dafür müssen sie andere Hürden überwinden: die Besucherbeschränkungen für das Naturschutzgebiet auf der Wrangel-Insel und das auch im Sommer oft undurchdringliche Treibeis um sie herum. Seit 2004 zählt die Insel zum UNESCO-Weltnaturerbe. Weil sie nie vergletscherte, hat sich auf der Wrangel-Insel die Tundra des Pleistozäns erhalten. Das »Galapagos der Arktis« ist ein Traumziel für Naturforscher, auch weil dort die berüchtigten sibirischen Stechmücken nicht heimisch sind. Umso zahlreicher sind Polarbären, genauer: Polarbärinnen. Hunderte von ihnen kommen jedes Jahr in die Sommerfrische, um auf dem Wrangel-Land zwei bis drei Jungtiere zu gebären.

Die Insel trägt den Namen des russischen Polarforschers Ferdinand von Wrangel, der von ihrer Existenz schon 1823 überzeugt war. Ihre Geschichte ist wechselhaft. Lange bevor die Sowjetunion hier eine Polarfuchsfarm gründete, hatten britische Geografen die Insel kartografiert; sie war ein Stützpunkt amerikanischer Walfänger, eine kurzlebige kanadische Siedlungskolonie und Zwischenstation für mehrere internationale Polarexpeditionen gewesen. Der Nordpazifik ist nicht mehr weit, und der war im späten 18. Jahrhundert zum Spielfeld europäischer Großmachtpolitik geworden. Von dort aus gerieten sowohl die Nordost- als auch die Nordwestpassage wieder als Abkürzungen in die Heimat in den Blick. Kein Geringerer als Englands berühmtester Entdecker, James Cook, erkundete 1778 die Tschuktschensee nordöstlich der Beringstraße. Der kecke Vorstoß löste in Sankt Petersburg einiges Stirnrunzeln aus. Doch Cook versah nur mehrere Orte mit neuen englischen Namen und erhob ansonsten keine Ansprüche für die britische Krone. Dagegen wurde der Streit um die Wrangel-Insel erst 1924 beigelegt, ein Jahrhundert nach der Sichtung durch ihren Namensgeber.

Den im äußersten Nordosten Asiens beheimateten Tschuktschen verdankt das östlichste Meer der Nordostpassage seinen Namen. Die nomadischen Rentierzüchter und Jäger aus Tschukotka leisteten bis ins späte 18. Jahrhundert und besonders verzweifelt Widerstand gegen die Eroberer aus dem fernen Westen. Nach seiner Unterwerfung fand das infrastrukturell kaum erschlossene und rohstoffarme Randgebiet lange Zeit wenig Beachtung; erst während des Kalten Kriegs verhalf ihm seine Nähe zu den USA zu einer gewissen strategischen Bedeutung. Noch immer ist Tschukotka – doppelt so groß wie Deutschland, aber mit der Einwohnerzahl von Böblingen – nur per Schiff oder Flugzeug zu erreichen. Eine Straße in die Hauptstadt Anadyr am gleichnamigen Fluss ist seit Jahren im Bau.

Für die 50000 Tschuktschen stellt der Tourismus eine wichtige Einnahmequelle dar. Der Besuch von Dörfern wie Uelen, das für seine Schnitzarbeiten aus Walrossknochen ebenso bekannt ist wie für archäologische Ausgrabungen, gehört zu jeder Kreuzfahrt in der Tschuktschensee – wie auch die Beobachtung von Grau- oder Buckelwalen. Uelen liegt fast genau auf dem Polarkreis; von dort sind es nur noch wenige Kilometer nach Süden bis zur Umrundung der meist dunstverhangenen Nordostspitze Asiens: Kap Deschnjow, mit einem der nur zweiundzwanzig Leuchttürme auf der ganzen Strecke. Gut achtzig Kilometer weiter im Westen liegt Alaska.

Semjon Deschnjow war einer jener Kosaken, die Sibirien über den arktischen Seeweg eroberten. Auf der Suche nach neuen Jagdgebieten und Tributzahlern gelang seiner Mannschaft 1648 die Fahrt von der Kolyma, die in die Ostsibirische See mündet, zum Anadyr am Pazifik. Damit durchfuhr er schon acht Jahrzehnte vor Vitus Bering die heute nach dem dänischen Kapitän benannte Meeresstraße. Allerdings hatte Deschnjow zwei Anläufe gebraucht und fünf seiner sieben Schiffe verloren.

Vor Tschukotka wäre beinahe auch die erste Durchquerung der Nordostpassage ohne Überwinterung gescheitert. Hier verlor im September 1932 der sowjetische Eisbrecher *Aleksandr Sibirjakow* auf dem Weg von Archangelsk nach Yokohama seine Schiffsschraube und geriet auf Schlingerkurs. Mit einem Behelfssegel aus schwarzen Planen durchquerte das Schiff die Tschuktschensee und erreichte im Oktober den Pazifik. Filmreif und vielleicht, wie manche lästerten: inszeniert. Doch für den Rekord war es wichtig, die Durchquerung aus eigener Kraft zu schaffen. Es zählt zu den Merkwürdigkeiten dieser Glanzstunde sowjetischer Polarforschung und Polarpropaganda, dass der unter roter Flagge segelnde Eisbrecher nach einem sibirischen Kapitalisten benannt war. Der damals in Nizza privatisierende Aleksandr Sibirjakow hatte ein halbes Jahrhundert zuvor Nordenskiölds Expedition mitfinanziert.

Gut zwei Monate benötigte die *Sibirjakow* für ihre Fahrt bis zur Beringstraße, Kreuzfahrtschiffe brauchen heute weniger als die Hälfte der Zeit. Die Passagiere stapfen entweder in Anadyr in Tschukotka von Bord oder in Nome in Alaska, auf der östlichen Seite der Meeresstraße. Beides sind abgelegene kleine Fischerorte, die mit ihren internationalen Flughäfen nach dem Aufenthalt im menschenleeren Eismeer wie eine andere Welt wirken.

Ob die Nordostpassage südlich der Tschuktschensee endet (oder beginnt), ist reine Ansichtssache. Sie ist schließlich keine Schifffahrtsstraße wie der Suezkanal, sondern meint verschiedene Verbindungen zwischen großen Häfen wie Hamburg und Rotterdam einerseits, Yokohama, Shanghai oder Busan andererseits. Die befahrbaren Strecken ändern sich so schnell wie Wetter und Eisgang im Arktischen Ozean. Auch Nordostkreuzfahrten verlaufen oft nach Plan B oder C.

Klar definiert ist hingegen der russische Abschnitt der Nordostpassage, das Seegebiet des Nördlichen Seewegs. Er liegt komplett im Arktischen Ozean und reicht von Nowaja Semlja und Franz-Josef-Land im Westen bis zur Beringstraße im Osten; im Norden wird der Nördliche Seeweg von der Außengrenze der russischen Ausschließlichen Wirtschaftszone im Nordpolarmeer begrenzt, also 200 Seemeilen vor der arktischen Küste. Durch dieses riesige Gebiet, in dem allein Russland Fische fangen oder Erdöl fördern darf, führt faktisch jede Fahrt auf der Nordostpassage. Die Streckenabschnitte westlich und östlich davon sind nicht regulierte internationale Gewässer, soweit sie außerhalb der Zwölfmeilenzonen von Küstenstaaten liegen.

Jedes Schiff muss sich fünfzehn Werktage vor der Einfahrt in Russlands Nördlichen Seeweg kostenpflichtig registrieren: für Eisbrecher-, Lotsen- und Seenotrettungsdienste oder für meteorologische Informationen. Eigentlich dürfen alle Schiffe die Ausschließlichen Wirtschaftszonen anderer Staaten unangemeldet und unentgeltlich durchqueren. Doch das internationale Seerecht kennt eine Ausnahme. Moskau begründet seinen besonderen Regulierungsanspruch (wie Kanada den für seine Wirtschaftszone in der Nordwestpassage) mit der Vereisung der Meere sowie mit der exklusiven Nutzung der Gewässer in der Vergangenheit. Insbesondere die USA lassen die historischen Argumente gar nicht und den Verweis auf die Eisbildung nur bedingt gelten.

Bei diesen unterschiedlichen Auffassungen geht es um Geopolitik, um die Kontrolle von Seewegen. Zwei unterschiedliche Perspektiven auf das eurasische Polarmeer lassen sich erkennen. Auf der einen Seite der Blick von außen auf die Nordostpassage als internationale Transitroute. Auf der anderen Seite der russische Blick auf den Nördlichen Seeweg als Wirtschaftsraum und historisch gewachsene Einflusszone. Der Traum von einem offenen Schifffahrtsweg zwischen den westeuropäischen und den ostasiatischen Handelszentren steht dem Selbstverständnis Russlands als arktischer Großmacht mit Zugang zu den Weltmeeren entgegen. Kreuzfahrten folgen der ersten Perspektive. Die Teilnehmenden bekommen von dem schwelenden Rechtsstreit so wenig mit wie von den Sektorengrenzen des Nördlichen Seewegs. Die Transitgebühr begleichen die Passagiere mit dem Reisepreis.

Die touristische Nordostpassage ist allerdings nur der jüngste von vielen Wegen durchs Nördliche Eismeer, das kleinste der Weltmeere. Die Suche nach einer Abkürzung zwischen Atlantik und Pazifik, an die noch jeder Reiseveranstalter erinnert, ist zwar deutlich älter, aber eine ökonomische Bedeutung hat der Traum bis in die Gegenwart nicht erhalten. Nur 64 der insgesamt 2905 im Jahr 2020 registrierten zivilen Schiffsbewegungen auf dem Nördlichen Seeweg waren Transitfahrten. Das waren deutlich mehr als die sechs Durchquerungen der Nordwestpassage, doch den Suezkanal passierten im selben Jahr 18 829 Schiffe.

Ökonomisch wichtiger ist das Nordpolarmeer dagegen spätestens seit der Sowjetzeit für den Abtransport von Rohstoffen aus und die Versorgung von Sibirien. Besondere Bedeutung besitzt im 21. Jahrhundert der Export von fossilen Rohstoffen über die Seeroute nach Westeuropa und Ostasien. Kreuzfahrtschiffe, die pittoresken und nicht den schnellstmöglichen Kursen folgen, begegnen den Flüssigerdgas-Tankern und Schwerguttransportern nur selten. Auch nicht den Kriegs- oder Forschungsschiffen, die den Arktischen Ozean ebenfalls schon länger befahren, wenn auch in der Regel nicht auf seiner ganzen Länge durchqueren. Während vor Spitzbergen Kreuzfahrtdampfer schon die Mehrheit der Schiffe bilden, stellen sie auf der Nordostpassage noch immer eine seltene Ausnahmeerscheinung dar.

Das Seegebiet der Nordostpassage ist zwar eine vom Massentourismus noch weitgehend unberührte Weltregion – aber unberührt eben bislang nur vom Massentourismus. Noch hat kein Schiff auf Nordostkreuzfahrt einen Eisbären getötet oder einen Ölfilm ins Treibeis gelegt – doch seit einem halben Jahrtausend haben Menschen den Seeweg durchs sibirische Polarmeer genutzt, um Güter, Waffen und Baumaterial, Informationen oder andere Menschen zu transportieren. Sogar ein schwimmendes Atomkraftwerk wurde im Sommer 2019 aus Sankt Petersburg nach Pewek am Ostufer der Ostsibirischen See geschleppt. All diese Fahrten haben ihre je eigenen Spuren hinterlassen – in den Meeren, an den Stränden und auf den Inseln, und nicht zuletzt in der Lebensweise der menschlichen und tierischen Bewohner. Einige Spuren sind unscheinbar wie das Winterlager von Barents auf Nowaja Semlja oder Polarfuchsfallen auf sibirischen Inseln, andere nicht zu übersehen wie die neuen riesenhaften Flüssiggasterminals auf der Jamal-Halbinsel oder feuerrote Forschungsstationen auf Eisschollen. Wieder andere sind unsichtbar wie die Atom-U-Boote von Russlands Nordflotte oder in der Karasee verklappter Sondermüll aus der Sowjetzeit. Dieses Buch fügt die Spuren aus fünf Jahrhunderten und fünf Meeren zu einem Panorama zusammen und erklärt, worauf sie verweisen.

2

Handel und Hyperspace

Die Warsina an der Nordküste der Kola-Halbinsel, wo sich Atlantik und Arktischer Ozean vermischen und Skandinavien zu Nordrussland wird, ist seit Jahrhunderten für ihren außerordentlichen Lachsreichtum bekannt. Zu Beginn der Fangsaison im Mai 1554 sichteten dort russische Fischer zwei fremdartige Schiffe. Die Galeonen gehörten zu einer Polarexpedition von Englands erster Aktiengesellschaft, den Londoner »Merchant Adventurers«; das Kommando führte Kapitän Hugh Willoughby, eines der Gründungsmitglieder. Er war im Sommer des Vorjahrs als erster Seefahrer überhaupt aufgebrochen, um jenseits des Nordkaps eine Handelsroute nach China zu finden. Die Engländer kreuzten durch die ihnen noch unbekannte Barentssee und entdeckten schließlich im September 1553, rechtzeitig zum Wintereinbruch, einen geschützten Liegeplatz in einer Flussmündung. Willoughby ahnte nicht, dass er sich nur noch eine Tagesreise vom ostnorwegischen Vardø entfernt befand, auf seiner Karte der letzte Hafen vor China. Hier hoffte er das dritte Schiff seiner Flottille wieder zu treffen, zu dem er in einem Sturm den Sichtkontakt verloren hatte. im Frühling 1554 sollte die Suche nach der Nordostpassage gemeinsam weitergehen. Doch noch dümpelten die *Bona Esperanza* und die *Bona Confidentia* in der Warsina vor Anker. Kleine Eisschollen umspielten die Schiffsrümpfe.

Niemals zuvor hatten die Lachsjäger vor der Kola-Halbinsel solche großen Segelschiffe gesehen; sie wagten sich schließlich trotzdem an Bord. Ein Schiff war menschenleer, auf dem zweiten erwartete sie eine gespenstische Szene. Die Besatzungen beider Schiffe einschließlich der Schiffshunde saßen oder lagen zu Eis erstarrt unter Deck. »Wie Statuen«, berichtete später der venezianische Botschafter aus England, seien die siebzig Männer in den alltäglichsten Posen erfroren: »beim Schreiben, den Stift noch in der Hand«, oder beim Essen »mit dem Löffel im Mund«. Und alle starben zur selben Zeit.[2]

Die üblichen Gefahren einer arktischen Überwinterung, mit Ausnahme der Eisbären, sind als Erklärung für den Tod der englischen Seeleute herangezogen worden: Skorbut, Hunger, Frost, Epidemien. Am wahrscheinlichsten gilt heute, dass geruchloses Kohlenmonoxid aus dem Schiffsofen entwich und die Männer in dem gegen die Kälte abgedichteten Unterdeck erstickte, bevor die Feuerung erlosch und ihre Körper gefroren.

Die Nachricht von den im Eis konservierten fremden Männern schickten die Fischer, zusammen mit Willoughbys Logbuch, ins ferne Moskau. Dort hatte sich im letzten Jahr eine andere Sensation ereignet, die half, die Herkunft der toten Männer von der Warsina zu enträtseln: Zum ersten Mal war ein englischer Kaufmann über das Weiße Meer und die Nördliche Düna in die russische Hauptstadt gereist. Es handelte sich um niemand anderen als den Kommandanten von Willoughbys drittem Schiff, seinen Chefnavigator Richard Chancellor.

Die Engländer beanspruchten mit Erfolg die beiden Totenschiffe mitsamt den geladenen Wollwaren. Chancellor machte darüber hinaus im Moskauer Kreml mit Zar Iwan IV., dem »Schrecklichen«, das Geschäft seines Lebens. Die Londoner »Abenteurer-Händler« erhielten ein Monopol auf den zukünftigen Weißmeerhandel zwischen England und Russland – und Zollfreiheit noch dazu. Prompt änderte die Aktiengesellschaft ihren Namen in »Muscovy Company«. Auch »Moskowien« war außerordentlich an einer direkten Geschäftsbeziehung interessiert. Der lästige Zoll im Øresund und der Zwischenhandel über die baltischen Küstenhäfen konnten so umgangen werden. Das wog die Gefahren auf der längeren und gefährlicheren Strecke ums Nordkap auf. Ein regelrechter Boom auf der neuen Handelsroute setzte nach 1581 ein, als Russland seinen einzigen Ostseehafen, das erst 1558 eroberte Narwa, an Schweden abtreten musste. Mit Archangelsk entstand 1584 am Weißen Meer der erste Fernhandelshafen des Moskauer Reichs, wie Russland damals genannt wurde. In Archangelsk wechselten fortan englische Tuche und Waffen ihre Besitzer und ebenso Flachs, Hanf, Teer und Pech aus Russlands Norden für Londons Flotte. Nicht zu vergessen die einzigartigen Zobel- und Schwarzfuchsfelle aus Sibirien. Sie wurden in Westeuropa zu Mondpreisen gehandelt.

Chancellor selbst sollte freilich von diesen sich überaus vorteilhaft entwickelnden Geschäften nichts mehr mit- oder abbekommen. Er ertrank im November 1556 auf dem Heimweg von seiner zweiten Moskaureise, als seine *Edward Bonaventure* vor den Felsen Schottlands zerschellte. Mit an Bord war Osip Nepeja, der als erster Botschafter des Kremls am Hof in London fungieren sollte und sich an Land retten konnte.

So endete die erste Suche nach der Nordostpassage, sowohl gemessen an ihren Zielen als auch für die meisten Teilnehmer, mit einem Misserfolg. Doch der war aufsehenerregend genug, dass der venezianische Botschafter in London darüber die Herren der Dogenrepublik informierte. Venedig, die scheinbar perfekt zwischen West und Ost gelegene Handelsgroßmacht des Mittelalters, konnte wie England nach der »Entdeckung« der Neuen Welt nur indirekt vom neuen transozeanischen Handel mit Südamerika profitieren. Spanien und Portugal hatten im Südatlantik ein Monopol errichtet – und ihre mächtigen Flotten blockierten die einzig bekannten Schifffahrtsrouten nach Asien um die Südspitzen von Amerika und Afrika. Schon die Vorstellung, dieses Monopol auf der Nordhalbkugel umfahren zu können, musste Fernkaufleute elektrisieren. Die Suche erfolgte entweder westwärts, entlang der Küste des heutigen Kanadas – Sebastian Cabot, ein gebürtiger Venezianer im Dienste des englischen Königs, wagte 1508 den ersten Versuch –, oder ostwärts, wie es derselbe Cabot ein halbes Jahrhundert später als ein Mitbegründer der Londoner »Merchant Adventurers« vorschlug.

Wie Cabot stammte auch die Idee einer Nordostpassage vermutlich aus Italien. Der Erste, der sie dort entwickelte, war der Arzt und Geschichtsschreiber Paolo Giovio, und zwar 1525 in dem ersten europäischen Buch über das Moskauer Reich überhaupt.[3] Giovio hatte persönlich von Moskaus Gesandtem am päpstlichen Hof, Dmitri Gerasimow, erfahren, dass nördlich von Russland ein großes, offenes Meer liege, das bis nach China reiche. Überquert habe es indes noch niemand. Dass es diese maritime Verbindung ins Reich der Mitte gab, war eine unwiderstehliche Hypothese, die antike Vorstellungen eines weltumfließenden Ozeans zu bestätigen schien. In diesem Weltbild des Ptolemäus kam Amerika freilich nicht vor. Geografen stritten bis ins frühe 19. Jahrhundert darüber, ob Asien wirklich komplett von der Neuen Welt getrennt sei oder ob die beiden Kontinente nicht doch über eine Landbrücke im hohen Norden verbunden seien. Falls Letzteres zuträfe, würde ein Schiff über die Nordostpassage zu seinem Ausgangsort zurücksegeln, ohne Indien erreicht zu haben. Sofern es nicht vorher im Eis verschwand oder umkehren musste. Man überließ den Seefahrern die lebensgefährliche Aufgabe, die Hypothese vor Ort zu überprüfen.

In der zweiten Hälfte des 16. und in den ersten Jahrzehnten des 17. Jahrhunderts bemühten sich über ein Dutzend Schiffe, die Nordostpassage zu finden. Neben der englischen Muscovy Company stiegen bald auch niederländische und skandinavische Kaufleute in die Suche mit ein. Keine dieser Expeditionen erreichte ihr Ziel. Doch Gier machte blind. Die Aussicht auf fantastische Gewinne wirkte stärker als die Erfahrung der Misserfolge. Daneben sprachen aber vier Grundannahmen für eine Fortsetzung der Suche.

Erstens lauerten auf der Route durch den Südatlantik nicht nur spanische und portugiesische Kriegsschiffe, sondern auch Gelbfieber und Piraten. Zweitens suggerierten die klimatischen Verhältnisse in der skandinavischen und südgrönländischen Arktis, dass eine Fahrt durchs Eismeer machbar sei. Wie es östlich von Nowaja Semlja aussah, wo der mildernde Einfluss des Golfstroms fehlte, konnte sich in Westeuropa niemand vorstellen. Drittens unterschätzten die frühneuzeitlichen Geografen die Ausdehnung Asiens gewaltig; auf ihren Karten lag Nowaja Semlja auf halber Strecke nach China; der Pazifik schien in ein paar Tagen erreichbar.[4] Außerdem bestand die Hoffnung, dass Asien gar nicht umsegelt werden müsse, um nach China zu gelangen. Einer der gewaltigen sibirischen Ströme, die in den Arktischen Ozean münden, würde die europäischen Händler sicher direkt ins Reich der Mitte führen. Behaupteten doch die führenden Russland-Experten des 16. Jahrhunderts, dass der Ob aus einem ominösen »China-See« entspringe. Sowohl der Habsburger Spitzendiplomat Sigismund von Herberstein erwähnte diesen See in seiner einflussreichen Beschreibung des Moskauer Reichs als auch der Kaufmann Anthony Jenkinson, der 1562 im Auftrag der Muscovy Company eine lange Reise durch Russland und Zentralasien unternahm.

Viertens schließlich war schon die Suche nach der Nordostpassage ein einträgliches Geschäft. Die Entdeckung des Seewegs ins Weiße Meer stellte Russlands Handelsbeziehungen zu England und den Niederlanden auf eine neue Grundlage. Doch die ausländischen Seefahrer setzten ihre Erkundungsreisen ostwärts fort – sehr zum Missfallen des Zaren, der ihnen Privilegien ausdrücklich nur für das Weiße Meer erteilt hatte. In der Karasee, einem noch kaum kontrollierten Grenzraum des Moskauer Reichs, dürfte im Handel zwischen Ausländern und Küstenbewohnern – Russen und Nenzen – mancher Schwarzfuchsbalg nach Westeuropa statt ordentlich versteuert nach Moskau gelangt sein.

Im Norden der Barentssee entdeckte ihr holländischer Namensgeber außerdem 1596 die Inselgruppe Spitzbergen – und in ihren Gewässern enorme Bestände von Walen, Walrossen und Robben. Der Tran der getöteten Tiere wurde zu einem der wichtigsten nordatlantischen Handelsgüter, das für viele Zwecke Verwendung fand, vom Schiffsbau über Beleuchtung bis zur Malerei. Der arktische Walfang trug im 17. Jahrhundert wesentlich zum Reichtum der aufstrebenden Seemächte England und Holland bei. Fünfhundert bis sechshundert Schiffe bejagten jährlich die Barentssee mit desaströsen Folgen für die Walpopulation.

Die Barentssee, unter Seefahrern wegen ihrer hohen Wellen noch heute als »Tanzboden des Teufels« berüchtigt, konnten bereits die Galeonen des späten 16. Jahrhunderts einigermaßen verlässlich bewältigen. Doch schon für die Fahrt in die Karasee waren sie nicht geeignet. Dort erwarteten die Seefahrer im Sommer, wenn das meterdicke Festlandeis dann endlich aufbrach, scharfkantiges Treibeis oder meterhohe Torossen aus aufeinandergeschobenen Eisschollen. Dünne Holzrümpfe konnten sie nicht durchfahren, selbst wenn sie zum Schutz mit Blei verkleidet waren. Schwerere, größere Schiffe zu bauen, wie es die Niederländer einige Jahrzehnte später mit ihren Ostindien-Seglern machen sollten, war im Eismeer mit seinen flachen Küstengewässern keine Lösung. Um hier voranzukommen, waren Wendigkeit und geringer Tiefgang wichtiger als eine große Segelfläche.

In der Regel endeten die frühneuzeitlichen Expeditionen daher bei Nowaja Semlja. Nur ganz wenigen Galeonen glückte die Fahrt weiter nach Osten, gar bis in den Ob-Busen. Außer Eis und Untiefen erschwerten Nebel, gefrierender Regen und Stürme die Navigation in den unbekannten Gewässern. Detaillierte Karten fehlten, nicht einmal ein Fernrohr gab es an Bord. Die Steuermänner folgten ihrer Intuition. Der Sextant zur verlässlichen Bestimmung der Längengrade war noch lange nicht erfunden, und bei jeder Kompassmessung musste in den hohen Breitengraden der Abstand von (damals) etwa

800 Kilometern zwischen dem magnetischen und dem geografischen Nordpol einberechnet werden. Doch selbst wenn alle arktischen Meere passierbar gewesen wären – um sie zu durchqueren, hätte eine Expedition Vorräte für mehrere Überwinterungen mitführen müssen. Willoughby hatte allein drei Monate für den mit Abstand einfachsten Abschnitt der Nordostpassage gebraucht – die Fahrt von der Nordsee bis zur Barentssee.

In der zweiten Hälfte des 16. Jahrhunderts war nur ein Seeweg nach Osten erprobt. Er führte durch die Meeresstraße zwischen Nowaja Semlja und dem Festland, die von der Insel Waigatsch geteilt wird. Den europäischen Entdeckern war nicht verborgen geblieben, dass die nordrussischen Küstenbewohner diese Route seit Jahrzehnten nutzten. Zu Fischfang und Jagd sollen sie nicht nur zur Mündung des Ob, sondern auch bis zum nächsten sibirischen Strom im Osten, dem Jenisei, vorgedrungen sein. Sogar von weiteren großen Flüssen im Osten wussten die mit dem Polarmeer aufgewachsenen Menschen zu berichten. Allerdings unterschied sich die Schifffahrt dieser polyethnischen Pomoren (po more = am Meer, etymologisch mit Pommern verwandt) grundsätzlich von der westeuropäischen. In kleinen, wendigen Jagdbooten, die für kurze und mittlere Strecken gebaut waren, befuhren die Pomoren in vielen Sommern die Küsten der Karasee; Niederländer und Engländer schätzten sich glücklich, wenn sie auf die Ostseite der Insel Waigatsch gelangten.

Der niederländische Kapitän Jacob van Heemskerk wagt 1596 eine andere Route: nördlich um Nowaja Semlja herum. (Der Weg durch die Meeresstraße in der Mitte der Doppelinsel sollte erst im 18. Jahrhundert entdeckt werden.) Die Stadt Amsterdam finanziert Heemskerks Expedition, aus den üblichen kommerziellen Erwägungen. Erster Steuermann an Bord ist der Arktis-erfahrene Willem Barents. Zwar findet auch er keinen Weg in die Karasee und schon gar nicht nach China. Doch glückt ihm im August die erste dokumentierte Umsegelung der Nordspitze von Nowaja Semlja, die er »Kap des Wunsches« tauft. Der Wunsch nach einer glücklichen Weiterfahrt geht jedoch nicht in Erfüllung. Schon bald wird das Schiff vom Meereis umschlossen, die Weiterfahrt ist ebenso wie die Umkehr unmöglich. Wochenlang zerdrückt das zufrierende Meer das gefangene Schiff. Am Ende des Winters wird es unbrauchbar sein. Die Besatzung beobachtet das Zerstörungswerk vom Ufer aus, »wo wir gezwungen waren, in großer Kälte, Armut, Elend und Kummer den ganzen Winter zu verbringen«.[5]

Der Maat Gerrit de Veer führt Tagebuch. Er beschreibt, wie die Männer in zwei Monaten aus Treibholz und Schiffsteilen ein Haus zimmern, in dem sie bis zum Juni des nächsten Jahres ausharren müssen. Zwar können sie ihre gesamte Ausrüstung an Land retten, doch die Lebensmittel werden von Anfang an rationiert. Auf die lange Überwinterung auf dem 76. Breitengrad sind die Seefahrer mangels Erfahrung nicht vorbereitet. Schon Anfang Oktober treibt der Schnee so heftig über die Insel, wie es in ihrer Heimat noch niemand erlebt oder auch nur beschrieben hat. »Kein Mann hätte es geschafft, draußen auch nur eine Schiffslänge zu gehen, selbst wenn sein Leben davon abgehangen hätte.«[6] Da hat aber die Polarnacht mit den stärksten Schneestürmen noch gar nicht begonnen.

Die Bierfässer der Niederländer zerplatzen im polaren Frost, ihre Füße erfrieren in viel zu dünnen Wollsocken. Sie fangen Füchse zur Aufbesserung ihrer dürftigen Vorräte und schneidern sich aus deren Pelzen behelfsmäßigen Kälteschutz. Ihr später berühmtes Blockhaus – der Sensationsfund einer Arktisexpedition von 1871 – lässt sich nicht richtig heizen, stinkendes Bärenöl muss den Mangel an Kerzen ausgleichen. Hundert Pfund Fett gewinnen sie aus einem Bärenkadaver. Im Winter türmen sich Schneeverwehungen so hoch, dass die Männer die Hütte zeitweilig nur durch den Kamin verlassen können, der gleichzeitig als geheizter Ausguck dient. Die so neugierigen wie hungrigen Eisbären sind eine alltägliche Lebensgefahr – nur trächtige

Eisbärinnen und besonders fette Bären halten Winterruhe. Mit den Musketen des 16. Jahrhunderts kann man Ursus maritimus erschrecken, doch erschießen nur aus gefährlicher Nähe. Gerade deswegen sehen sich die Niederländer herausgefordert, möglichst viele der Tiere zu töten. Der Triumph der Männer im Kräftemessen mit dem größten Landraubtier der Welt wird in der Länge der abgezogenen Eisbärfelle bemessen (acht Fuß, neun Fuß …). Später, weil die Pelztrophäen niemals nach Holland gelangen werden, begnügen sich die Jäger damit, den Prädatoren die Eckzähne aus dem Maul zu brechen.

Ein Mal machen sie dem Eisbären auch seine Position am Ende der arktischen Nahrungskette streitig. Nach dem Verzehr von Bärenleber klagt die ganze Mannschaft so stark über Übelkeit und rätselhafte Hautablösungen, dass de Veer um die Heimreise fürchtet. Die Symptome, die er als erster Polarreisender beschreibt, sind die einer akuten Vergiftung mit Vitamin A. In der Leber von Eisbären ist es in hoher toxischer Konzentration gespeichert. Selten einer Erwähnung wert ist dem Chronisten hingegen der allgegenwärtige Skorbut, ein Grundübel langer Seereisen, das heute als chronischer Vitamin-C-Mangel diagnostiziert wird. Er beginnt mit unspezifischen Symptomen wie Kraftlosigkeit und Gelenkschmerzen, die die ganze Mannschaft im Verlauf des feuchtkalten und dunklen Winters plagen. Vier Männer, darunter Steuermann Barents, sind so geschwächt, dass sie versterben. Den Eisbären fällt dagegen keiner zum Opfer.

Den Überlebenden gelingt im Sommer in den geretteten Beibooten die Fahrt zurück zum Festland, der weit über 1000 Kilometer langen Westküste von Nowaja Semlja folgend. Im Süden der Insel treffen die Niederländer auf russische Fischer, die sie mit einer warmen Mahlzeit versorgen. Noch größer aber ist die Freude über das Löffelkraut, das sie auf einem Landgang entdecken. Die Vitamin-C-haltige Pflanze ist als Skorbut-Gras bekannt und im Nu verzehrt. Heemskerks Truppe kommt langsam zu Kräften und bewältigt weitere 1000 Kilometer entlang der Südküste der Barentssee. Vor der Kola-Halbinsel nimmt sie einen guten Monat später ein niederländisches Handelsschiff auf. Am 1. November 1597 kommen zwölf Totgeglaubte in Amsterdam an.

Bereits im nächsten Jahr erschien de Veers Bericht vom Schiffbruch auf einer einsamen Eisinsel. Die Erzählung von der ersten arktischen Überwinterung von Westeuropäern ist ein immer wieder aufgelegter Klassiker der maritimen Reiseberichte wie der Arktisliteratur. Das Buch enthält zudem Skizzen von Barents' früheren Reisen und wird in späteren, gekürzten Ausgaben stark mit diesem Steuermann in Verbindung gebracht. Doch de Veer schreibt in der Wir-Form und wenig über Barents; auch den Namen des verlorenen Schiffs (*Der weiße Schwan*) erwähnt er nicht. Seine Darstellung legt den Schwerpunkt auf den Kampf der Mannschaft mit bislang unvorstellbaren physischen und psychischen Herausforderungen am Ende der Welt. »Wilde« gibt es in diesem fremden Erdteil zwar nicht – dafür aber überaus zahlreiche Eisbären mit sichtlichem Appetit auf Menschenfleisch. Mit Glasperlen lassen sich diese Indigenen nicht übervorteilen. Wie im Feindesland verschanzen sich die Männer in ihrer Blockhütte; glaubt man de Veer, sind sie permanent im Alarmzustand.

Barents' letzte Reise öffnete zwar nicht die Nordostpassage, dafür aber einen neuartigen Erfahrungsraum. Der Navigator war in dem Glauben aufgebrochen, in Polnähe die schnellstmögliche Abkürzung nach China zu finden. Er war überzeugt gewesen, dass sich auf den höchsten Breitengraden im Dauerlicht des arktischen Sommers Eis nicht lange halten könne. Tatsächlich strandete er in einer unwirklichen Eislandschaft. Sie verwirrte mit ihren extremen Temperaturen und Lichtverhältnissen die menschlichen Sinne noch mehr als den Schiffskompass. Die Niederländer fühlten sich wie in einem menschenleeren Hyperspace – einer surrealen Dimension, in der andere Raum- und Zeitvorstellungen galten, in der Alkohol gefror, die Sonne nicht aufging und sogar Metall brach. Barents' Polarüberwinterung und sein Tod trugen maßgeblich zur westeuropäischen Legendenbildung um die Nordostpassage als ultimative Herausforderung für Seefahrer bei. Diese Sichtweise von Barents' Crew prägte fast alle nachfolgenden Polarreiseberichte.

De Veer drängte trotz der Extremerfahrung darauf, die Suche nach der Nordostpassage nicht aufzugeben. Der Chronist veröffentlichte 1601 eine Karte von Nowaja Semlja, auf der nicht nur genau zu erkennen ist, wo Barents mit seiner Vermessung stecken blieb. Nordöstlich der Insel sind auch gestrichelte Wege durchs Eismeer zu erkennen und ein »Tartarien« genanntes Sibirien, dessen schwer zugängliche Tundraküste noch nicht zum Reich der Moskauer Zaren gehörte.[7] Auch deswegen zog es »Abenteuer-Kaufleute« weiter nach Osten.

3

Russlands Wilder Norden

Zar Michail Fjodorowitsch missfiel es, dass englische und niederländische Kapitäne von der Barentssee aus einen Seeweg nach China suchten. Gleich zweimal, 1619 und 1621, untersagte der erste Herrscher aus dem Hause Romanow jeden Schiffsverkehr in Richtung Ob und Jenisei. Und um dem Zarenwillen auch im fernen Eismeer Geltung zu verschaffen, ließ Michail Fjodorowitsch einen Militärstützpunkt auf der Insel Waigatsch errichten, mitten in der Einfahrt zur Karasee. Unter Androhung der Todesstrafe durfte fortan keiner seiner Untertanen ausländische Seefahrer auf ihren Expeditionen unterstützen, und sei es nur durch eine kurze Wegbeschreibung.

Was war der Anlass für diese strikten Verbote? Michail war von Militärkommandeuren in Sibirien gewarnt worden, dass die Bewohner der südlichen Barentsseeküste ausländischen Handelsschiffen als Lotsen gedient hatten. Die Kaufleute aus Westeuropa zog es in Richtung Jenisei und nach Mangaseja am Tas, einem östlichen Zufluss in den Meeresarm des Ob. Diese kleine Siedlung nördlich des Polarkreises und 200 Kilometer vom Meer entfernt bildete damals das wichtigste Handelszentrum in Nordwestsibirien. Das kostbarste Handelsgut waren Rauchwaren, also haltbar gemachte Tierfelle. Nach Mangaseja gelangten so gut wie alle Pelze aus der Region zwischen den Oberläufen von Ob und Lena; hier rüsteten sich Jagdgesellschaften für Monate oder Jahre in der arktischen Wildnis aus. Abgelegen im Grenzraum des Moskauer Reichs, zog Mangaseja wie ein Eldorado Menschen vor allem aus Nordrussland an. Abenteurer, Kosaken, Kriminelle und vor der Leibeigenschaft fliehende Bauern – sie alle hofften, mit Pelzwerk, dem »weichen Gold« des hohen Nordens, ihr Glück zu machen. Viele handelten auf eigene Faust, andere kamen im Auftrag von Kaufleuten wie den legendär reichen Stroganows aus Nowgorod. Doch alle brachten ihre Jagdbeute ins pulsierende Mangaseja, wo sie versteuert und verkauft, auch vertrunken und verspielt wurde, bevor sie schließlich per Boot oder Schlitten die Märkte im europäischen Teil Russlands erreichte.

Bereits für ein gutes Dutzend Zobelfelle war dort ein Haus mit Bediensteten erhältlich. Aber die Jagd und das Leben in der Permafrostzone waren aufreibend und gefährlich, Mangaseja blieb für die allermeisten nur ein Traum vom schnellen Reichtum. Stets verdiente hingegen der Kreml am Pelzhandel. Der nordöstlichste Marktflecken des Landes war eine, so schien es viele Jahre, unerschöpfliche Goldgrube. Sibirische Felle machten im 17. Jahrhundert zeitweilig ein Drittel der gesamten Staatseinnahmen aus. Für ein Vielfaches der in Mangaseja gezahlten Preise gelangten sie als wärmendes Statussymbol nach Westeuropa, ins Osmanische Reich oder später nach China. Insbesondere das dichte Haarkleid des nur im nördlichen Eurasien beheimateten Zobels war eine der wertvollsten Waren der Zeit.

Verständlich, dass ausländische Kaufleute zu dem weichen Gold keinen Zugang haben sollten. Drohten doch Steuereinnahmen verloren zu gehen, wenn russische Jäger oder Schmuggler direkt mit englischen und niederländischen Aufkäufern kooperierten. Entsprechend galt das Verbot des Zaren nicht nur für ausländische, sondern ebenso für einheimische Schiffe. Michail, der den Zarenthron 1613 nach einem 15-jährigen Bürgerkrieg bestiegen hatte, war auf verlässlich sprudelnde Einnahmen angewiesen, um seine Regierung zu stabilisieren.

Doch die ausländischen Händler schufen nicht nur einen attraktiven Schattenmarkt für Rauchwaren. Wenn sie darüber hinaus erst einmal den Seeweg zum Jenisei wüssten, so die Sorge im Kreml, würden sie in der Region womöglich Stützpunkte gründen und auch zu den dortigen nomadischen Jägern eigene Kontakte knüpfen. Viele Felle würden dann gar nicht erst auf den Markt von Mangaseja, sondern gleich ins Ausland gelangen. Im schlimmsten Fall wäre für Moskau damit die Erschließung neuer Jagdgründe blockiert. Denn der Jenisei oder gar die weiter östlich liegenden Flüsse Sibiriens gehörten um 1620 noch nicht fest zum Zarenreich.

Mangaseja war um 1620 lediglich ein Brückenkopf im Land der Nenzen, des größten der nordwestsibirischen Völker. Nicht anders als die indigenen Bewohner Nordamerikas widersetzten sich die Nomaden Sibiriens dem Eindringen von Fremden, die ihnen Pelze und Frauen raubten und im Namen eines unbekannten Herrschers Tribute abverlangten. Den Feuerwaffen und Geiselnahmen, Vergewaltigungen und Infektionskrankheiten der Eroberer hatten sie aber alle wenig entgegenzusetzen. Immer wieder griffen die Nenzen zwar Pelztransporte und sogar Mangaseja selbst an, wo eine kleine Garnison ihre Abgaben einsammelte. Doch langfristig war der Widerstand aussichtslos. Eine dritte Partei hätte allerdings leicht zu ihrem Vorteil in den schwelenden Konflikt eingreifen können. Kanonenbestückte Handelsschiffe aus dem Ausland wären für die am Ufer des Tas gebaute Holzfestung eine ernsthaftere Bedrohung gewesen als die Jagdwaffen der Nomaden.

Vor dem Hintergrund eines gerade erst überstandenen Bürgerkriegs, in dem die mächtigen Könige Schwedens und Polens eigene Kandidaten für die Zarenkrone unterstützt hatten, überschätzte Zar Michail die Gefahr, die von englischen oder niederländischen Handelskriegsschiffen vor den Küsten Sibiriens ausging. Völlig unbegründet war seine Sorge indes nicht. Den europäischen Kaufleuten war das erst 1601 gegründete Mangaseja tatsächlich nicht lange verborgen geblieben. Zwischen Tundra und Taiga gelegen, versprach der Ort einen Zugang zu den hochwertigsten Pelzen aus zwei Klimazonen,

Polarfuchs und Zobel. Dorthin per Schiff zu gelangen, gleichsam als ein weiterer lukrativer Zwischenstopp auf dem Weg nach China, war eine faszinierende Aussicht. Auf einer von Isaac Massa, dem niederländischen Botschafter in Moskau, angefertigten Karte aus dem Jahr 1612 ist der Seeweg von Archangelsk in das neureiche Mangaseja als Stadt am Tas bereits eingezeichnet – und auch ihre Anbindung an das weitverzweigte Flusssystem von Ob und Jenisei.[8] Das kartografische Wissen, das Zar Michail verbieten wollte, war längst in der Welt.

Nun war es wenig wahrscheinlich, dass tiefgängige Atlantiksegler Mangaseja überhaupt anfahren konnten. Oder dass sie es schafften, das Eis der Karasee bis zum Jenisei zu durchqueren. Und selbst wenn der eine oder andere kühne Schiffer bis zu diesem Fluss vorgedrungen wäre – seine niederländischen oder englischen Auftraggeber hätten am fernen Nordpolarmeer schwerlich Handelskontore anlegen und unterhalten können.

Andererseits klang solch ein Projekt auch nicht abenteuerlicher als die Idee, einen arktischen Seeweg nach China zu suchen. Wäre dieses Ziel wirklich über einen sibirischen Fluss erreichbar gewesen, hätten unerschrockene Engländer oder Niederländer sicherlich ernsthaft überlegt, wie sie diese Handelsroute unter ihre Kontrolle bringen könnten. Kein Erlass von Michail Fjodorowitsch hätte sie davon abgehalten – hatten sie doch bereits ein vom Zaren Iwan IV. 1584 erlassenes Verbot ignoriert, über Archangelsk hinaus nach Osten zu segeln. Russland besaß zu der Zeit keine Kriegsflotte, die ihnen den Weg hätte versperren können.

Der Kreml verfügte aber über andere Mittel, das Streben der Europäer nach China zu durchkreuzen. Es war kein Zufall, dass 1620, parallel zur Schließung des Seewegs in die Karasee, die erste Delegation russischer Kaufleute Richtung Peking aufbrach, allerdings als Karawane auf dem besser bekannten Landweg. Fast gleichzeitig, nämlich 1619, erfolgte auch die Gründung der ersten russischen Festung am Jenisei, die Moskaus Anspruch auf die Kontrolle des Flusses unterstrich. Vom Ozean lag dieses Jeniseisk freilich noch 1500 Kilometer entfernt. Weiter nördlich am Unterlauf des Jenisei hatten die Bewohner von Mangaseja lediglich ein Winterlager eingerichtet, das ebenfalls 1619 befestigt wurde. Von hier waren Pelztierjäger bis zur Flussmündung vorgedrungen. Ihre Berichte von der Befahrbarkeit des Jenisei für große Schiffe hatten erst die Aufmerksamkeit des Zaren auf eine mögliche Bedrohung aus der Karasee gelenkt.

Das Moskauer Reich beherrschte schon im 15. Jahrhundert das Weiße Meer und die südliche Küste der Barentssee; von dort unternahmen russische Jäger und Händler Vorstöße weiter nach Norden und Osten. Im 16. Jahrhundert folgte der Staat diesen »Unternehmern« in Richtung Karasee. Die Expansion Russlands gewann eine neue Dynamik – etwa zu der Zeit, als die ersten englischen Expeditionen in den Arktischen Ozean vorstießen. Und wie die westlichen Kaufleute kamen die russischen Eroberer des Nordens aus wirtschaftlichen Gründen.

Den militärischen Kern bildeten Kosakenverbände. Diese waren keine regulären Truppen, sondern bunt zusammengewürfelte Söldner, die dem Zaren (oder einem besser zahlenden Magnaten wie Stroganow) dienten wie Piraten den atlantischen Seemächten: für Geld oder Privilegien, aber mit eigenen Interessen und nach eigenen Regeln. Wie Freibeuter drangen Kosaken nach Sibirien auf Booten vor, nicht hoch zu Ross wie in den Folklorebildern der Gegenwart. Ihr Vorstoß erfolgte allerdings hauptsächlich entlang der Flüsse, also von Süden, nicht übers Polarmeer. Neben oder mit den Kosaken kamen Kleinhändler, Jäger und Trapper – »Unternehmer«, wie sie zeitgenössisch hießen. Die Übergänge zwischen Kosaken und »Unternehmern« waren fließend. Von Moskau aus ließen sich beide Gruppen so wenig kontrollieren wie Piraten im Ozean.

Ähnlich wie Freibeuter ihre Kaperbriefe erhielten auch die ersten Eroberer Sibiriens vom Zaren bestimmte Sonderrechte. Sie durften in dem vorgeblichen Niemandsland südlich des Eismeers jagen beziehungsweise mit den »wilden« Einwohnern Pelze gegen Zuckergebäck, Messer oder Glasperlen tauschen. Lediglich ein Zehntel der erbeuteten Felle mussten die Eroberer anfangs als Steuer nach Moskau abführen. Kosakenführer besaßen außerdem das hoheitliche Privileg der Land- und Tributnahme. Reguläre Truppen kamen erst später, wie 1601 nach Mangaseja, um Stützpunkte anzulegen und die von Gewalt begleiteten Tauschgeschäfte mit den Indigenen in regelmäßige Tribute zu verwandeln. Zumindest im Süden Sibiriens entstanden Städte; Kosaken und »Unternehmer« zogen weiter in den noch unerschlossenen Osten und Norden.

Die westeuropäischen und russischen Expeditionen in Richtung Ob und Jenisei verliefen parallel, aber es handelte sich nicht um einen Wettlauf. Zu unterschiedlich waren die Ziele und Fähigkeiten. Nur wenige Kaufleute aus dem Westen wagten sich auf ihrer Suche nach der Nordostpassage überhaupt bis zum Ob vor. Dagegen gelang nordrussischen Schiffern regelmäßig, wenn auch nicht in jedem Sommer, die Fahrt nach Mangaseja. Ihre leichten, etwa zwanzig Meter langen Einmaster waren für die seichten Küstengewässer des Nordpolarmeers optimiert. Diese Kotschen besaßen einen charakteristisch runden, bulligen Rumpf, dessen Form spätere Eisbrecher aufgriffen. Das gefrierende Meer drückt solche Schiffe eher nach oben, statt sie zu zerbrechen. Anders als die westeuropäischen Dreimaster waren die Kotschen wiederum nicht für den transozeanischen Handel geeignet, und sie konnten auch nicht gegen den Wind kreuzen. Dafür ließen sie sich ebenso gut rudern wie segeln und zur Not über Eis ziehen oder an Land von Nebenfluss zu Nebenfluss.

Aus den komplementären Fähigkeiten von ausländischen Fernkaufleuten und russischen »Unternehmern« hätte durchaus ein für beide Seiten einträgliches Geschäftsmodell entstehen können. Ebendas befürchtete Zar Michail, als er die Schifffahrt in die Karasee untersagte.

Es war aber letztlich das immer hartnäckigere Sommereis des Arktischen Ozeans während der »Kleinen Eiszeit«, das dem Zarenverbot

Wirkungskraft verlieh – und nicht ein selten besetzter Kontrollpunkt auf der Insel Waigatsch. In Amsterdam und London glaubte zu Beginn des 17. Jahrhunderts kaum noch jemand an die Profitabilität des Projekts Nordostpassage. Währenddessen florierten auf der Südhalbkugel die Geschäfte der englischen und niederländischen Ostindien-Handelsgesellschaften (gegründet 1600 beziehungsweise 1602). Batavia oder Bombay erwiesen sich als weitaus geeignetere Orte für Handelskolonien als menschenleere Buchten an den Ufern des Arktischen Ozeans. Die fantastischen Gewinne aus dem Import von exotischen Gewürzen, Farbstoffen oder Tee machten auch schnell vergessen, dass Russland sich dauerhaft die wichtigsten Rohstoffe Sibiriens sicherte. Damals waren es, neben Holz und Teer, die Felle von Zobeln, Füchsen und Eichhörnchen – heute fossile Brennstoffe, Metalle und Diamanten.

Die Küstenschifffahrt von der Barentssee zur Karasee gestaltete sich in der ersten Hälfte des 17. Jahrhunderts klimabedingt zunehmend schwieriger, doch russische »Unternehmer« waren anders als die westeuropäischen Fernkaufleute nicht auf den Seeweg angewiesen; Mangaseja war über das Flusssystem des Ob nicht schlechter zu erreichen. Und anders als die bald völlig eingestellte Suche nach einer Nordostpassage ging der Vormarsch von Kosaken und »Unternehmern« durch die eurasische Wildnis weiter voran. Die Region um den Tas war nur die nordwestlichste Etappe in einer Bewegung, die bald ganz Nordasien erfassen sollte: die Verwandlung Sibiriens in eine Kolonie des Zarenreichs. Seit 1588, nach der Eroberung des Tataren-Khanats von Sibir, das später dem Subkontinent seinen Namen gab, war auch der Weg weiter südlich frei. Hier bildeten ebenfalls Flüsse die zentralen Achsen, über die Menschen und Pelze, Waffen und Befehle über den Kontinent wanderten. Innerhalb von zwei Generationen war über dieses Transportsystem praktisch ganz Sibirien erobert – und der Zobel so gut wie ausgerottet. Die Gier nach Rauchwaren trieb die russischen Eroberer an. Bereits 1638 standen die ersten Kosaken am Ufer des Pazifiks, 5500 Kilometer östlich von Moskau. Allein der Nordosten von Eurasien – das zobelarme Tschukotka und das gebirgige Kamtschatka – blieb noch bis ins 18. Jahrhundert selbstständig.

Zusammen mit den nomadischen Ethnien der Taiga, Rentierzüchtern und Jägern, geriet die arktische Küste Sibiriens nahezu vollständig unter russische Herrschaft. Diese neue Nordgrenze Russlands sollte die stabilste, weil unzugänglichste des Reiches werden, mit Wintertemperaturen von bis zu minus fünfzig Grad und Vegetationsperioden nur von Juni bis September. Die Zaren konnten und wollten unter diesen Umständen keine Häfen am Polarmeer unterhalten. Weder Fernhandel noch Landwirtschaft waren möglich, nicht einmal äußere Feinde waren abzuschrecken. Die Stützpunkte zum Eintreiben der Tribute entstanden an den Flussoberläufen, fast immer südlich des Polarkreises. Erst in den 1930er-Jahren begann eine punktuelle Besiedelung der Hocharktis.

Solange die dortigen Nomaden ihre Abgaben leisteten, ließ die Obrigkeit des Zarenreichs sie weitgehend in Ruhe. Kosaken und »Unternehmer« spielten im hohen Norden die Rolle von informellen Vermittlern. Doch selbst sie wagten sich nur selten bis ans Eismeer vor, wo anstelle des Zobels das dichte Fell von Polarfüchsen und die Stoßzähne von Walrossen als Beute lockten. Gelegentlich schickte auch aus Jakutsk der Oberbefehlshaber in Ostsibirien eine Expedition, die den Gerüchten von Silbervorkommen nachging. Sämtliche Rohstoffe des Nordpolarmeers gelangten damals über die Flüsse des Subkontinents nach Süden und dann weiter nach Westen, nicht über die Nordostpassage.

Doch auf dem Weg zu den Pelzen und zu den Tributzahlern war das Eismeer ein wichtiges Teilstück. Der Arktische Ozean nimmt fast alle großen sibirischen Ströme auf; von ihren Mündungen aus erkundeten Eroberer das anschließende Küstengebiet. Zumindest einige von ihnen nutzten das Meer auch als Abkürzung zwischen den großen Flüssen. Die Mündung des Jenisei war schon um 1610 erreicht, die der Lena, hinter der Nordspitze Asiens, etwa zwei Jahrzehnte später; von dort führte der Weg in Etappen entlang der arktischen Gestade weiter nach Osten, bis zur Kolyma am östlichen Ende der Ostsibirischen See. Seefahrer errichteten dort 1645 mit einem flussaufwärts angelegten Winterlager den ersten russischen Stützpunkt in der Region, aus dem später die Siedlung Nischnekolymsk entstand.

Unter ihnen ist ein eismeererfahrener Kosake aus Nordrussland, ein gewisser Semjon Deschnjow, der sich als geschickter Unterhändler und Tributeintreiber ausgezeichnet hat. Er leitet bald eine große Expedition zum Anadyr, dem nächstöstlichen sibirischen Strom.

Besonders dunkel behaarten Zobel und eine sagenhaft große Kolonie von Walrossen soll es dort geben. Deswegen ist auch ein Kaufmann aus dem nordrussischen Ustjug bereit, die ungewöhnlich lange, kühne Fahrt zu finanzieren. Ein Vertreter von ihm ist vor Ort, Fedot Popow; er übernimmt die Planung und später ein Boot der Expedition. Vielleicht ist er sogar schon länger mit Deschnjow bekannt, der vor seinem Kosakenleben einst als Kaufmannsgehilfe in Nordrussland gearbeitet hat. Die beiden entscheiden sich für den Seeweg zum Anadyr; die Route durch das unbekannte Land der noch nicht unterworfenen Jukagiren und Tschuktschen gilt als gefährlicher.

Die neunzig Teilnehmer sind mehrheitlich »Unternehmer«, außer dem Kommandanten Deschnjow kann der kleine Stützpunkt Nischnekolymsk ihnen nur zwei weitere Kosaken als Begleitschutz (und zur Überwachung) mitgeben. Mit diesen erhält das private Unternehmen aber auch einen offiziellen Charakter. Sechs oder sieben Schiffe, die Quellen sind hier widersprüchlich, werden für einen längeren Aufenthalt in dem noch unbekannten Mündungsgebiet des Anadyr ausgerüstet. Jedes Boot nimmt unter anderem 500 Kilogramm Mehl mit, dreißig Schaffelle, neun Äxte und zwei Kompasse – doch nur die Kosaken besitzen je eine moderne Muskete und zwei Pistolen.

Anfang Juli 1648 verlässt die kleine Flotte Nischnekolymsk. Es ist bereits ihr zweiter Versuch, im Vorjahr ist sie bald im Eis gescheitert. Diesmal gehen zwei Schiffe schon kurz nach der Einfahrt ins Polarmeer verloren. Drei Boote erreichen Ende August die Nordspitze der Tschuktschen-Halbinsel und damit zugleich den östlichsten Punkt Asiens, das heutige Kap Deschnjow. Dieser Umstand ist den Männern jedoch nicht bekannt. Auch das Mündungsgebiet des Anadyr nehmen sie nur als ein warmes Meer wahr, nicht als Teil des Pazifischen Ozeans. Breiten- und Längengrade kennen und messen sie nicht. Das im Osten mit bloßem Auge sichtbare Alaska halten sie für eine Insel, gar für Nowaja Semlja. Die meisten arktischen Seefahrer vermuten damals noch, dass diese Insel sich von der Karasee parallel zur eurasischen Küste bis weit nach Osten erstreckt. Auch die Karte von Isaac Massa skizziert Nowaja Semlja als gewaltige Landmasse nördlich von Russland.

Nur langsam kommt die Expedition voran, immer wieder müssen die Boote an Land, um Proviant zu organisieren oder um auf günstige Eis- und Windverhältnisse zu warten. Während einer dieser Pausen hinter dem späteren Kap Deschnjow greifen die Tschuktschen an. Die Eindringlinge ziehen sich aufs Meer zurück; ein Sturm reißt die Schiffe auseinander. Das Boot unter dem Kommando von Popow wird bis nach Kamtschatka getrieben, wo die Besatzung umkommt oder in Gefangenschaft gerät. Deschnjows Schiff strandet Anfang Oktober mit vierundzwanzig Mitstreitern an der sibirischen Pazifikküste 500 Kilometer südlich des Anadyr. Auf Skiern erreichen die ausgezehrten Männer nach zehn Wochen die Mündung des Flusses knapp unterhalb des Polarkreises. Mit letzten Kräften zimmern sie ein Winterlager auf einer Insel stromaufwärts. Die Zahl der Überlebenden ist inzwischen auf zwölf geschrumpft, aber im Frühjahr gelingt es ihnen, eine Verbindung zum nächsten russischen Stützpunkt herzustellen, in das 2300 Kilometer entfernte Jakutsk. Die Unterstützung von dort ist aber nicht der Rede wert. Auf sich allein gestellt,

Die Deschnjow-Expedition 1648

richtet sich die Truppe für die nächsten Jahre am Unterlauf des Anadyr ein. Deschnjow wird zum Kommandeur des neuen, flussaufwärts gegründeten Stützpunkts Anadyrsk ernannt. In der subarktischen, waldarmen Region können die Bewohner zwar nur wenige Zobel jagen, dafür gibt es umso mehr Walrosse.

Deschnjow schickt Berichte und Tribute nach Jakutsk und bittet um den seit Jahren nicht gezahlten Sold sowie um seine Ablösung. Doch erst 1662 darf er in die Festung an der Lena zurückkehren, wo zwanzig Jahre zuvor seine Reise Richtung Kolyma begonnen hatte. Dort wendet sich Deschnjow nun direkt an den Zaren und berichtet von blutigen Kämpfen und Geiselnahmen, mit denen er die Einheimischen zur regelmäßigen Ablieferung von Pelzen gezwungen hat, von der Jagd auf Walrosse und dreißig eingesammelten Zobelpelzen. Er vergisst nicht, auf seinen Schiffbruch, mehrfache Verletzungen und überhaupt auf das entbehrungsreiche Leben in der Wildnis hinzuweisen.

»Ich, Dein Knecht, der seinen Dienst in der Festung Jeniseisk begann, habe Dir, Herrscher, auf viele Art gedient und Deinen herrscherlichen Tribut eingesammelt, am großen Fluss Lena und an anderen entfernten Flüssen und in neuen Gebieten, an den Flüssen Jana, Ojemokon, Indigirka, Kolyma und Anadyr; [all dies tat ich] mit meinen eigenen Mitteln und ohne Deinen herrscherlichen Sold in Geld und Getreide. In diesen vielen Jahren, in denen ich diese Dienste für Dich, Herrscher, verrichtete, habe ich jede Art von Not und Entbehrungen erlitten, habe Lärchen- und Birkenrinde gegessen und 21 Jahre widerlich gelebt.«[9]

Deschnjow betont die Entdeckung und Unterwerfung des Mündungsgebiets des Anadyr. Seine spektakuläre Seereise um die Nordostspitze Asiens erwähnt er hingegen nur beiläufig; sie zählt offenbar nicht als besondere Leistung, um seiner Bitte um die Nachzahlung des Solds Nachdruck zu verleihen.

Mit Walrosselfenbein für den Zaren im Wert von über 17000 Rubel reist Deschnjow nach Moskau; zwei Jahre dauert die Reise. In der Hauptstadt erhält der Kosake 500 Rubel für das Elfenbein plus seinen ausstehenden Lohn – 126,20 Rubel. Das ist in der Summe ein beachtliches Vermögen für den Sohn eines nordrussischen Schiffers, wenn auch nach einer über zwanzigjährigen Dienstzeit nicht der schnelle Reichtum, von dem die Eroberer Sibiriens träumen. Ein durchschnittliches Landgut eines Hofaristokraten erwirtschaftet damals etwa 1000 Rubel im Jahr. Und Deschnjow muss auch noch langjährige Schulden zurückzahlen. Immerhin wird er zum Kosakenführer von Jakutsk befördert, mit einem Jahresgehalt von nun neun Rubel plus einem großzügigen Kontingent an (in Sibirien wertvollem) Weizenmehl und Salz. Doch den größten Teil seiner Einnahmen wird der neue Kosaken-Ataman, wie üblich, aus den Pelzen der Region und Extraabgaben der Indigenen bezogen haben. Mit seiner jakutischen Frau Abakajada kann er jedenfalls ein mehr als auskömmliches Leben führen. Als fast Siebzigjähriger stirbt er 1673.

In seinem Leben hat Deschnjow fast die gesamte Nordostpassage bereist. Als jugendlicher Matrose fuhr er auf der Strecke Archangelsk – Mangaseja, als Kosake diente er zunächst am Jenisei, später an der Lena. Über das Nordpolarmeer gelangte Deschnjow zur Kolyma und von dort schließlich zum Anadyr. Seine Karriere beeindruckt aber nicht nur wegen der zurückgelegten Entfernungen und überstandenen Gefahren. Sie zeigt beispielhaft, wie eng in der Eroberung Sibiriens Kaufmannskapital und Kosakenmacht durch die Gier nach Pelzen verbunden waren.

In Erinnerung geblieben ist die Expedition von Deschnjow bis zum heutigen Tag aber vor allem deswegen, weil ihm die erste dokumentierte Umsegelung von Tschukotka glückte und damit der Nachweis, dass Asien und Amerika keine geografische Einheit bilden. Eine Meeresstraße zwischen den beiden Kontinenten zeichneten freilich schon die Kartografen des 16. Jahrhunderts auf ihre Weltkarten, jedoch ohne jede empirische Grundlage. Deschnjow seinerseits demonstrierte zwar mit seiner eigenen Biografie, dass die Nordostpassage wirklich in den Pazifik führt, er selbst war sich dieser bahnbrechenden Entdeckung aber nicht bewusst. Er hätte sie sonst gewiss gegenüber dem Zaren als ein weiteres Verdienst herausgestellt. Das Wissen um den neuen Weg zum Anadyr verbreitete sich daher zunächst nur langsam. Ein Logbuch hatte Deschnjow nicht geführt.

Erst der aus Herford stammende Historiker Gerhard Friedrich Müller, der in den 1730er-Jahren im Archiv von Jakutsk eine Abschrift von Deschnjows Bericht fand, erkannte die ganze Reichweite der Expedition von 1648 und machte sie der europäischen Öffentlichkeit bekannt. Der später als erster Historiker Sibiriens berühmte Müller war ein Mitglied der »Großen Nordischen Expedition« der Petersburger Akademie der Wissenschaften, an der auch ein noch berühmterer dänischer Kapitän teilnahm. Gut acht Jahrzehnte nach Deschnjow durchmaß Vitus Bering die später nach ihm benannte Meeresstraße im Nordpazifik und wies nach, dass die große »Insel«, die Deschnjow gegenüber Tschukotka gesehen hatte, die Festlandküste Amerikas war.

4

Peters Traum

Am 27. März 1730 berichtete die *Sankt-Peterburgskie Vedomosti* (Nachrichten), die älteste und damals noch einzige Zeitung des Zarenreichs, von der erfolgreichen Rückkehr einer Expedition vom »äußeren Ende Sibiriens«. Mehr als fünf Jahre zuvor war eine »große Zahl von Offizieren, Landvermessern, Matrosen und Soldaten« nach Ochotsk am Pazifik aufgebrochen und von dort über die subarktische Halbinsel Kamtschatka weiter bis an das nördliche Ende des Ozeans gezogen. Ihren offiziellen Auftrag hatten die Männer von Zar Peter dem Großen persönlich erhalten: »die Grenzen der nordöstlichen Länder zu erkunden und zu prüfen, ob diese Länder, wie manche glauben, mit dem nördlichen Teil Amerikas verbunden sind oder ob zwischen ihnen eine freie Wasserdurchfahrt besteht«.[10]

Peter, der westlichen Welt als jener Herrscher bekannt, der mit der neuen Hauptstadt Sankt Petersburg das Zarenreich an der Ostsee und im Kreis der europäischen Großmächte verankerte, träumte ebenso von einem Russland am Pazifik. Die Frage, wie Asien und Amerika verbunden sind, war mehr als nur ein ungelöstes Rätsel der Geografen Europas. Der Zar wünschte, den Ausgang der Nordostpassage unter russische Kontrolle zu bringen – wenn es ihn denn gab.

Zunächst galt es herauszufinden, ob nicht im Nordosten von Sibirien schon Amerika begann. Dieser möglichen Landbrücke zu folgen (oder ihre Existenz auszuschließen) war die Aufgabe jener Expedition, von der die Leser der *Sankt-Peterburgskie Vedomosti* im März 1730 erstmals erfuhren. Die Leitung des Unternehmens hatte der Zar einem aus dem dänischen Horsens stammenden Kapitän übertragen, Vitus Bering. Schon seit 1703 diente Bering in Peters neuer Flotte und hatte wie viele ausländische Seeoffiziere im Krieg gegen Schweden schnell Karriere gemacht. Nun fehlte dem Vierundvierzigjährigen noch der Kapitänsrang ersten Grades, der zugleich die Erhebung in den Adelsstand bedeutete. Die Reise ans Nordostende Asiens sollte den ersehnten Karrieresprung bringen. Sie wurde zugleich zum Vermächtnis des berühmten Zaren, der im Januar 1725, kurz vor Berings Abreise, verstarb.

Vitus Bering muss sein Kommando erst einmal 6000 Kilometer nach Osten führen, über kaum angelegte Wege. Alles, was Sibirien für eine maritime Entdeckungsfahrt nicht hergibt – eiserne Anker, Takelage, Waffen, Werkzeuge, Medikamente –, wird durch Sümpfe, reißende Flüsse und Schneeverwehungen geschleppt. Unterwegs streiten die Expeditionsteilnehmer mit lokalen Kommandeuren über Proviant, Schlitten, Pferde, Handwerker und Begleitschutz. In Ochotsk, einer Siedlung aus vielleicht einem Dutzend Häusern, wartet niemand, um den Tross übers Meer nach Kamtschatka zu bringen. Ein Boot muss erst gezimmert werden, wie dann an der Ostküste der Halbinsel auch das eigentliche Expeditionsschiff, ein zwanzig Meter langer Zweimaster mit drei Kanonen und außerdem mit einem geschlossenen Unterdeck, wie es der schiffsbauerfahrene Zar auf seinem Sterbebett ausdrücklich verlangt hat. In dem russischen Vorposten am Kamtschatka-Fluss, wo das Schiff entsteht, hat noch nie jemand eines gebaut. Zu der Zeit leben auf der 1200 Kilometer langen Vulkanhalbinsel keine zweihundert Russen; die indigenen Itelmenen und ihre Schlittenhunde werden gewaltsam zur Unterstützung gezwungen. In einer verzögerten Antwort an Bering werden sie sich zwei Jahre später gegen die russischen Eroberer erheben.

Berings Amerika-Expedition 1728

Am 24. Juli 1728 ist die *Heilige Gabriel* startklar. Bei wechselhaftem Spätsommerwetter segelt die vierundvierzigköpfige Besatzung den Kamtschatka-Fluss hinunter und folgt den Ufern Sibiriens nach Norden, immer weiter bis zur weitgehend unbekannten Tschuktschen-Halbinsel. Keine Landbarriere versperrt den Weg. Anders, als Berings Kartenskizze zeigt, verläuft die Küste auch nicht direkt nach Norden, sondern nach Nordosten. Die Abweichung summiert sich bis zum Kap Deschnjow auf etwa 1300 Kilometer – Bering weist nach, dass Sibirien viel größer ist als bislang angenommen. Der Subkontinent endet fünfzehn Längengrade östlicher als die Ostspitze von Neuseeland.

Im Vergleich mit der dreijährigen, strapaziösen Anreise, auf der fünfzehn Männer und über sechshundert Pferde ihr Leben lassen mussten, verläuft der maritime Hauptteil der Expedition schnell und problemlos, sieht man von deutlichen Sturmschäden am Schiff ab. Fähnrich Pjotr Tschaplin führt Logbuch und notiert akribisch jeden Regenschauer und die Zahl der gesetzten Segel. Sonst passiert nicht viel an Bord. Die *Gabriel* hält sich in Sichtweite des Meeresufers, die geografisch-astronomische Vermessung der Strecke ist eine ihrer Hauptaufgaben. Zwei Treffen mit Tschuktschen verlaufen friedlich. An Deck wollen sie nicht kommen, sie begegnen den fremden Besuchern in ihrem großen Boot mit Misstrauen. Doch sie tauschen Felle und Fische gegen Nadeln und Feuersteine. Wie weit die Küste noch nach Nordosten verläuft, wissen die Tschuktschen nicht zu sagen. Aber sie verstehen auch die aus Kamtschatka mitgebrachten Dolmetscher nur schlecht.

Als die Gestade von Tschukotka 200 Kilometer vor (dem heute so genannten) Kap Deschnjow endlich einen Bogen schlagen, wenn auch nur nach Norden, behält die *Gabriel* noch fünf Tage ihren Nordostkurs bei. Auf hoher See überquert das Schiff den Polarkreis. Es ist Ende August, Sprühnebel behindert die Sicht. Weiter im Norden ist mit Treibeis zu rechnen, mit Wintereinbruch wird es sich schnell in einen undurchdringlichen, bis zur Küste reichenden Panzer verwandeln. Irgendwo im Osten sollte sich Amerika befinden, aber niemand an Bord ahnt, dass hinter den Dunstschleiern die Küste Alaskas nur noch eine Tagesreise entfernt liegt. In dieser ungewissen Situation beschließt Bering nach Rücksprache mit seinen Offizieren, dass sie mit hinreichender Wahrscheinlichkeit eine Meeresstraße zwischen Amerika und Asien entdeckt haben. Der Höhepunkt der Expedition ist denkbar unspektakulär: Die *Gabriel* wendet und nimmt gegen einen frischen Nordwestwind Kurs zurück nach Kamtschatka.

»Am 26. August«, berichtet Bering später der neuen Zarin Anna, »befanden wir uns auf der Breite von 67° 18', wo ich auf der Grundlage unserer Beobachtungen beschloss, dass wir den von Seiner Kaiserlichen Majestät [Peter] erhaltenen Auftrag erfüllt haben. Denn das Land erstreckt sich nicht weiter nach Norden, und nichts liegt östlich des Endes von Tschukotka; ich kehrte um.«[11]

Den Vorschlag seines Leutnants Aleksei Tschirikow, die Reise fortzusetzen und entweder das amerikanische Festland zu suchen oder nach Westen entlang der Küste Sibiriens zu segeln, verwirft Bering als unnötig riskant. Denn beide Varianten implizieren eine Überwinterung im Eis. Bering traut dies dem reparaturbedürftigen Schiff nicht zu, und er will auch der Besatzung eine Polarnacht bei den wehrhaften Tschuktschen ersparen, die damals noch keine Untertanen des Zaren waren. Und was oder wer die russischen Entdecker am amerikanischen Meeresufer erwarten würde, das weiß niemand. Allerdings ist Tschirikows Vorschlag insofern berechtigt, als Bering nicht einmal die Nordostspitze Asiens umrundet hat. Auch die Existenz einer weiter nördlich verlaufenden Landbrücke zwischen Tschukotka und Alaska kann Bering nicht zweifellos ausschließen. Hierfür wäre eine Fahrt über den Nordpol nötig gewesen oder eben nach Westen, um Tschukotka herum, bis zum nächsten bekannten Fluss, der Kolyma. Bis dahin sind es aber 1300 Kilometer, Luftlinie. Vor dem Wintereinbruch hätte Bering diese Strecke niemals bewältigen können.

Nach fünfzig Tagen kehrt die Besatzung der *Gabriel* unversehrt an den Kamtschatka-Fluss zurück. Im folgenden Jahr unternimmt Bering noch einige kürzere Fahrten vor der Ostküste der Halbinsel, doch er verzichtet auf eine zweite, überprüfende Erkundung der Meerenge zwischen Asien und Amerika, die fünfzig Jahre später von James Cook Beringstraße getauft wird. Offensichtlich ist der dänische Kapitän mit dem Ergebnis seiner Expedition auch so zufrieden.

Zu Beginn des Winters 1729 tritt er wieder den Landweg vom Pazifik zur Ostsee an. Ohne die Last der Expeditionsausrüstung bewältigt er die Strecke per Schlitten in sechs Monaten, am 11. März 1730 erreicht er Sankt Petersburg. Der Empfang ist wohlwollend, und die mitgebrachten Luxuswaren (sibirische Pelze und chinesische Seidenstoffe) vergrößern den Reichtum der Familie Bering. Dank der Kamtschatka-Expedition steigt Vitus Bering wie ersehnt in den Adelsstand auf. Der weit gereiste Kapitän und seine gut vernetzte Frau Anna sind gern gesehene Gäste in der Petersburger Gesellschaft.

Viel durfte Bering allerdings auch in Adelskreisen nicht erzählen, die Ziele und konkreten Ergebnisse seiner Reise unterlagen der Geheimhaltung. Die zitierte Würdigung in der Petersburger Zeitung vermerkte nur die beiden offiziellen Haupterfolge: zum einen die neuen Küstenkarten von Kamtschatka; zum anderen den Nachweis, »dass es tatsächlich eine nordöstliche Durchfahrt gibt und dass somit von der Lena ein Seeweg nach Kamtschatka führt, falls nicht im Norden Eis den Weg blockiert. Und weiter kann man nach Japan, China und Ost-Indien fahren. Außerdem erfuhr er [Bering] von den Einwohnern der Region, dass bereits vor fünfzig oder sechzig Jahren ein Schiff von der Lena nach Kamtschatka gelangt ist.«[12]

Mit diesem Schiff konnte nur die Expedition des Kosaken Deschnjow von 1648 gemeint sein (obwohl dieser nur von der Kolyma bis zum Anadyr gesegelt war). Im Logbuch der *Gabriel* findet sich freilich kein Eintrag zu diesen (angeblichen) Informationen der Tschuktschen, und in Peters Instruktionen an Bering findet sich kein expliziter Hinweis auf einen arktischen Seeweg. Vielmehr hatte Zar Peter drei Ziele festgelegt: Bering solle erstens auf Kamtschatka ein oder zwei Schiffe bauen; zweitens zu den unbekannten Ländern im Norden segeln und herausfinden, wo sie an Amerika anschließen; drittens entlang der Küste Amerikas nach europäischen Schiffen und Siedlungen Ausschau halten. Zwei dieser Aufgaben erfüllte Bering, die dritte erledigte er wegen des schlechten Wetters nicht.

Historiker streiten darüber, welcher große Plan des Zaren hinter den konkreten Aufgaben für den Kapitän stand: die Suche nach dem östlichen Ende der Nordostpassage, die Vermessung und Beanspruchung des Nordpazifiks oder eine neue, russische »Entdeckung« Amerikas. Wie auch immer man diese Interessen gewichtet – der Artikel in den *Sankt Petersburger Nachrichten* zeigt zumindest, dass die Nordostpassage ein Ziel des Zaren war, von dem die Welt wissen sollte. Die Passage war ein Achtungserfolg für Russlands erst fünf Jahre zuvor gegründete Akademie der Wissenschaften, die auch für die Redaktion der *Sankt-Peterburgskie Vedomosti* zuständig war. Eine russische Expedition hatte das Rätsel um die Verbindung zwischen Amerika und Asien gelöst! Das war immerhin eines der wichtigsten geografischen Probleme der Zeit, wie damals unter anderen der einflussreiche deutsche Philosoph Gottfried Wilhelm Leibniz meinte.

Peter der Große, den Leibniz in Wissenschaftsfragen beriet, wusste um das Prestige, das mit der Beantwortung dieser Frage einherging. Während seines ersten Aufenthalts in Amsterdam im Sommer 1697 hatte sich der Zar von Bürgermeister Nicolaes Witsen, einem Geografen und Schiffskonstrukteur, die Bedeutung der Nordostpassage erläutern lassen. Witsen hatte auch eine berühmte Karte von Asien erstellt, auf der das Nordostende des Kontinents vom Meer umspült wird. Doch er wies seinen hohen Gast darauf hin, dass diese Darstellung nur eine Hypothese ist, und empfahl ihm mit Nachdruck, eine Entdeckungsreise zu organisieren.

Gleich mehrere Schritte weiter dachte wenige Jahre später Russlands Chefdiplomat in London, Fjodor Saltykow. Er schickte dem Zaren 1713/14 einen detaillierten Projektvorschlag, der die sibirischen Küstengewässer in einen Korridor mit Seefestungen und Zollstationen verwandeln sollte. Konkret empfahl Saltykow, die Nordostpassage nicht mehr – wie bislang alle Kapitäne – in einem wagemutigen Durchgang von West nach Ost zu erproben. Besser sei es, ihre Befahrbarkeit von den sibirischen Flüssen aus systematisch und abschnittsweise zu untersuchen – wie es die Kosaken schon im 17. Jahrhundert vorgemacht hatten.

Dass solche Vorschläge bei dem seefahrtsbegeisterten Zaren auf Zustimmung stießen, kann nicht überraschen. Der englische Schiffsbauingenieur John Perry, der fast von Anfang an den Bau von Peters Flotte überwacht hatte, erinnerte sich daran, wie oft der Zar davon gesprochen hatte, einmal Handelsstützpunkte an Russlands Tundraküste bauen zu lassen. Europäische Schiffe könnten »auf diesem Weg Güter aus China und Japan beziehen, ohne durch die heiße Zone zu fahren«. Und für Russland sei die Route profitabler als der Karawanenhandel zwischen Moskau und Peking, »der viele Pferde und Männer benötigt und sowohl anstrengend als auch teuer ist«.[13] Was Perry hier von Peter hörte, war nichts anderes als dessen Kurzfassung des Projektvorschlags von Saltykow. Das war nicht mehr der alte Traum, die Nordostpassage zu finden, sondern ein neuer Traum, sie durch russische Häfen zu führen.

Wie aus vielen Projekten des Zaren ist auch aus diesem zu seinen Lebzeiten nichts geworden. Aber gut anderthalb Jahrzehnte später ging die Idee, zusammen mit Berings Bericht, in die Planungen für das aufwendigste wissenschaftliche Unternehmen des 18. Jahrhunderts ein. Die Große Nordische Expedition (1733–1743) setzte dort an, wo Bering nicht weitergekommen war, aber sie verteilte die Aufgaben auf mehrere, gleichzeitig durchgeführte Teilprojekte. Die Instruktion für Bering, der abermals die Leitung übernahm, lautete diesmal nicht nur, von Kamtschatka nach Amerika zu segeln. Explizit ging es nun darum, entlang der sibirischen Nordküste die Nordostpassage in den Pazifik zu vermessen. Eine dritte Abteilung sollte in das sagenumwobene Japan aufbrechen und dort erstmals Handelskontakte knüpfen. Und als wären das noch nicht genug Aufträge, kam als viertes Ziel die wissenschaftliche Erforschung Sibiriens hinzu. Schon von 1725 bis 1728 hatte Bering fleißig auch die Überlandroute nach Kamtschatka kartografiert, um den kürzesten Weg zum Pazifik zu finden. Doch diesmal schickte die Akademie der Wissenschaften einen Stab von Experten mit, die in den durchreisten Gebieten Flora, Fauna und Klima, Bodenbeschaffenheit und Bodenschätze sowie die Bewohner mitsamt ihren Fähigkeiten und Krankheiten erkunden sollten. Über Reiserouten und Arbeitspläne bestimmte wie schon 1725 die Admiralität in Sankt Petersburg – beziehungsweise Seeoffiziere vor Ort. Sehr zum Leidwesen mancher Wissenschaftler.

Insgesamt nahmen im Verlauf der Expedition über dreitausend Personen an ihr teil. Offiziere durften ihre Familien bis zum Einsatzort mitnehmen, Professoren reisten mit Hilfskräften und Handbibliotheken, Berings Frau mit einem Clavichord. Geschätzte 1,5 Millionen Rubel kostete das Unternehmen am Ende – das entsprach ungefähr einem Sechstel der jährlichen Staatseinnahmen und war mehr als das Hundertfache der ursprünglich kalkulierten Summe. Immer wieder stellten sich Verzögerungen in dem kaum zu koordinierenden Mammutprojekt ein. Erst im Juni 1741 konnte Bering wieder von Kamtschatka in See stechen, diesmal mit zwei in Ochotsk gebauten Schiffen. Der Oberkommandant befahl einen Ostkurs, weil er seit seinen Fahrten im Sommer 1729 den amerikanischen Kontinent nahe bei Kamtschatka vermutete. Diese Fehleinschätzung sollte ihn das Leben kosten.

Die Suche nach der Nordostpassage oblag diesmal anderen als Bering. Wie von Saltykow gut drei Jahrzehnte zuvor empfohlen, erfolgte die Erkundung des Eismeers abschnittsweise. Vier Teilexpeditionen machten sich auf, nahezu die gesamte russische Arktisküste von der Barentssee bis in den Pazifik zu vermessen. Nicht eine Seekarte lag bislang für die arktischen Gestade Asiens vor – doch die junge Marine versicherte, inzwischen über die nötigen Ressourcen für die Kartierung zu verfügen. An der Erkundung des Arktischen Ozeans waren dann auch die meisten Teilnehmer der Expedition beteiligt, vor allem mit dem Transport von Ausrüstung und dem Bau von Schiffen oder auch der Errichtung von Seezeichen und Vorratslagern an den Mündungen von Ob, Jenisei und Lena.

Im Unterschied zu Bering nahmen die nördlichen Arbeitsgruppen ihre Forschungen nur mit einem Jahr Verspätung auf. Im Sommer 1734 machten sich zwei Schiffe auf den Weg von Archangelsk durch die Karasee zum Ob, während gleichzeitig ein Boot vom Ob ostwärts in Richtung Jenisei aufbrach. Ein Jahr später waren auch zwei Expeditionsschiffe an der Lena startklar: Die *Jakutsk* sollte nach Westen Richtung Jenisei segeln, die *Irkutsk* über die Kolyma bis nach Kamtschatka. Die Aufträge lauteten für alle vier Kommandeure gleich: den Verlauf der Meeresufer mit Breiten- und Längengraden exakt zu kartografieren und dabei gefährliche Strömungen und sichere Ankerplätze ebenso zu vermerken wie die Festigkeit des Eises oder Hinweise auf Bodenerze. Die örtliche Bevölkerung sollte freundlich behandelt werden, schon um Lebensmittel und geografische Informationen zu erhalten.

Hinter der einfach formulierten Instruktion verbargen sich geradezu unerfüllbare Erwartungen. Keine der Teilexpeditionen erreichte das gesteckte Ziel im ersten oder auch zweiten Anlauf. Immer wieder mussten die Schiffe umkehren, im Eis überwintern oder Hilfe anfordern. Die Admiralität reagierte sichtlich unzufrieden und sah sich gezwungen, durch Krankheiten dezimierte Mannschaften, vom Eisgang beschädigte Schiffe, verstorbene oder vermeintlich unfähige Kommandanten auszutauschen. All diese Entscheidungen mussten über eine Entfernung von mehreren Tausend Kilometern hinweg ge-

Die Polarmeerfahrten der Großen Nordischen Expedition 1734–1743

troffen und per Kurier organisiert werden, entweder in Sankt Petersburg oder von Bering auf seinem Weg nach Ochotsk.

Westlich des Jenisei brachten die vergleichsweise eisarmen Sommer 1737/1738 den Durchbruch, die Expeditionen erreichten endlich ihre Ziele und kehrten stolz mit ihren Aufzeichnungen nach Sankt Petersburg zurück. Allerdings ohne Kapitän Dmitri Owzyn. Der Leiter der Ob-Jenisei-Expedition wurde unterwegs verhaftet; jemand hatte ihn denunziert, weil er sich verbotenerweise mit einem politischen Verbannten ausgetauscht hatte.

Ganz andere Probleme stellten sich den Teilprojektleitern an der Lena. Die Erkundung der Küste westwärts, um die von kompaktem Eis umschlossene Nordspitze Eurasiens herum, war die technisch schwierigste Etappe der Großen Nordischen Expedition. Die Fahrt nach Osten wiederum, entlang der Küste von Tschukotka, war ihr längster Abschnitt. Beide Expeditionen konnten auch nach sieben Jahren nur kleine Teilerfolge vorweisen.

Anfang Juli 1735 bricht Leutnant Wasili Prontschischtschew in Jakutsk mit einer fünfzigköpfigen Besatzung nach Nordwesten auf, darunter ein Arzt, ein Landvermesser, ein Priestermönch – und gegen alle Vorschriften auch Prontschischtschews Frau Tatjana. Die Quellen schweigen darüber, warum sie nicht, wie die anderen Offiziersgattinnen, durch Sibirien nach Sankt Petersburg zurückkehrte. Möglicherweise fehlen der Familie schlichtweg die finanziellen Mittel.

200 Kilometer hinter der Lena-Mündung beginnt bereits im August ihre erste, vergleichsweise komfortable Überwinterung in einem Lager von Trappern. Im nächsten Jahr kämpft sich die *Jakutsk* durch das sommerliche Brucheis der Laptewsee am Ostufer der Taimyr-Halbinsel. Auf 77 Grad Nord machen starker Gegenwind und Eisgang die Weiterfahrt unmöglich; ein Liegeplatz ist nicht in Sicht. Man bezieht enttäuscht das Winterlager vom Vorjahr, wo der Kapitän bald an einem offenen Beinbruch und seine Frau (vermutlich) am Skorbut

stirbt. Die Besatzung kehrt im nächsten Sommer nach Jakutsk zurück.

Niemand ahnt, dass sie sich bereits bis auf 25 Kilometer der Nordspitze Eurasiens genähert hatten, die heute den Namen von Prontschischtschews Steuermann trägt, Semjon Tscheljuskin. Er wird das asiatische Nordkap fünf Jahre später auf dem Landweg erreichen und kartieren. Tscheljuskin nimmt an der Wiederholung der Expedition teil, die 1739 unter dem Kommando von Kapitän Chariton Laptew Jakutsk verlässt. Diesmal bleibt ihr Schiff so unglücklich in acht Meter hohen Eisverwerfungen stecken, dass es zerbricht. Die Besatzung kann sich über die Taimyr-Halbinsel zum Jenisei durchschlagen. Ihre Karten erstellen sie vom Ufer aus, Tscheljuskin übernimmt den nördlichsten Abschnitt. Am 20. Mai 1742 steht er an der Spitze der Taimyr-Halbinsel, dem nördlichsten Festlandpunkt der Welt. »Hier ist das Eis eben. Nur in 6 Werst [6,4 Kilometer] Entfernung vom Ufer ist eine Lücke zu sehen, etwa ¼ Werst breit. An dieser Stelle türmt sich zerbrochenes Eis, dahinter ist das Eis wieder glatt und anscheinend nicht gebrochen.«[14] Die Umsegelung der Nordspitze Asiens erklärt Tscheljuskin zur Unmöglichkeit, doch immerhin ist dieser Küstenabschnitt leidlich kartografiert.

Zusammen mit der *Jakutsk* macht sich im Sommer 1735 die *Irkutsk* auf den Weg nach Norden. Im Ozean biegt Letztere aber nach Osten ab, um den Seeweg vor Tschukotka zu erkunden. Über diese Route ist, wie es in der Instruktion an den dänisch-schwedischen Kapitän Pieter Lassenius lapidar heißt, »eigentlich nichts bekannt«. Nicht nur »gibt es keine Karten, sondern überhaupt keine Nachrichten«.[15] Lassenius' Mannschaft soll der Küste folgen und auf diese Weise vielleicht nach Amerika gelangen und dessen Küsten erforschen: »Wenn sie aber diese Verbindung mit den amerikanischen Ländern nicht finden, dann sollen sie auf keinen Fall umkehren [...], sondern bis nach Kamtschatka fahren.«[16] Als müsste man nach Kamtschatka nicht ebenfalls durch die Beringstraße segeln.

Auch Lassenius wird bald vom arktischen Winter gestoppt. Statt zurückzusegeln, beschließt er eine Überwinterung, trotz unzureichender Lebensmittelvorräte. Anders als den Prontschischtschews zur selben Zeit fehlt ihm außerdem die Unterstützung durch Indigene und Trapper. Auch der Kontakt nach Jakutsk reißt bald ab. Bis zum Frühjahr sterben siebenunddreißig Männer am Skorbut, der damals als Sammelbezeichnung für Erschöpfungskrankheiten dient. Der Kapitän ist der erste Tote. Bering ersetzt ihn noch durch Dmitri Laptew, einen Cousin von Chariton. Doch der Weg um die vereiste Tschuktschen-Halbinsel herum bleibt auch dem neuen Kapitän versperrt. Schon nach zwei Tagen Nordkurs, am 13. August 1736, stößt er kurz hinter dem 73. Breitengrad auf eine feste Eisfläche, die ihm wie ein zwischen Küsten und Horizont gespanntes Leinen vorkommt.

Laptew reist daraufhin vom Nordostende Asiens an das Westende des Zarenreichs, über 5000 Kilometer. Er erwirkt von der Petersburger Admiralität die Erlaubnis, Tschukotka nicht zu umsegeln, sondern zur Not auch auf dem Landweg zu durchqueren. Im Sommer 1739 ist Laptew zurück in Jakutsk und sticht erneut in See. Über die Kolyma hinaus, wie es Deschnjow achtzig Jahre zuvor geglückt ist, kommt er indes nicht. Weiter im Norden, depeschiert Laptew nach Sankt Petersburg, sei das Meer selbst im August nur zeitweilig schiffbar, während an seinem Ufer die gefährlichen Tschuktschen lebten.

Er macht von seinem Notfallplan Gebrauch und wählt die schnellste Verbindung von der Ostsibirischen See zum Pazifik, den Hundeschlitten. Die Abkürzung ist ihm auch deswegen erlaubt worden, weil inzwischen der Chefhistoriker der Großen Nordischen Expedition, Gerhard Friedrich Müller, im Archiv von Jakutsk eine Abschrift des Berichts von Deschnjow gefunden hat. An der Existenz einer Meerenge zwischen Amerika und Asien besteht nun so gut wie kein Zweifel mehr. Bis zur endgültigen Kartierung der Küsten von Tschukotka – und bis zur zumindest formalen Unterwerfung seiner Bewohner – werden hingegen noch viele Jahrzehnte vergehen.

Ende 1741, als Dmitri Laptew in Anadyrsk eintrifft, kämpft Bering im Nordpazifik ums Überleben. Auf der Rückfahrt von der »Entdeckung« Amerikas hat die zu Tode erschöpfte Mannschaft ihr leckendes Schiff in eine Bucht gerettet, im Glauben, an der Küste Kamtschatkas gelandet zu sein. Stattdessen erwartet sie eine bitterkalte Überwinterung mit unzureichender Ausrüstung auf einer unbewohnten Insel. Jeder Dritte der Besatzung stirbt, darunter auch Bering. Die Überlebenden erreichen erst im nächsten Frühjahr Kamtschatka. Mit ihren aus dem Nordpazifik mitgebrachten kostbaren Seeotterpelzen lösen sie einen Jagdrausch unter russischen Kosaken und »Unternehmern« aus. Entlang der Aleuten dringen sie in den folgenden Jahrzehnten bis nach Alaska vor, das am Ende des Jahrhunderts zu Russlands einziger Überseekolonie wird.

Bis 1743 waren die meisten Teilnehmer der Großen Nordischen Expedition in die Hauptstadt zurückgekehrt. Eine Statistik der unterwegs Umgekommenen wurde nicht geführt, ein Abschlussbericht nie erstellt. Niemand rechnete die explodierten Kosten zusammen. Lässt sich trotzdem eine Bilanz dieses Megaprojekts ziehen?

Fast die gesamte Nordküste des Zarenreichs und ein Gutteil Sibiriens wurde erstmals nach einheitlichen Methoden vermessen; zweiundsechzig detaillierte Karten entstanden. Sie bildeten den Grundstock für das kartografische Geheimarchiv der Marineakademie in Sankt Petersburg, aber sie dienten auch als Vorlage für den ersten Atlas des Zarenreichs. Er erschien 1745 in einer ledergebundenen Ausgabe mit Goldschnitt und gleich in mehreren Sprachen: ein handkoloriertes Prestigeprojekt, in dem sich Russland in verschiedenfarbigen Flächen und klaren Grenzen so wohlgeordnet und übersichtlich wie die anderen europäischen Staaten präsentierte. Der Atlas erlaubte einen völlig neuen Blick auf das Zarenreich in seiner ganzen Größe zwischen Atlantischem, Arktischem und Pazifischem Ozean. Einschließlich einer klar gezogenen Nordgrenze.[17]

Die Teilnehmer der Großen Nordischen Expedition fertigten aber nicht nur Karten an, sondern auch stapelweise Berichte über die bereisten Gegenden, ihre Reichtümer und Bewohner; und sie schickten Gesteinsproben und getrocknete Pflanzen, Gebrauchsgüter der Indigenen und Archivalien nach Sankt Petersburg. Die Expedition kehrte mit detaillierten Informationen über die Beschaffenheit des Imperiums zurück – Material genug für Generationen von Bürokraten und Forschern. Tatsächlich sollte es Jahrzehnte dauern, bis manche Gegenden erneut erforscht wurden. Chariton Laptews Bericht über die Bewohner der Taimyr-Halbinsel veraltete sogar erst im 20. Jahrhundert. Doch zunächst verschwand so gut wie alles in den Archiven und Sammlungen der Hauptstadt; die Ergebnisse der Expedition, insbesondere das kartografische Detailwissen, waren nur für den Dienstgebrauch vorgesehen.

Es dauerte Jahre, bis selbst die Mitglieder der Akademie der Wissenschaften über ihre Forschungsreisen publizieren durften. Vor allem diese von schreibgewandten Gelehrten verfassten Reiseberichte prägen bis heute das Bild der Großen Nordischen Expedition. Und weil – im Gegensatz zu Berings Gruppe – an den Fahrten durchs Polarmeer keine Wissenschaftler teilnahmen, hat ausgerechnet die bis ins 20. Jahrhundert aufwendigste Arktisexpedition der Geschichte viel weniger Aufmerksamkeit erregt als die anderen, viel kleineren Teilprojekte.

Gerhard Friedrich Müller erklärte die erste Vermessung der Nordostpassage gar zu einem Fehlschlag. Trotz der wertvollen neuen Karten sei schließlich das eigentliche Ziel nicht erreicht worden, die Öffnung eines Seewegs von Nordrussland nach Kamtschatka. »Der Nutzen aller dieser Bemühungen war dieser, daß eines Theils die Landbeschreibung der dortigen Gegenden dadurch einen starken Zuwachs und mehrere Gewißheit erhielt, anderen Theils aber die Unmöglichkeit einer Schiffsfahrt durch das Eismeer, wie solche ehmahls von den Engelländern und Holländern um einen näheren Weg nach

Indien zu finden, unternommen worden, auf eine so entscheidende Weise an den Tag kam, daß nun, meines Erachtens, so leicht nun niemand mehr sich wird in den Sinn kommen lassen, dergleichen Schifffahrten ferner anzustellen.«[18]

Natürlich hatte Müller recht: Auch die besten Zeichnungen von einem nicht befahrbaren Seeweg waren ohne praktischen Nutzen. Gerade deshalb behielten viele Karten der Großen Nordischen Expedition ihre Gültigkeit teilweise bis ins 20. Jahrhundert. Auch für den Nachweis, dass Asien und Amerika von einer Meeresstraße getrennt sind, hätte es einer so aufwendigen Expedition nicht wirklich bedurft, sondern nur Müllers preiswerter Archivreise nach Jakutsk. Trotzdem verkannte der Historiker die grundlegende Bedeutung der ersten staatlichen Polarmeerexpedition. Ihr ging es nicht einfach um eine »Schiffsfahrt durch das Eismeer«, sondern um die Erschließung von Russlands arktischer Küstenregion.

Während sich früher Kaufleute oder Kosaken im Arktischen Ozean auf die riskante Suche nach schnellem Reichtum gemacht hatten, bestimmte die Große Nordische Expedition mit dem Verlauf der Eismeerküste erstmals die Nordgrenze des Zarenreichs. Marineoffiziere sammelten systematisch Material über die Beschaffenheit und die Ressourcen eines Herrschaftsraums, der auf den neuen Karten symbolisch und dauerhaft in Besitz genommen wurde. Und nicht zuletzt: Sie konnten den Verlauf der Nordostpassage so gut wie bestätigen. Keine Landbrücke zum amerikanischen Kontinent versperrte den Weg – falls dem Bericht des Kosaken Deschnjow zu trauen war. Denn vor Tschukotka war die Karte weiß geblieben, auch wenn das in den offiziellen Publikationen nicht zu sehen war. Theoretisch konnte es an dem 1200 Kilometer langen Küstenabschnitt doch noch eine Verbindung zwischen Asien und Amerika geben.

Leider zog sich die Nordostpassage viel länger nach Osten und durch viel höhere Breitengrade als bislang angenommen. Ein- oder mehrjährige, fest mit der Küste verbundene Eisflächen oder meterhoch geschichtete Torossen waren dort eine nicht weniger effektive Barriere als Landmassen. Der Traum von einem polaren Handelsweg nach Asien erschien unwirklicher als jemals zuvor.

5

Hinter dem Eis

Russlands berühmtester Naturforscher des 18. Jahrhunderts, Michail Lomonosow, interessierte sich als einer der Ersten für die Physik des Meereises. Er erklärte seine Entstehung und Dichte in Abhängigkeit von Minusgraden und dem Salzgehalt des Wassers. Und er war fest davon überzeugt, dass Eisberge aus dem Süßwasser von Flüssen entstehen und mit abnehmender Entfernung vom Festland immer seltener auftreten. Die Pole selbst, folgerte das Vollmitglied der Akademie der Wissenschaften, müssten dann gänzlich eisfrei sein, zumindest im Sommer, wenn die Mitternachtssonne das wenig vorhandene Eis schmelze.

Zur Überprüfung dieser Hypothese bat Lomonosow 1762 die Petersburger Admiralität um die Finanzierung einer Forschungsreise zum Nordpol. Genauer: über den Nordpol. Geschickt verband der Professor sein geografisch-physikalisches Forschungsinteresse mit einem Plädoyer für eine alternative Route zur bislang vergeblich vor Sibirien gesuchten Nordostpassage. Lomonosow argumentierte, dass der Weg über den Pol nicht nur die kürzeste Verbindung von Europa zu den Reichtümern Ostasiens sei, sondern auch die sicherste. Denn das gefährliche Packeis dürfte nach seinen Berechnungen bereits 500 bis 800 Kilometer von der Küste entfernt nur noch in der Nähe von Inseln vorkommen. Außerdem drohten in den hohen Breitengraden weder Piraten noch die Krankheiten des heißen Klimas; weder »Würmer, die Schiffsrümpfe durchbohren«[19], noch ausländische Konkurrenten würden die Seefahrt behindern.

Eine Erklärung, warum englische und niederländische Entdecker diesen Weg noch nicht erprobt hatten, lieferte der Petersburger Universalgelehrte gleich mit. Sie hätten ihre Vorstöße nördlich von Nowaja Semlja zu schlecht vorbereitet und vorzeitig abgebrochen. Nicht zuletzt, weil sie, im Unterschied zu Russen, nicht an das kalte Klima und die Navigation im Eismeer gewöhnt seien. Lomonosow hingegen vertraute auf seine Einsicht in die Naturgesetze sowie auf die Erfahrung und körperliche Verfasstheit nordrussischer Seefahrer. Zu seinem Projektvorschlag hatte er auch schon eine Karte des eisfreien Nordpols erstellt sowie eine lange Ausrüstungsliste. Lebensmittel für drei Jahre, Medikamente gegen Skorbut und nicht zuletzt astronomische und meteorologische Instrumente – an alles war gedacht. Lomonosow hatte recht: So akribisch war noch keine Untersuchung der Nordostpassage konzipiert worden.

Die Expedition sollte der Wissenschaft Erkenntnisse über die Natur des Eises und die Beschaffenheit des Polarmmeers liefern – und dem Zarenreich die Kontrolle über die Nordostpassage. Lomonosow träumte von am Pol geschöpften Meerwasserproben und zugleich von Warenströmen aus China, Indien und Japan. Wie Zar Peter am Anfang des Jahrhunderts wollte Lomonosow einen Teil des Welthandels durch russische Gewässer lenken – nur dass diese für den Naturforscher maximal weit nach Norden reichten. Der Weg über den eisfreien Pol sollte Russland Zugang zu den Weltmeeren und zugleich zu seinen neuen Besitztümern im Nordpazifik verschaffen.

Es war vor allem diese Vorstellung, die auch die neue Zarin Katharina die Große faszinierte. Am Anfang ihrer durchaus umstrittenen Regentschaft, die sie ja der Ermordung ihres Gatten verdankte, war sie besonders an prestigeträchtigen Projekten interessiert. Mit dem prominenten Gelehrten stand sie schon länger im Austausch. Dagegen hatte die Admiralität das so abenteuerliche wie kostspielige Projekt zunächst mit Zögern aufgenommen. Das Votum der Zarin beschleunigte im Mai 1764 das Genehmigungsverfahren. Innerhalb eines Jahres waren drei neue, eisverstärkte Schiffe gebaut. Im Mai 1765 brachen sie aus Archangelsk unter dem Kommando von Wasili Tschitschagow zu einer streng geheimen Mission in Richtung Pol auf. Lomonosow war nicht an Bord; der Dreiundfünfzigjährige war kurz vorher an einer Lungenentzündung verstorben. Kapitän Tschitschagow gelangte trotz stürmischen Wetters ohne Schwierigkeiten auf die Höhe von Spitzbergen und kreuzte ein paar Wochen im Nebel entlang der gefährlichen Packeisgrenze. Eine Durchfahrt nach Norden war nicht zu finden. Voreilig, wie zumindest die Admiralität monieren sollte, kehrte er zur Berichterstattung nach Sankt Petersburg zurück.

Ein zweiter, gleichfalls vergeblicher Versuch folgte im nächsten Jahr. Erneut gelangte Tschitschagow auf über 80 Grad Nord, so weit war seit Willem Barents keine Expedition mehr gekommen. Doch abermals mussten die russischen Schiffe ihre Suche nach einer Einfahrt ins angeblich temperierte Zentrum der Arktis abbrechen. Auch der von Lomonosow mitgegebene Rat, einfach den Walen ins offene Polarmeer zu folgen, half nicht weiter. Im Gegenteil: Walfänger aus Nordeuropa versicherten dem russischen Kapitän, dass hinter dem Eis nur noch mehr Eis zu finden sei. Niemand von ihnen hatte jemals einen Wal dorthin verfolgt.

So endete nach der Großen Nordischen Expedition auch das Unternehmen von Tschitschagow mit der Einsicht, dass eine Transitfahrt durch die Eismassen des Arktischen Ozeans zwar denkbar, aber praktisch nicht durchführbar war. Aber dass die nördlichen Meere von der Barents- bis zur Beringsee für Russland bestimmt seien – diese Grundannahme Lomonosows sollte Bestand haben. Der Petersburger Universalgelehrte hatte das vom Zarenreich zu kontrollierende Seegebiet durch eine zweite Expedition am östlichen Ausgang der Nordostpassage abstecken wollen. Tatsächlich segelten im Oktober 1766 zwei Schiffe vom nordpazifischen Ochotsk aus Tschitschagows

Expedition entgegen, doch das geplante Treffen fand nie statt. Tschitschagow war längst auf der Rückfahrt, und sein Pendant, Kapitän Pjotr Krenizyn, kam nicht einmal in die Nähe arktischer Gewässer, sondern nur bis zur Inselkette der Aleuten, die sich ungefähr auf dem Breitengrad von Kopenhagen zwischen Russland und Amerika erstreckt.

Ein halbes Jahrhundert später hielt der russische Leutnant und dreifache Weltumsegler Otto von Kotzebue noch einmal Ausschau nach einer Durchfahrt vom Pazifik zum Nordpol – ebenfalls vergeblich. Doch in gewisser Weise brachte er Lomonosows Projekt zum Abschluss, indem er zwar nicht den Nordpol, aber die arktische Ostgrenze des Zarenreichs abfuhr: die östliche Tschuktschensee vor der Nordküste von Russisch-Amerika, dem heutigen Alaska. Britische Polarforscher sollten dort ein paar Jahre später den Ausgang der Nordwestpassage suchen – doch der Kapitän des Zaren betrachtete die Gewässer als Ausgang der Nordostpassage und nannte seine Expedition auch die »Erforschung einer nordöstlichen Durchfahrt«[20].

Dies geschah nicht aus geografischem Unwissen. Vielmehr bildete im frühen 19. Jahrhundert aus russischer Sicht der Pazifik nördlich der vom Zarenreich kolonisierten Aleuten eine Einheit mit der Beringstraße und dem Arktischen Ozean zwischen Tschukotka und Alaska. Hier musste die Nordostpassage enden, ob entlang der sibirischen Küste oder über den Pol. Das Seegebiet sollte, ganz im Sinne von Lomonosow, russisch sein – so wie die Westküste Alaskas auch als Ostküste Russisch-Amerikas wahrgenommen wurde. Es versteht sich, dass die britische Seemacht sich durch solche Petersburger Befindlichkeiten nicht von der Erforschung dieser Meere abhalten ließ. Und die Marine des Zaren besaß keine Mittel, das zu verhindern.

Kotzebues Vorstoß an die maritime Nordostgrenze des Zarenreichs ließ aber Lomonosows Frage unbeantwortet, was eigentlich im Norden des Eismeers lag. Nur den punktuellen Vorstößen von Trappern und Kaufleuten, Kosaken und Wissenschaftlern ist es zu verdanken, dass sich im späten 18. und frühen 19. Jahrhundert trotz aller Rückschläge die Grenzen des Wissens und der arktischen Seefahrt allmählich in Richtung Packeisgrenze verschoben. Überliefert sind indes fast nur die offiziellen Unternehmungen.

Aber was gab es überhaupt im und hinter dem Eis zu entdecken? Mit dieser Frage endet ein populärer sowjetischer Kinofilm von 1973. *Sannikowland* spielt in der späten Zarenzeit und erzählt die abenteuerliche Suche nach einem sagenumwobenen grünen Eiland zwischen den vergletscherten Neusibirischen Inseln (nordöstlich der Lena-Mündung gelegen) und dem Nordpol. Von den Teilnehmern der Expedition kehrt allein der Student Aleksandr Iljin zurück. Und auch er wäre auf dem gefrorenen Meer umgekommen, hätten ihn nicht Jakuten in einem Rentierschlitten aufgelesen. Mensch, warum bist du nicht zu Hause geblieben? Auf diese Frage des Schlittenführers antwortet Iljin mit Schweigen, während am fahlen Himmel ein Schwarm sibirischer Wildgänse nach Norden fliegt. Der Vogelzug hatte ihm als untrüglicher Beweis für die Existenz einer warmen Oase im nördlichen Polarmeer gegolten. Und er hat sie ja wirklich gefunden.

Obwohl eine Insel auf etwa 77 Grad Nord aussehen müsste wie Nordgrönland, hat sich im fiktiven Sannikowland ein Klima erhalten, wie es vor der letzten Eiszeit in ganz Sibirien herrschte. Ein gewaltiger, halb aktiver Vulkan verhindert das Zufrieren der Gewässer; im Schutz seines vierzig Kilometer breiten Kraters gedeiht eine subarktische Fauna und Flora. Dort leben, zwischen prähistorischen Wollnashörnern und heißen Quellen, die Onkilonen, ein nordsibirisches Volk, das im Film vor über vierhundert Jahren vor den Tschuktschen übers Eismeer geflohen ist – also noch vor dem Beginn der russischen Eroberung Sibiriens. Die Onkilonen nehmen die fremden bärtigen Männer zunächst freundlich und neugierig auf. Doch ihr Schamane hält das Misstrauen der Insulaner wach. Seine dunkelsten Warnungen werden wahr, als ein Erdbeben die heißen Quellen versiegen lässt und die Welt in der Caldera abkühlt. Iljin bricht mit einigen Kameraden auf, um Hilfe zu holen, die niemals ankommen wird. Ein heftiger Vulkanausbruch zerstört das gerade entdeckte Land.

Der Film *Sannikowland* greift Spekulationen auf, die im frühen 19. Jahrhundert mit den Reisen von Jakow Sannikow begannen. Der Kaufmann aus Jakutsk hatte bereits mehrere kleine Inseln zwischen Laptewsee und Ostsibirischer See entdeckt – und ein Vermögen mit den dort reichlich konservierten Mammutstoßzähnen gemacht. Allein 1809 soll er mehrere Tonnen von dem prähistorischen Elfenbein verkauft haben. Im selben Jahr nahm Sannikow als ortskundiger Experte an einer Expedition von Mathias von Hedenström teil, einem wegen Schmuggels verbannten Beamten aus Riga, der sich am ostsibirischen Rand des Zarenreichs als Geograf nützlich machen sollte. Die erst seit dem späten 18. Jahrhundert von Kaufleuten wie Sannikow erschlossenen Neusibirischen Inseln mussten schließlich noch ordentlich kartografiert werden. Vielleicht war dieser Archipel ja sogar ein Ausläufer jenes arktischen Kontinents, den Gerhard Mercator im 16. Jahrhundert auf seinen berühmten Weltkarten eingezeichnet hatte?

Für eine Schiffsexpedition reichten die wenigen Wochen des Hochsommers nicht, in denen damals die Ostsibirische See eisfrei war. Hedenström und Sannikow vermaßen die Umrisse der Inselgruppe daher mit dreißig Hundeschlitten, das ging schneller und war weniger gefährlich. Sie kamen gut voran, das Eis um die Neusibirischen Inseln war 1809 ungewöhnlich ebenflächig zugefroren. Eine Landverbindung nach Norden fanden sie nicht. Doch nordwestlich der Kotelny-Insel erkannten sie »eine Bläue, die völlig jener ähnelt, die manchmal über entferntem Land zu sehen ist«.[21] An einem anderen Tag meinte Sannikow sogar, schneefreie Berge in der Ferne ausmachen zu können. Doch sie waren hinter den bis zu zwanzig Meter hoch aufgetürmten Eisschollen und nicht weniger breiten Eisspalten unerreichbar – und sie sollten es auch für spätere Expeditionen bleiben. Hedenström setzte das mutmaßliche Land unter Sannikows Namen für über ein Jahrhundert auf die Seekarten des Nordpolarmeers.

Gerade ihre Unzugänglichkeit an der Packeisgrenze machte die Sannikow-Insel zu einer Projektionsfläche für verschiedene Interessen – von Kaufleuten, Wissenschaftlern, Militärs oder später eben von Regisseuren. Daher gibt es mehrere Antworten auf die Frage der Jakuten nach dem Warum von Iljins lebensgefährlicher Reise im Sannikow-Film. Wirtschaftliche Erwartungen standen bei der historischen Person Sannikow im Vordergrund – neben Stoßzähnen von Mammuten oder Walrossen bildeten Robben- und Polarfuchspelze die begehrteste Handelsware in Nordostsibirien. Im Film ist es ein Goldminenbesitzer, Trifon Perfiljew, der von einem Eldorado im Eismeer träumt und deswegen auch die Expedition finanziert. Nennenswerte Rohstoffe hat das Sannikowland allerdings nicht zu bieten, Iljin kehrt mit leeren Händen zurück.

Auch alle wissenschaftlichen Informationen über den fantastischen Mikrokosmos im Eismeer gehen mit dem Vulkanausbruch verloren. Der Spielfilm – und mehr noch der ihm zugrunde liegende Roman des sowjetischen Science-Fiction-Autors Wladimir Obrutschew – betont aber, dass die Zeitreise in die Urgeschichte Sibiriens für verschiedene Forschungsdisziplinen bahnbrechend hätte sein können, sei es für die Geologie, die Ethnografie oder die Biologie. Dass die Neusibirischen Inseln einstmals mit dem Festland verbunden waren und die Küstenregion am Nordostende Asiens die letzte Heimat des Mammuts dargestellt hatte, war schon zu Zeiten von Jakow Sannikow bekannt. Den geografischen Expeditionen ging es daher keineswegs nur darum, die Grenzen des Zarenreichs zu vermessen und neue Inseln zu entdecken. Das Ziel war stets auch, wie es in der Instruktion für Hedenström hieß, »alle Dinge aus dem Bereich der Naturgeschichte« genau zu beschreiben.[22]

Das vom Kaufmann Sannikow angeblich gesichtete Land im Eismeer klang in Sankt Petersburg interessant genug, um eine weitere Schlittenexpedition auszurüsten. Der beauftragte Leutnant Pjotr Anjou, ein Sohn französischer Revolutionsflüchtlinge, legte im Sommer

1821 über 14000 Kilometer zurück, konnte aber nicht ein einziges Mal die Beobachtung von Sannikow bestätigen. Dafür stieß er fünfzig Kilometer nordwestlich der Kotelny-Insel auf eine kilometerbreite Polynja, eine große Freifläche im Meereis. Solche Polynjas gibt es viele im Nördlichen Eismeer; sie frieren auch im Winter nicht oder nur leicht zu. Doch so weit im Norden hatte Anjou eigentlich eine geschlossene Decke aus mehrjährigem Eis erwartet. Wenn schon nicht den sechsten Kontinent.

Die Suche nach einem arktischen Erdteil verlief abermals erfolglos, sehr zur Enttäuschung der Admiralität in Sankt Petersburg. Sie hatte schon die Expedition von Hedenström nicht zuletzt aus militärisch-geostrategischen Erwägungen unterstützt. Ein polarer Kontinent, der sich möglicherweise bis nach Nordwestamerika erstreckte – seine Entdeckung wäre nicht allein eine wissenschaftliche Sensation gewesen. Denn das spätere Alaska war damals noch eine russische Pelzjägerkolonie – und wenn es eine Landmasse Arktika zwischen diesem Russisch-Amerika und dem Mutterland geben sollte, dann musste darüber auch der doppelköpfige Zarenadler wachen. Schon seit einigen Jahren hatte man in Sankt Petersburg mit Unbehagen registriert, dass immer wieder ausländische Schiffe durch die Beringstraße segelten und die arktischen Gewässer zwischen Nordostsibirien und Russisch-Amerika erkundeten. Sie waren zwar vor allem unerwünschte Konkurrenz auf der Jagd nach den wertvollen Pelztieren des Nordpazifiks, aber auch die Vorstellung war unangenehm genug, dass sich diese Rivalen nördlich von Sibirien festsetzten. Diese hypothetische Gefahr hatte Anjou nicht ausräumen können.

Weiterhin ungeklärt war außerdem, ob der vermutete Polarkontinent mit dem asiatischen Festland verbunden war. Ob es also überhaupt eine durchgehende Nordostpassage gab. Die Große Nordische Expedition der 1730er-Jahre war ja am letzten Teilstück, im Festeis vor der Tschuktschen-Halbinsel, gescheitert. Die Küstenlinie war noch immer nur in Bruchstücken kartografiert. Auch Lomonosow zog an der Stelle seiner Nordpolkarte lediglich eine gestrichelte Linie. Zwar schien der Bericht des Kosakenführers Semjon Deschnjow über seine Umrundung von Tschukotka die Existenz einer Durchfahrt zum Pazifik zu beweisen. Doch gerade mit dem zunehmenden Schiffsverkehr im Grenzgebiet von Pazifischem und Arktischem Ozean waren Zweifel an der Echtheit der Schilderung aufgekommen. Denn warum sollten stolze europäische Großsegler, High Tech des 18. Jahrhunderts, an der Aufgabe scheitern, die ein Kosake ohne nautische Ausbildung gemeistert hatte? Selbst im Sommer versperrten Eisverwerfungen die Weiterfahrt.

Sogar James Cook hatte vergeblich nach dem Ostausgang der Nordostpassage gesucht. Englands berühmtester Pazifik-Entdecker war 1778 auf seiner letzten Expedition von der Beringstraße aus weit in die Tschuktschensee gesegelt. Doch der erfolgsverwöhnte Kapitän hatte nicht einmal die Hälfte der Nordküste von Tschukotka geschafft und auf der Höhe des heutigen Kap Schmidt umkehren müssen. Cooks Urteil wog schwer; das Meer galt seitdem als eisverstopft und unpassierbar. Eine russische Folgeexpedition unter Gawriil Sarytschew und Joseph Billings (der als Offizier unter Cook gedient hatte) konnte eine Dekade später nicht das Gegenteil beweisen. Kein Wunder, lästerte der britische Kapitän James Burney, der ebenfalls an Cooks letzter Fahrt teilgenommen hatte. Schließlich sei hinter dem vereisten Nordkap von Tschukotka eindeutig Land in Sicht gewesen, das sich weit nach Nordosten zog. Für Burney war der Fall klar: Er hatte damals die Kontinentalbrücke nach Amerika gesehen, die schon Bering ein halbes Jahrhundert zuvor gesucht hatte. Und Deschnjow habe wohl einfach sein leichtes Boot nach Kosakenart über dieses Land gezogen, es aber niemals umsegeln können.

Diese Geringschätzung ihrer Karten – und der kosakischen Seefahrkünste – mochte die russische Admiralität nicht hinnehmen. Die Theorie einer arktischen Landverbindung zwischen Asien und Amerika ein für alle Mal zu widerlegen war ein weiteres Ziel der Expedition von 1821 bis 1824. Während Anjou das Sannikowland in der Ostsibirischen See suchte, inspizierte sein bester Freund Ferdinand von Wrangel, ein fünfundzwanzigjähriger Leutnant deutsch-baltischer Herkunft, den Küstenverlauf in der benachbarten Tschuktschensee. Auch hier galt es, Berichte von gesichteten Inseln zu überprüfen, Sannikowland war nicht die einzige Phantominsel im sibirischen Polarmeer. Wrangel startete im März 1821 mit neun Hundeschlitten von der Mündung der Kolyma, wo sich schon Deschnjow auf den Weg nach Osten gemacht hatte. Mal entlang des Ufers, meist aber den kürzeren Weg über den gefrorenen Ozean nehmend, gelangte die Expedition in gut drei Wochen an den nördlichsten Punkt der Tschuktschen-Halbinsel. Hier sollte nach Burney die Landbrücke nach Amerika beginnen. Vom Meereis aus erblickte Wrangel ringsum weiße Torossen und eine schwarze Steilküste – doch am Horizont war kein Land in Sicht. Es herrschte für die Region mäßiger Frost um die dreißig Grad.

»Die Fahrt um dieses Kap herum überstieg an Beschwerden und Gefahr alles bisher erprobte. Wir waren oft genöthigt, steile neunzig Fuss hohe Eisberge zu erklimmen, und uns von dieser Höhe zuweilen beinahe senkrecht hinabzulassen, wobei wir Gefahr liefen, unsere Schlittensohlen zu zerbrechen, die vorgespannten Hunde zu erdrücken und selbst in die Eisschluchten zu stürzen. Dann mussten wir wieder grosse Strecken in tiefem, bis über den Gürtel reichendem, lockerem, angewehtem Schnee durchwaten, und wenn sich zuweilen zwischen den Torossen auch eine nicht gerade mit Schnee bedeckte kleine Eisfläche fand, so war sie mit scharf krystallisirtem Seesalze bedeckt, welches die Eissohlen der Narten [Schlitten] wegschleifte und den Hunden das Ziehen so erschwerte, dass wir uns selbst vorspannen und mit der größten Anstrengung die Schlitten fortziehen mussten, um nur nicht völlig stecken zu bleiben.«[23]

Nach der Umrundung des Kaps kehrte Wrangel zunächst um. Erst im übernächsten Jahr und mit mehr Proviant gelang die Weiterfahrt – zwar nicht wie geplant bis zur Beringstraße, aber weit über das von

Cook vor der Wrangel-Insel gesichtete Kap hinaus, das heutige Kap Schmidt. Hindernisse waren genug zu überwinden. Hunde starben vor Hunger, Schneeblindheit zwang zu Nachtfahrten, Eiseskälte machte die astronomischen Instrumente unbrauchbar. Doch wieder war im Norden die ganze Zeit nur das zugefrorene Meer zu sehen. An der Existenz der Nordostpassage konnte endgültig kein Zweifel mehr bestehen, wenn auch ihr östlicher Ausgang mit Eis verstopft war, ganz wie Cook befunden hatte. Größere Schiffe konnten ihn noch immer nicht passieren.

Im Jahr zwischen den beiden Vermessungen der Tschuktschen-Küste suchte Wrangel neues Land im Meer. Mit 240 Schlittenhunden jagte er den Erzählungen von Trappern, Kosaken und Kaufleuten über unbekannte Inseln wie das Sannikowland hinterher. Und dahinter sollte es ja noch den Arktika-Kontinent geben. Übers Meer, direkt nach Norden, zog die Expedition bis an die Stelle, wo im gerade noch befahrbaren Küsteneis tiefe Spalten aufbrachen. Jeden Augenblick konnte sich der Boden unter den Schlitten in eine schwankende Eisscholle verwandeln – und das über 250 Kilometer vom Ufer entfernt. Tief beeindruckt schilderte Wrangel, wie »die ungeheuren Eisfelder von den tobenden Meereswogen fast senkrecht in die Höhe gerichtet, fortgetrieben, mit furchtbarem Krachen aneinandergeschleudert, dann durch die Gewalt der schäumenden Wellen in die Tiefe hinabgeworfen wurden«.[24] Wie sein Freund Anjou war er auf eine riesige Polynja gestoßen. Land war nicht in Sicht. Wrangel glaubte nicht mehr an die Existenz einer großen arktischen Landmasse.

Im April 1823, wenige Wochen vor seiner Rückreise nach Sankt Petersburg, hätte Wrangel beinahe doch noch seine Insel entdeckt. Etwa in der Mitte der Nordküste von Tschukotka, so versicherte ihm ein Tschuktschen-Anführer, waren ganz deutlich Berge im Meer zu erkennen. Wrangel gelang es zwar nicht, dorthin vorzustoßen, und er vermochte bei diesigem Wetter auch keine Insel zu erkennen. Er trug sie gleichwohl auf seine Karte von Nordostsibirien ein, so wie es Hedenström mit Sannikowland gemacht hatte. Der Unterschied bestand darin, dass englische Arktisforscher und amerikanische Walfänger in der Mitte des 19. Jahrhunderts tatsächlich auf der von Wrangel vermuteten Insel landeten. Mit ihren über 1000 Meter hohen Bergen ist die Insel bei klarer Sicht gut vom 150 Kilometer entfernten Festland zu erkennen. Seit der Sowjetzeit heißt sie Wrangel-Insel.

Ihre Entdeckung und Erforschung in den frühen 1920er-Jahren diente Obrutschew offensichtlich als Vorlage für sein Sannikow-Buch. Wie Wrangel schließen die Romanhelden aus dem Vogelzug nach Norden auf die Existenz einer größeren Insel; das Gebirge von Sannikowland ist wie das auf Wrangelland nicht vergletschert. Auf beiden Inseln hat sich daher die Biodiversität des voreiszeitlichen Sibiriens gehalten – auf der Wrangel-Insel allerdings nur, soweit sich Fauna und Flora an die deutlich niedrigeren Temperaturen anpassen konnten. Die Insel war zwar unbewohnt, aber in seiner wohlwollend-paternalistischen Schilderung der Tschuktschen fand Wrangel den gleichen Ton wie Obrutschew in der Beschreibung der Onkilonen. Anders als viele russische Entdecker vor ihm begegnete Wrangel den Tschuktschen mit einer gewissen Empathie und konnte bewaffnete Konflikte vermeiden. Tschukotka war damals zwar formal schon ein Teil des Zarenreichs, doch seine Bewohner genossen und verteidigten ihre faktische Autonomie. Wrangel nannte sie respektvoll-ironisch Hyperboräer, also nach jenem glücklichen Volk der griechischen Mythologie, das abgeschieden am Nordrand der Welt leben sollte. Iljin und die anderen Entdecker urteilten ähnlich über die Bewohner von Sannikowland.

Wrangels Eisfahrt zur großen Polynja erschütterte die Theorien von einem arktischen Kontinent. Kurzfristig erlebte sogar Lomonosows Traum von einem eisfreien Polarmeer eine Renaissance. Der seinerzeit berühmte deutsche Geograf August Petermann warb noch in der zweiten Hälfte des 19. Jahrhunderts für diese Route. Petermann war überzeugt, dass der Golfstrom hoch im Norden des Arktischen

Ozeans eine Durchfahrt erlaubt. Doch im Zarenreich machte sich niemand erneut auf den Weg, um die Nordostpassage über den Pol zu finden. Und die Ergebnisse von Wrangels Schlittenexpedition gaben auch der arktischen Transitschifffahrt keinen neuen Impuls.

Das 5600 Kilometer lange Seegebiet zwischen Nowaja Semlja und Beringstraße blieb weiterhin nur über die sibirischen Flüsse erreichbar. Niemand wusste das besser als Wrangel. Als er wenige Jahre später Gouverneur von Russisch-Amerika wurde, schlug er nicht ein einziges Mal vor, die Kolonie über den kurzen arktischen Seeweg fester an das Mutterland zu binden. Stattdessen wurde das spätere Alaska umständlich von Sankt Petersburg aus über jährliche Weltumsegelungen versorgt. Ebenfalls keine Alternative war die Nordwestpassage entlang der kanadischen Küste, wie Otto von Kotzebue und nachfolgende britische Expeditionen zeigten.

Russlands arktische Seefahrt prosperierte vor allem im Weißen Meer und in der Barentssee, wegen des offenen Zugangs zum Atlantik. Doch wenn sich zentralrussisches Getreide oder nordrussisches Holz lukrativ nach Norwegen verschiffen ließ, warum sollten sich diese in Sibirien noch reichlicher vorhandenen Güter nicht ebenfalls über das Meer verkaufen lassen? Zumal dies wieder legal möglich war, seitdem das Befahrungsverbot für die Karasee in der Mitte des 18. Jahrhunderts zusammen mit der Zollgrenze zwischen Russland und Sibirien aufgehoben worden war. Kaufleute aus Archangelsk versuchten daher wiederholt, ihre Geschäfte über das Meer nach Osten auszuweiten. Dabei ging es weniger um eine Verbindung zur ostsibirischen Elfenbeinküste als vielmehr darum, über die großen westsibirischen Flüsse Ob und Jenisei einen Anschluss an die innerasiatischen Wirtschaftsräume zu finden. Besonders sollte sich hierbei bald die Firma Brandt & Sohn aus Archangelsk hervortun.

6

Der Zucker-Millionär

Direkt oberhalb der beliebten »Strandperle« am Hamburger Elbufer steht eine weiße Villa im antikisierenden Stil des frühen 19. Jahrhunderts. In der Hansestadt ist das Anwesen als »Brandts Landhaus« bekannt, seit Denkmalschützer es im Sommer 2016 vor dem Verfall retteten. Doch über den Namensgeber wissen die meisten Hamburgerinnen und Hamburger wenig. Schon gar nicht, dass dieser Brandt ein Untertan des russischen Zaren war und von ihm für ein Vierteljahrhundert ein Teilstück der Nordostpassage gepachtet hat.

Der Reeder Wilhelm Brandt, ein gebürtiger Hamburger, erwarb das Grundstück an der heutigen Elbchaussee 186 im Jahr 1817. Das säulengeschmückte Landhaus entstand im folgenden Jahr nach Plänen des dänischen Architekten Axel Bundsen. Eingebettet in einen parkähnlichen Garten, der auch die gegenwärtigen Nachbargrundstücke einschloss, bot die Villa eine fantastische Aussicht über die Elbe. Brandt konnte vom großzügig geschwungenen Südbalkon seine ein- und auslaufenden Schiffe beobachten. Im Innern des Anwesens reichte der Blick noch weiter. Ein Gemälde im ersten Stock zeigte ein Schloss der Familie auf der Krim, das dem Architekten als Vorbild gedient haben soll. Aber das war wohl nur eine Familienlegende, die im Haus eine Atmosphäre von Reichtum und Exotik verbreitete. Zumindest hatte Bundsen auch schon früher Tempelgiebel und runde Säulenvorbauten entworfen, während ein Immobilienbesitz der Brandts am Schwarzen Meer nicht nachweisbar ist.

Umso enger war die Verbundenheit der Familie mit dem Weißen Meer. Und diese Beziehungen stellten Reichtum und Exotik jedes Krim-Schlosses in den Schatten. In der nordrussischen Hafenstadt Archangelsk begann Wilhelm Brandt 1793 eine fünfjährige kaufmännische Ausbildung bei einem Geschäftspartner seines Vaters, einem Versicherungsmakler. Im Vergleich zu dem weltgewandten Hamburg muss dem Fünfzehnjährigen das überwiegend aus niedrigen Holzhäusern bestehende Archangelsk mit seinen ungepflasterten Straßen provinziell vorgekommen sein. Etwa siebentausend Einwohner und dreitausend Soldaten lebten in dieser Garnisonsstadt an der Mündung der Nördlichen Düna. Doch trotz seiner Lage 225 Kilometer südlich des Polarkreises war Archangelsk seit gut zwei Jahrhunderten einer der wichtigsten Knotenpunkte für Russlands Fern- und Binnenhandel. Mehr als zwei Dutzend Handelshäuser konnten um 1800 von diesen Geschäftsbeziehungen leben. Selbst für hanseatische Maßstäbe war das ein beeindruckendes Verhältnis von Fernkaufleuten zur Einwohnerzahl.

In ihrer Ausrichtung auf Großbritannien, das über Archangelsk im großen Stil Flachs, Teer und Holzprodukte für seine Flotte bezog, war die Stadt dem Geburtsort von Wilhelm Brandt gar nicht unähnlich. Vielleicht deswegen kehrte er 1802 an die Düna zurück und investierte sein Erbe in eine Import- und Exportgesellschaft. Mit seinem Eintritt in die Archangelsker Kaufmannsgilde übernahm er die russische Staatsbürgerschaft.

Während der napoleonischen Blockade Großbritanniens (1806–1813) brach die Ausfuhr sibirischer Rohstoffe auf die Britischen Inseln ein. Den Aufstieg des Handelshauses Brandt sollte das jedoch nicht stoppen – im Gegenteil. Zum Glück besaß die Firma eine Niederlassung in der Londoner Lombard Street, der wichtigsten Finanzmeile Englands. Wilhelms Bruder Emanuel führte dort die Geschäfte und knüpfte Kontakte zu Kolonialwarenhändlern, deren Gewinne aus dem Export von südamerikanischen Produkten nach Europa durch Napoleons Blockade bedroht waren. Die Reederei von Brandt übernahm einen Teil ihrer Geschäfte – auf Schiffen unter neutraler Flagge, etwa des norddeutschen Papenburg. So konnten weiterhin Waren von der Themse an die Nördliche Düna gelangen. Brandt begnügte sich aber nicht mit der Rolle eines Mittelsmanns, sondern baute umsichtig seine eigenen Beziehungen in die Neue Welt auf.

Die Umsegelung des französischen Embargos war ein politisch riskantes, aber überaus einträgliches Geschäft. Napoleons Marine beschlagnahmte zwar immer wieder Schiffsladungen – doch unterm Strich stand in Archangelsk ein prächtiger Gewinn. Während die Zuckerrohreinfuhr in Kontinentaleuropa beinahe zum Erliegen kam, stieg Brandt in den Direktimport von brasilianischem Rohrzucker ein. Seine 1810 am Hafen von Archangelsk errichtete Zuckerraffinerie machte ihn innerhalb weniger Jahre zum reichsten Einwohner seiner zweiten Heimatstadt und zu einem der wohlhabendsten Kaufleute im Zarenreich überhaupt. Der Neubau am Hamburger Elbufer, von dem aus Brandt nach der Niederlage Napoleons seine Geschäfte lenkte, hatte somit seine (finanziellen) Ursprünge in Südamerika und nicht auf der Krim.

Dauerhaft hielt es Brandt nicht in Hamburg. Schon in den 1820er-Jahren war er wieder in Archangelsk und umtriebig wie nie. Dreiundzwanzig Schiffe nannte der Unternehmer inzwischen sein Eigen, mehrere Hundert Menschen arbeiteten für ihn, in seiner Zuckerfabrik oder in einem Sägewerk – das erste in der Region, das die neuartigen Dampfmaschinen einsetzte. Brandt besaß außerdem eine Werft mit eigenem Wald und neben dem Kontor in London noch eine Niederlassung in Hamburg und in der russischen Hauptstadt Sankt Petersburg. Nach dem Ende Napoleons florierte auch der Handel mit Westeuropa wieder, bald auch mit den USA – und niemand aus Archangelsk schickte dorthin mehr Schiffe als das Handelshaus Brandt & Sohn.

Der Firmengründer verfügte über die entsprechenden Kontakte, schließlich war er als Honorarkonsul für verschiedene Staaten tätig. Zugleich engagierte der Großkaufmann sich in der städtischen Verwaltung – 1830 organisierte er als Bürgermeister den Kampf gegen die erste Cholerapandemie – sowie als Mäzen. Auf diesem Gebiet stieß der Vierundfünfzigjährige seine letzte Geschäftsidee an, die das Potenzial hatte, alle bisherigen Erfolge seiner Unternehmensgruppe in den Schatten zu stellen. Es ging um nicht weniger als die Öffnung der Nordostpassage – und um neue Handelsbeziehungen seiner Unternehmensgruppe nach Sibirien, wenn nicht bis zum Pazifik.

Seitdem in der Mitte des 18. Jahrhunderts die Zollgrenze zwischen Sibirien und dem europäischen Russland gefallen war, hatten sibirische Kaufleute immer wieder davon geträumt, Massengüter wie Kiefernholz oder Getreide kostengünstig aus (Süd-)Sibirien über Flüsse ins Polarmeer und weiter nach Europa zu transportieren.

Das Projekt, das Brandt im April 1832 dem Generalgouverneur von Archangelsk, Admiral Robert Hall, vorschlägt, ist ursprünglich nicht seine eigene Idee, sondern die des Forstmeisters der Stadt. Pjotr Klokow, der die Wälder verwaltet, aus denen die britische Flotte gebaut wird, will den einträglichen Archangelsker Holzhandel bis weit nach Sibirien ausdehnen und plant eine Erkundungsexpedition nach Osten. Doch mehr als 2000 Rubel Kapital kann er nicht aufbringen – damit ließen sich vier Leibeigene kaufen, aber es reicht nicht, um ein Schiff auszurüsten. Brandt springt ein und übernimmt sogleich die Initiative.

In seinem Brief an Admiral Hall bittet er um die Genehmigung für eine Expedition zur Mündung des Jenisei. Über das Meer habe sich dorthin zwar seit über sechzig Jahren niemand mehr gewagt, doch mit geeigneten Schiffen sei diese Route sehr wohl zu bewältigen. Brandt verspricht eine gründliche Erkundung »des besten und kürzesten Wegs zur Mündung des Jenisei« sowie zusätzlich der noch weitge-

Die Pachtusow-Expedition 1832/33

hend unerforschten Ostküste der Inselgruppe von Nowaja Semlja. Archangelsk sollen so dauerhafte wie einträgliche Kontakte zu den östlich des Ural gelegenen Provinzen des Russischen Reichs winken. Der reichste Mann der Stadt bietet an, bis zu drei eismeertaugliche Schiffe für eine Expedition auszurüsten, »die nicht nur mit Blick auf die Handelsbeziehungen, sondern auch für geografische Entdeckungen und Beschreibungen dieser so wenig bekannten Region außerordentlichen Nutzen bringen wird«.[25] Brandts Vision von Archangelsk als zukünftiger Drehscheibe zwischen atlantischem, russischem und sibirischem Handel überzeugt den Gouverneur. Innerhalb weniger Wochen liegt die Genehmigung vor.

Für die Leitung des Unternehmens präsentiert Brandt einen erfahrenen Marineoffizier, Unterleutnant Pjotr Pachtusow, der einige Jahre unter dem berühmten Polarforscher Fjodor Litke die Westküste von Nowaja Zemlja erforscht hat. Diese Wahl ist keine zufällige. Brandt weiß von Forstmeister Klokow, dass Pachtusow in Sankt Petersburg seinerseits eine Expedition in die Karasee angeregt hat. Die Hydrografische Abteilung des Marineministeriums hat das Projekt zwar wohlwollend aufgenommen, sich aber außerstande gesehen, die von Pachtusow gewünschten 8000 Rubel zur Verfügung zu stellen. Das ist keine kleine Summe, sondern das halbe Jahresgehalt eines Ministers.

Brandt, dessen Unternehmen 1832 über neun Millionen Rubel Umsatz erwirtschaften, gibt das Geld bereitwillig. Vielleicht weil er mit der Verpflichtung von Pachtusow auch einen Konkurrenten ausschalten will. Doch die Wahl erweist sich als Glücksgriff. Pachtusow kommt begeistert nach Archangelsk und kümmert sich verlässlich um die Ausrüstung von zwei Einmastern: der fünfzehn Meter langen *Nowaja Semlja* und der zwei Meter kürzeren *Jenisei*. Sie werden auf Brandts Werft und auf Anraten von Pachtusow nach der traditionellen Leichtbauweise der nordrussischen Küstenbewohner gebaut, die sich im flachen Eismeer bewährt hat. Statt einer Kajüte schützt mittschiffs eine Plane die Mannschaft, der Tiefgang beträgt keine zwei

Meter. Für die Besatzung wählt Pachtusow ausschließlich eismeererfahrene Seeleute aus der Region.

Die Abreise verzögert sich um einige Tage, als Brandt am 5. August 1832 unerwartet stirbt. Klokow übernimmt als Juniorpartner die Leitung; die Finanzierung ist zum Glück weiterhin gesichert. Am 13. August, spät im Polarsommer, stechen die beiden Schiffe bei leichtem Südostwind in See. Das Thermometer zeigt fünfzehn Grad, die Vorräte reichen für vierzehn Monate. Auf Bitte von Brandt hat Admiral Hall die Expedition mit wissenschaftlichen Instrumenten aus Beständen der Marine ausgerüstet. Bereits Anfang Juli ist ein Archangelsker Schiffer zur Küste von Nowaja Semlja vorausgefahren und hat dort Depots mit zusätzlicher Ausrüstung angelegt. Er kehrt im August unversehrt mit einer Ladung Walrosszähnen zurück.

Die beiden Kapitäne der eigentlichen Expedition haben noch von Brandt eine mehrseitige Instruktion erhalten. Die *Jenisei* unter dem Kommando von Wasili Krotow bekommt den Auftrag, südlich von Nowaja Semlja in die Karasee und weiter bis zur Mündung des Jenisei zu fahren; Pachtusow soll mit der *Nowaja Semlja* zunächst die Südostküste der Inselgruppe bis auf etwa 75 Grad Nord erkunden, um dann ebenfalls mit Ostkurs die restlichen 800 Kilometer bis zum Jenisei-Golf zu segeln. Möglichst ohne Überwinterung sollen beide Boote ihr Ziel erreichen; die Geldgeber erwarten die Ergebnisse schon für den Herbst. Ein Expressbote des in Tobolsk residierenden Generalgouverneurs von Westsibirien steht bereit, um den Bericht schnellstmöglich nach Archangelsk zu bringen. Außerdem haben Brandt und Klokow darum gebeten, am Küstenabschnitt um das heutige Dikson an der Nordostspitze des Jenisei-Deltas einen geeigneten Standort für einen zukünftigen Hafen zu finden. Für den Rückweg nach Archangelsk ist dann im Sommer 1833 mit beiden Schiffen gemeinsam die Route entlang der Festlandküste auszuprobieren.

Dieser Zeitplan ist für so eine anspruchsvolle Expedition extrem ehrgeizig kalkuliert, doch das Ziel ist ja gerade der Nachweis einer schnellen saisonalen Handelsverbindung nach Westsibirien. Die Kartografierung der Strecke soll Gebrauchswissen für den Seehandel der nahen Zukunft bereitstellen. Über das weitverzweigte Flusssystem des Jenisei, das über den Fluss Angara bis zum Baikalsee reicht, möchten sich die Archangelsker Unternehmer außerdem einen Zugang zum sibirischen Binnenmarkt sichern und einen Anschluss an den zentralasiatischen Fernhandel finden. Diese Vision erinnert an die Pläne westeuropäischer Kaufleute aus dem 16. Jahrhundert, über die sibirischen Ströme nach China zu segeln. Brandt wird diese Idee gekannt haben.

Doch die hochfliegenden Erwartungen werden rasch enttäuscht. Das Schiff von Krotow verschwindet in der Barentssee. Niemand von der Besatzung kehrt zurück, die genauen Umstände bleiben unbekannt. Pachtusow segelt zwar ohne Zwischenfall die 1000 Kilometer bis zur Südspitze von Nowaja Semlja, doch auch ihm ist kein schneller Erfolg beschieden. Schon bald stößt sein Schiff bei Temperaturen um den Gefrierpunkt auf »eine Wand aus Eis«[26]; die Einfahrt in die Karasee ist vollständig blockiert. Die zehn Teilnehmer der Expedition retten sich auf 70 Grad Nord in eine Bucht. Pachtusow beschließt, bereits hier – am Ufer findet sich eine halb verfallene Jagdhütte mit zwei Gräbern – zu überwintern. Zu riskant erscheint ihm die Weiterfahrt durchs Eis. Es ist der 12. September. Drei Wochen später ist die Bucht des Winterlagers zugefroren. Erst nach 297 Tagen wird das Schiff den Zufluchtsort mit dann vier Gräbern wieder verlassen.

Wie ein über 1000 Kilometer langer, sichelförmiger Wall trennt Nowaja Semlja die Barentssee von der Karasee. Jäger und Fischer vom Festland suchen vor allem den Süden des »Neuen Landes« im Meer seit Jahrhunderten auf, doch systematisch kartografiert wird die Inselgruppe erst seit dem letzten Drittel des 18. Jahrhunderts. Seitdem ist auch bekannt, dass die Hauptinsel bei 73 Grad Nord durch eine Meeresstraße geteilt ist, die Matotschkin-Straße. Diese sollte eigentlich Brandts zweites Expeditionsschiff, die *Jenisei,* durchfahren. Eine

Jagdgesellschaft aus Archangelsk findet 1834 unweit der westlichen Einfahrt ihre Wrackteile.

In den bis zu 1000 Meter hohen Bergen von Nowaja Semlja werden im frühen 19. Jahrhundert Silbererze vermutet, damit wächst das offizielle Interesse an den Inseln. Zur Zeit von Pachtusow bewohnen den baumlosen Archipel nur Eisbären, Füchse, Rentiere und, im Sommer, Vögel. Das Klima im Westen, wo die letzten Ausläufer des Golfstroms enden, ist deutlich milder als auf der östlichen Seite. Dort treiben noch im Sommer Eisschollen kilometerweit im Meer und können sich zwischen Festland und Nowaja Semlja verkeilen – dort, wo auch Pachtusow stecken bleibt. Der Wind, der aus dem Temperaturunterschied zwischen Barentssee und Karasee entsteht, jagt Eisregen oder mächtige Schneestürme über die Doppelinsel. Die Sommer auf Nowaja Semlja sind grau und kühl, Nebel und Wolken lassen der Mitternachtssonne wenig Platz, längst nicht überall kann sie den Schnee wegtauen. Nicht ungewöhnlich, dass sich, wie auch 1832, zum Äquinoktium, der Tagundnachtgleiche, der nächste Winter durchsetzt. Die zehnköpfige Mannschaft weiß, zum Teil aus eigener Erfahrung, um die Kälte und Dunkelheit, die ihr bevorstehen. Neu ist, dass Pachtusow diese Zeit sorgfältig protokolliert. Er ist auch der erste Forscher, der auf Nowaja Semlja mit Thermometer und Barometer operiert.

Die Messungen im Zweistundentakt sind Teil der strengen maritimen Disziplin, die der Kapitän im Winterlager verlangt. Er ist überzeugt, dass festgelegte Arbeits- und Ruhezeiten ebenso wie ein wöchentliches Schwitzbad und frisches Fleisch vor dem gefürchteten Skorbut schützen. Im kurzen nasskalten Polarherbst schleppt die Mannschaft alles verfügbare Treibholz zum Bauen und Heizen zusammen. Sie erlegen Rentiere und verteidigen ihre Essensvorräte gegen Füchse und Bären. Aus mitgebrachten Ziegeln entsteht ein Ofen für das ausgebesserte Haus und die angebaute Badehütte. Stolz vermerkt Pachtusow in seinem Tagebuch, dass die Temperatur im Wohnraum selbst bei starkem Frost erstaunliche dreißig Grad erreichen kann – und trotzdem niemand an Kohlenmonoxid erstickt.

Selbst die Hitze des Saunaofens schafft es aber nicht, das verbaute Altholz zu trocknen; die Kleidung der Männer schimmelt, Rost überzieht alle eisernen Gegenstände. Das Wetter ist so schlecht, dass sie den Beginn der gut zweimonatigen Polarnacht gar nicht bemerken. Am 20. November sinkt die Außentemperatur auf minus vierzig Grad. Die Geschäftigkeit weicht einer bleiernen Langeweile. Fast sind drohende Katastrophen willkommen: wenn das Brennholz zur Neige geht oder ein neugieriger Polarbär versucht, auf das fragile Dach der Hütte zu klettern. Am 6. März blitzt zum ersten Mal seit Monaten ein Sonnenstrahl durch die Mittagsdämmerung.

Die Männer nutzen die länger werdenden Tage für die Erkundung und Vermessung des Meeresufers, wobei sie immer wieder von Stürmen, Nebel oder Bären überrascht werden. Die körperliche Anstrengung ist nach dem Polarwinter eine große Herausforderung, die halbe Besatzung ist krank. Im Mai sterben zwei Matrosen trotz aller Vorsichtsmaßnahmen an Auszehrung. Die Aussicht auf die bevorstehende Abreise treibt die Überlebenden an. »Heute ist zum ersten Mal ein schöner Frühlingstag, wie man ihn sich in diesem Klima nur wünschen kann«, notiert Pachtusow am 24. Juni. »Obwohl das Thermometer nur 6 Grad zeigt, kommt uns die Luft sehr warm vor.«[27] Andere Frühlingsboten, wie Gräser oder Blüten, sind aber noch nicht zu sehen, und viel wärmer wird es auch nicht. Immerhin ist einen guten Monat später das Meer wieder befahrbar.

Nach den ungeschriebenen Regeln des Nordpolarmeers deponiert Pachtusow einen Zentner Mehl und Getreide für zukünftige Besucher seines Winterlagers. Am 22. Juli 1833 verlässt die *Nowaja Semlja* ihren Liegeplatz – jedoch nicht mit Kurs Südwest, Richtung Archangelsk, sondern Richtung Nordost. Pachtusow will seinen Auftrag erfolgreich abschließen. Diesmal glückt die Einfahrt in die Karasee. Langsam sich voranḱämpfend, immer wenn ein südlicher Wind das

Eis vor dem Schiff vertreibt, folgt die *Nowaja Semlja* der Küstenlinie nach Norden. Windstille oder starken Eisgang nutzt die Besatzung zur Landvermessung und zur Jagd. Seine Angst, ohne ausreichenden Proviant ein weiteres Mal zur Überwinterung gezwungen zu sein, verdrängt der Kapitän: »Verzweiflung ist der erste Schritt zum Misserfolg.«[28]

Tatsächlich gelangt Pachtusow bis auf die Höhe der Matotschkin-Straße, die Nowaja Semlja in zwei Inseln teilt. Er beschließt die Heimreise durch den Fjord. Ein Durchkommen zum ursprünglichen Ziel, dem Jenisei, erweist sich angesichts des dichten Eisgangs in der Karasee als ausgeschlossen. In der Barentssee muss das inzwischen leckende Schiff kurz vor dem nächstgelegenen Hafen, Pustosjorsk an der Petschora, aufgegeben werden. Immerhin gibt es hier Menschen, die der gestrandeten Besatzung helfen können. Ende November kommt Pachtusow mit dem Schlitten in Archangelsk an.

Auch wenn die Expedition zum Jenisei scheiterte, gilt Pachtusows Erforschung von Nowaja Semlja noch immer als ein Meilenstein in der Geschichte der arktischen Entdeckungen. Pachtusow kehrte mit ausführlichen hydrografischen und meteorologischen Daten nach Sankt Petersburg zurück. Das Marineministerium, das den Leutnant freigestellt hatte, war hochzufrieden. Pachtusow erhielt gleich für das nächste Jahr die Finanzierung – und das Kommando – für eine Folgeexpedition entlang der Ostküste der Doppelinsel. Von der Suche nach einer Handelsverbindung nach Osten war allerdings keine Rede mehr. Die Karasee galt als ein undurchdringlicher Eiskeller, wie sie wenige Jahre später der berühmte Biologe Karl von Baer nannte. Die abschreckende Metapher sollte sich lange halten.

Aus kaufmännischer Sicht war die Reise Pachtusows ein Desaster. Sie betätigte nur, was viele schon vorher gewusst hatten: Gegen Eis und Nebel in der Karasee kommen Schiffe auch im Sommer nicht so zuverlässig an, dass Unternehmer ihnen kostbare Güter anvertrauen sollten. Aber war die Expedition wirklich nur eine Fehlinvestition, von der nichts blieb, außer dem Pachtusow zu verdankenden Namen der Brandt-Bucht an der Ostküste von Nowaja Semlja?

Brandt konnte sich zu dem Rückschlag nicht mehr äußern. Aber drei Jahre nach seinem Tod erschien in der russischen *Zeitschrift für Manufakturen und Handel* ein anonymer Aufsatz über das Weiße Meer, der eigentlich eine Lobrede auf das Projekt von Brandt und Klokow war: »Sie haben etwas begonnen, dessen Erfolg mit der Zeit die Aufmerksamkeit der aufgeklärten Welt erregen und sich letztlich als eine wichtige Epoche in der Geschichte von Handel und Gewerbe erweisen kann.«[29] Wenn es doch nur viele solche Projekte gäbe, schloss der unbekannte Autor mit Wehmut.

Offensichtlich wusste er mehr, als in der Instruktion für Pachtusow stand, nämlich von einem Masterplan Brandts für die Zukunft. Dem Unternehmer ging es gar nicht allein um die Gründung eines neuen Hafens als Tor zum sibirischen Binnenmarkt, sondern auch um die ökonomische Erschließung der Karasee. Dafür sollten weitere kleine Häfen, Siedlungen mit Handwerkern und Lotsenstationen entlang der Küsten entstehen, die nicht nur Handelsschiffen Sicherheit, sondern auch Einkünfte aus Fischfang und Jagd versprachen. Diese Infrastruktur wollte Brandt aus eigener Tasche finanzieren. Doch damit nicht genug. Langfristig sollte nach diesem Muster auch der Weg zum nächsten großen Strom Sibiriens, der Lena, geöffnet werden und weiter nach Osten bis zur Beringstraße. Das hätte den transatlantischen Handel von Archangelsk – und nicht zuletzt den der Firma Brandt & Sohn – bis in den Pazifik verlängert. Anders als frühere Versuche von Kaufleuten, den Seeweg zum Jenisei als kostensparende Abkürzung zu den Rohstoffen Sibiriens zu erschließen, dachte Brandt in so globalen Dimensionen wie zuletzt Peter der Große. Doch wie der Zar ließ Brandt sich auch von der Arktisbegeisterung seiner Partner in London anstecken. Denn nach dem Sieg über Napoleon fand ein Teil der aufgabenlos gewordenen britischen Marine Verwendung in der Arktisforschung, insbesondere in der Suche nach der Nordwestpassage.

Für die erste Phase seines Projekts hatte sich Brandt im Mai 1832 die Unterstützung des mächtigen russischen Finanzministers Georg Kankrin gesichert. Bei erfolgreichem Abschluss der Expedition versprach Kankrin ein fünfundzwanzigjähriges Monopol auf sämtliche Einkünfte aus dem Seegebiet zwischen Nowaja Semlja und Jenisei, mit Ausnahme der Gewinne aus bestehenden Staatsmonopolen wie dem Alkoholverkauf. Niemand außer Brandt und Forstmeister Klokow hätte auf diesem über 800 Kilometer langen Abschnitt der Karasee Handel treiben, Fische fangen oder Walrosse jagen dürfen. Das wäre selbst für die Firma Brandt eine beachtliche neue Einnahmequelle gewesen, doch schon das Versprechen so weitreichender Privilegien machte das gescheiterte Projekt bemerkenswert. In seiner visionären Verbindung aus transozeanischem Handel und regionaler Wirtschaftsentwicklung setzte das Abkommen zwischen den nordrussischen Kaufleuten und der Regierung in Sankt Petersburg einen wichtigen Meilenstein. Das Monopol wäre sogar auf Brandts Sohn übergegangen, der aber keinen zweiten Versuch unternahm, es zu erlangen. Wilhelm Brandt junior veräußerte lieber einen Teil des Familienunternehmens.

Die Einrichtung eines zeitweiligen Monopols zur Erschließung und wirtschaftlichen Ausbeutung einer Region durch Unternehmer war keine neue Praxis – zu Beginn des 19. Jahrhunderts hatte die Russisch-Amerikanische Kompanie solche weitreichenden Sonderrechte für die Meeresufer und Inseln Alaskas erhalten. Doch für einzelne Personen war es keineswegs leicht, solche Vergünstigungen zu erlangen. So hatten sich 1804 zwei Kaufleute aus dem Gouvernement Irkutsk vergeblich um ein entsprechendes Privileg für die Nordküste Sibiriens zwischen Karasee und Laptewsee bemüht. Ihr Antrag wurde damals mit Verweis auf die wirtschaftlichen Gewohnheitsrechte der Küstenbewohner abgelehnt.

Zu Brandts Zeiten hatten sich die Interessen verschoben. Zum einen galt Nowaja Semlja wegen der dort vermuteten Erze als untersuchenswertes Ziel. Zum anderen verfolgte gerade Finanzminister Kankrin Pläne zur Förderung des russischen Fernhandels. Und nicht zuletzt trat mit Brandt ein ambitionierter und finanziell leistungsfähiger Antragsteller auf. Er verfügte zudem über beste Beziehungen: Sogar der Zar war in Archangelsk im Hause Brandt abgestiegen. Kein Wunder, dass Kankrin sich gegen die Bedenken in seinem Ministerium für Brandt und sein Monopol einsetzte: Es sei höchst lobenswert, dass ein Kaufmann sein Kapital in so ein ehrgeiziges Projekt stecke.

Doch Brandts Traum war mit der Schifffahrtstechnik des frühen 19. Jahrhunderts schlichtweg nicht zu verwirklichen. Daher zeugt heute neben der ehemaligen Zuckerfabrik am Hafenufer von Archangelsk eine Hamburger Villa vom Wirken des Unternehmers – und keine Faktorei an der Beringstraße. Brandts mentale Landkarte eines nordrussisch-sibirischen Wirtschaftsraums mit globalem Anschluss und das ungebrochene britische Arktisfieber wirkten aber weiter. Immerhin hatten Pachtusows Expeditionen nicht mit einer Katastrophe geendet wie wenige Jahre nach ihm John Franklins Suche nach der Nordwestpassage. Die nächste Generation sibirischer Kaufleute griff selbstbewusst Brandts Ideen auf – und wie sich zeigen sollte, mit mehr Erfolg.

7

Der Durchbruch

Zu den eher selten zitierten Schriften des Fürsten Kropotkin, eines späteren Säulenheiligen des russischen Anarchismus, gehört ein schmaler Band über die Nordostpassage aus dem Jahr 1871. Pjotr Kropotkin arbeitete damals in der ehrwürdigen Russischen Kaiserlichen Geografischen Gesellschaft und erstellte ein Gutachten zur arktischen Ozeanforschung. Den Anlass bildeten norwegische Erkundungsfahrten in dem angeblich unzugänglichen »Eiskeller« der Karasee. Kropotkin, so wie Geografen weltweit, begrüßte diesen Fortschritt in der dampfgetriebenen Seefahrt und das neue Wissen über Meeresströmungen, Magnetismus und Meteorologie. Doch wie viel mehr könnte ein großes Forschungsprojekt von Russlands Geografischer Gesellschaft jenseits der Karasee herausfinden! Bislang seien die Küstengewässer zwischen Barentssee und Beringstraße allenfalls schemenhaft bekannt – und wie die Meere schon wenige Kilometer weiter nördlich beschaffen seien, darüber wisse man so gut wie nichts.

Kropotkin versprach sich weitere wissenschaftliche Erkenntnisse, aber auch ihre bessere ökonomische Verwertung. Tatsächlich waren die Ergebnisse arktischer Expeditionen bislang für die Kaufleute und Jäger in Russlands Norden ohne große Bedeutung geblieben, wenn sie überhaupt publiziert werden durften. Eher hatten umgekehrt Ortskundige, wie 1810 der Mammutelfenbein-Händler Jakow Sannikow, mit ihrem geografischen Wissen zum Erfolg von Expeditionen beigetragen.

Doch die Zeiten hatten sich geändert und mit ihnen die Kommunikationsmedien. Angewandte Wissenschaft und Technik begeisterten die Menschen in der zweiten Hälfte des 19. Jahrhunderts. Propellerschiffe, Fotografie oder Elektrizität galten als Wegmarken des Fortschritts, der die Welt unaufhaltsam umgestaltete. Die letzten weißen Flecken auf der Weltkarte verwandelten sich unter den Augen einer wachsenden Leserschaft in potenzielle Absatzmärkte oder Ressourcenlager. Kropotkin war überzeugt, dass eine zeitgemäße Polarexpedition wie nie zuvor die Unterstützung des »gebildeten Teils unserer Gesellschaft«[30] finden würde.

Russland befand sich damals im Umbruch. Nach dem verlorenen Krimkrieg hatte Alexander II. ein Bündel großer Reformen geschnürt – unter anderem hatte der junge Zar die Leibeigenschaft aufgehoben und die Industrialisierung seines Reichs eingeleitet, neue Selbstverwaltungen geschaffen und die verhasste Zensur gelockert. Ein Gründungsboom von Zeitungen und Vereinen aller Art begleitete den Wandel des Landes. Und tatsächlich entspann sich, wie von Kropotkin erhofft, in den 1870er-Jahren erstmals auch eine publizistische Diskussion über den arktischen Seeweg nach Osten. Daran beteiligten sich neu gegründete Wirtschaftsverbände in Sankt Petersburg ebenso wie die entstehende Presse Sibiriens.

Bereits die norwegische Erkundung der Karasee war von Anfang an mehr als ein wissenschaftliches Thema. Denn die Skipper aus Tromsø kamen in erster Linie auf der Jagd nach Walrossen und Robben, die sie immer seltener vor Spitzbergen erlegen konnten. Nebenbei erhoben sie zwar hydrografische und meteorologische Daten für die Schwedische Akademie der Wissenschaften, aber ihr Hauptinteresse war ein ökonomisches. Das löste unter der russischen Konkurrenz Unbehagen aus. Auch wenn jeden Sommer nur ein, zwei Dutzend norwegische Schiffe vor Nowaja Semlja kreuzten und kaum eines von ihnen auf die Ostseite der Doppelinsel vordrang – sie waren in den Gewässern längst zahlreicher unterwegs als russische Kapitäne. Der sibirische Unternehmer Michail Sidorow warnte 1871 bereits vor der »Willkür und Herrschaft der Ausländer [...] in der Karasee«.[31]

Sidorow gab für ein Vierteljahrhundert der arktischen Seefahrt und Forschung jene Stimme, die Kropotkin sich gewünscht hatte. Fast bis zu seinem Tod im Jahr 1887 entfaltete der Unternehmer eine unermüdliche öffentliche Tätigkeit. In Interessenverbänden wie der Russischen Gesellschaft zur Förderung von Industrie und Handel, als Organisator von Ausstellungen ebenso wie als Vortragender oder Autor entwickelte er historische sowie ökonomische Argumente für die Befahrbarkeit zumindest der Westhälfte der Nordostpassage. Die jährliche Navigationsperiode mochte nur wenige Wochen betragen, doch mit modernen Dampfschiffen ließe sie sich effektiv und ohne große Gefahren nutzen. In sein Herzensprojekt steckte Sidorow mehr Geld, als er je auf dem Seeweg verdienen konnte.

Doch im Kern ging es ihm, der in Krasnojarsk am Oberlauf des Jenisei mit Gold und Grafit zu Reichtum gekommen war, durchaus um konkrete Geschäftsinteressen. Um die hohen Kosten für den Transport dieser Massengüter über Land zu senken, plante Sidorow seit den frühen 1860er-Jahren eine Schiffsverbindung flussab- und meerwärts nach Nordrussland. Vergeblich hatte er versucht, norwegische Schiffer als Kooperationspartner zu gewinnen, die ihm seitdem ein Dorn im Auge waren. Gleichzeitig dienten deren seemännische Erfolge Sidorow als Beleg dafür, dass zumindest die Karasee befahrbar sei. Und so wie Kropotkin in Sankt Petersburg die Ausrüstung einer staatlichen wissenschaftlichen Expedition beantragte, bemühte sich der Goldminenbesitzer um Subventionen für den Aufbau maritimer Infrastrukturen. Markierte Fahrwasser, Leuchtfeuer, Kohlestationen oder Lotsendienste – all dies gab es schließlich nicht in der Karasee. Und einen Hafen oder auch nur Lagerhäuser zum Umladen von Waren zwischen Hochseeschiffen und Flussfrachtern schon gar nicht.

Staatliche Unterstützung erhielt Sidorow ebenso wenig wie Kropotkin. Der russische Finanzminister hatte dem Land einen strengen Sparkurs verordnet, um den Haushalt nach dem verlorenen Krimkrieg ins Lot zu bringen. Der hohe Norden stand nicht auf seiner politischen Prioritätenliste. Allein das erste Internationale Polarjahr – ein vergleichend angelegtes Projekt international vernetzter Arktis- und Antarktisforscher – unterstützte der russische Staat 1881/82 mit zwei temporären Forschungsstationen. Doch von der sehr viel aufwendigeren Erschließung der Nordostpassage hielt er sich bis zum Ende des Jahrhunderts fern. Es waren ausgerechnet die Jahre, in denen nicht nur eine Handelsroute durch die Karasee entstand, sondern erstmals sogar eine Fahrt von der Barentssee zur Beringstraße glückte. Auch Sidorow sollte an diesem Durchbruch seinen Anteil haben. Kropotkin hingegen reiste nach Ablehnung seines Projekts mit seinem fürstlichen Erbe nach Westeuropa, wo er sich dem Anarchismus verschrieb.

Bereits 1869 setzte Sidorow eine Prämie von 2000 Pfund Sterling (heute gut eine Viertelmillion Pfund) für jenen Kapitän aus, der als Erster entweder die Mündung des Ob oder des Jenisei erreichte und von dort eine Güterladung nach Europa brachte. Im selben Jahr erhielt Sidorow vom Zaren die Genehmigung, die Karasee zu erkunden. Sollte dem Unternehmer dann innerhalb von fünf Jahren die Errichtung einer dauerhaften Schiffsverbindung zum Ob oder Jenisei gelingen, winkte das Privileg, diese Route für ein ganzes Jahr exklusiv nutzen zu dürfen. Zusätzlich versprach der Zar die Befreiung von Importzöllen (etwa auf ausländische Technik) und fügte noch die Rechte für Fischfang und Jagd in dem gesamten Seegebiet hinzu. Das war ein überaus großzügiges Angebot, mehr wert als jede staatliche Investition in Seezeichen oder Ankerplätze.

Indes gelang es Sidorow nicht, in der gewährten Fünfjahresfrist einen Seehandelsweg zu etablieren oder auch nur ein Schiff in den Ob oder Jenisei zu locken. Das versprochene Monopol trat nie in Kraft.

Trotzdem gab Sidorow nicht auf. Und er war auch nicht der einzige sibirische Unternehmer, der sich und sein Vermögen für die Eröffnung der arktischen Seeroute einsetzte. Sie sollte nicht nur schneller als der Landweg sein, sondern, so rechnete Sidorow vor, auch bis zu 80 Prozent preiswerter. Solche Prognosen weckten das Interesse von Landwirten in Südwestsibirien, das damals einen Wirtschaftsaufschwung erlebte. Wenn sich überschüssiges Getreide ohne Zwischenhändler übers Meer exportieren ließe, müsste es nicht mehr unter Wert an sibirische Schnapsbrennereien verkauft werden.

Auch am anderen Ende der geplanten Seeroute – in Tromsø, London und Bremen – begannen Kaufleute, die möglichen Gewinne der neuen Importverbindung zu berechnen und Schiffe auszurüsten. Ab Mitte der 1870er-Jahre glückte gleich mehreren Kapitänen die Fahrt über die Karasee. Dampfkraft und eine Abfolge eisarmer Sommer begünstigten die Erfolge. Die *Diana* aus Dundee war 1874 das erste Schiff, das bis auf die Höhe des Ob gelangte, wenn auch nicht in den Fluss hinein. Das Kommando führte Joseph Wiggins, der erfahrenste britische Sibirienfahrer.

Zwei Jahre später glückte Wiggins auch die Passage zum Jenisei. Doch weil seine *Thames* trotz ihrer Eisverstärkung nach der Überfahrt nicht mehr seetauglich war, musste die Besatzung überwintern. Im Frühjahr 1877 erwarb der Kapitän flussaufwärts ein mit fünfzig Registertonnen nicht mal halb so großes Segelschiff, die *Utrenjaja Sarja* (Morgenröte). Doch seine Mannschaft verweigerte die Rückfahrt in dieser Nussschale ohne Hilfsmotor. Spontan sprang Michail Sidorow ein und kaufte Wiggins das Schiff ab. Eine fünfköpfige sibirische Besatzung ging am 9. August 1877 mit etwa zwei Tonnen Fracht – einer Auswahl sibirischer Waren und ethnografischer Objekte – auf Südwestkurs Richtung Sankt Petersburg, 11 000 Kilometer übers Meer. Wiggins und seine Männer traten den Landweg an.

Gleich hinter der Jenisei-Mündung traf die *Utrenjaja Sarja* auf den mehr als dreimal so großen Dampfer *Fraser* aus Bremen, der Zucker, Tabak und eine Dampfpumpe nach Sibirien lieferte. Ihr Kapitän warnte vor dichtem Treibeis und Nebelbänken und bot an, die Besatzung des Schoners ins sichere Jeniseisk zurückzubringen. »Doch wir, inspiriert von dem Vorbild früherer mutiger Seefahrer-Unternehmer, die in ihren Nachen nach Nowaja Semlja und Spitzbergen gelangten, trauten uns, durch die Karasee zu fahren. Ich wage zu behaupten, dass wir damit den Beweis erbracht haben«, berichtete Kapitän David Schwanenberg, »dass russische Seefahrer auch in der Gegenwart das Polarmeer nicht fürchten.«[32] Am 5. November erreichte die *»Morgenröte«* als erstes Schiff aus Sibirien die russische Hauptstadt – ein viel beachteter Triumph für Kapitän und Auftraggeber. Sidorow hatte schließlich immer wieder betont, dass es in erster Linie nicht um einen Seeweg nach Sibirien, sondern aus Sibirien nach Westen gehe.

Für die Genugtuung, dass Waren vom Jenisei nach Europa verschifft werden konnten, hatte der Unternehmer ein Gutteil seines Vermögens eingesetzt. Verdient hat er an der Fracht der *Utrenjaja Sarja* hingegen nichts. Für ihn war der symbolische Wert der neuen Seeroute entscheidend, wie er bei jeder Gelegenheit versicherte. Er verklärte sie geradezu als »einzigen Weg, der [Sibirien] zur Zivilisation führt«[33], wie das in Irkutsk erscheinende Sonntagsblatt *Sibirien* ironisch anmerkte. Und die Journalisten stichelten weiter: Ob die sibirischen Konsumenten wohl von den Kosteneinsparungen der neuen Handelsverbindung profitieren, also an den zukünftigen Gewinnen Sidorows beteiligt sein würden? Viel wahrscheinlicher sei doch, dass sich die etablierten Handelshäuser Sibiriens die Profite mit europäischen Partnern teilen würden. Die älteste private Zeitung des Subkontinents mochte Kaufleuten wie Sidorow die Rolle der uneigennützigen Visionäre nicht so recht abnehmen.

Glaubwürdiger wirkte in dieser Hinsicht der schwedische Polarforscher Adolf Erik Nordenskiöld, der sich mit Erkundungen von Grönland und Spitzbergen einen Namen gemacht hatte. Seiner Schaluppe

Prøven gelang schon im Sommer 1875 nicht nur die Einfahrt in den Jenisei, sondern auch die Rückkehr nach Norwegen. Im Mündungsdelta benannte Nordenskiöld eine Insel nach seinem Hauptsponsor, dem schwerreichen Unternehmer Oscar Dickson aus Göteborg. Auf 73 Grad Nord befindet sich dort heute der nördlichste Hafen Russlands, Dikson. An dieser Stelle erlegte die Mannschaft einen Eisbären. Für Nordenskiöld glich dies einer symbolischen Inbesitznahme der Arktis: »Ich betrachte diesen Jagderfolg als eine gute Vorbedeutung, daß die vieltausendjährige Alleinherrschaft des Bären in diesen Gegenden schleunigst ihr Ende erreichen wird, daß zahlreiche Schiffe hier den Verkehr zwischen Europa und den gewaltigen Flußgebieten [Sibiriens] vermitteln werden.«[34]

Während die *Prøven* unbeschadet nach Norwegen zurückkehrte, fuhr Nordenskiöld mit dem Beiboot den Jenisei hinauf, um dessen Schiffbarkeit zu prüfen. Auf dem Landweg gelangte er schließlich nach Moskau und Sankt Petersburg. Die Presse feierte den berühmten Wissenschaftler für seinen Beitrag zur Öffnung des arktischen Seewegs. Auch die zarische Regierung schickte ihm ein Dankesschreiben und versprach Unterstützung für zukünftige Projekte. Dass Nordenskiöld zwei Jahrzehnte zuvor aus politischen Gründen aus dem damals russischen Helsinki nach Stockholm emigriert war, spielte keine Rolle. Wissenschaftliche und ökonomische Gesellschaften rissen sich darum, ihn für einen Vortrag zu gewinnen. Unter seinen Moskauer Zuhörern befand sich auch Aleksandr Sibirjakow aus Irkutsk, der gerade ein Unternehmensimperium geerbt hatte. Er offerierte dem schwedischen Professor 25 000 Rubel – etwa sieben Jahresgehälter eines russischen Ordinarius – für eine weitere Erkundung der Karasee.

Nordenskiöld nahm das Angebot an. Gern wollte er die Zweifler widerlegen, die seinen Durchbruch als einen Zufallserfolg abtaten. Für ihn war die Expedition zum westsibirischen Jenisei ohnehin nur die erste Etappe auf dem Weg in den Pazifik. Neben dem Nachweis, dass diese Route trotz jahrhundertelanger Misserfolge schiffbar sei, ging es Nordenskiöld – ähnlich wie fünf Jahre zuvor Kropotkin – um eine möglichst umfassende wissenschaftliche Beschreibung des Arktischen Ozeans. Nach einer erfolgreichen zweiten Jenisei-Reise wagte sich der schwedische Forscher im Sommer 1878 an die Gesamtdurchquerung der Nordostpassage. Solch ein ambitioniertes Projekt hatte es seit der unglücklichen Tschitschagow-Expedition von 1765 nicht gegeben.

Mit Unterstützung von Oscar Dickson, Aleksandr Sibirjakow und dem schwedischen König Oscar II. erwirbt Nordenskiöld die *Vega*, einen in Bremerhaven gebauten »Dampfwalfischfänger«[35]. Er ist für den Einsatz im Polarmeer mit einem 60-PS-Hilfsmotor und einer doppelten Holzverkleidung ausgestattet. Die schwedische Marine übernimmt die Ausrüstung der wendigen Dreimastbark, stellt die Matrosen und bezahlt den Schiffsarzt. Zusätzlich nimmt Nordenskiöld ein internationales Team von Wissenschaftlern mit. Seit Jahren hat er sich mit Kollegen weltweit vernetzt; jetzt führt er Hydrografen und Zoologen, Botaniker und Geophysiker in einem gemeinsamen Forschungsprojekt zusammen. Die 45 Meter lange *Vega* ist damit das erste schwimmende Arktislabor. Denn die Expedition erkundet weitaus mehr als die Schiffbarkeit des Nördlichen Eismeers. Nicht weniger Aufmerksamkeit als Meeresströmungen, Eisgang und Untiefen finden Meteoritenstaub und Seeanemonen, Schneesperlinge und die in ihren Kröpfen entdeckten Insekten. Und weil die Wissenschaftler möglichst viele Daten und Materialproben sammeln wollen, nehmen sie sogar eine eigentlich nicht geplante Überwinterung vor Nordostsibirien in Kauf.

Am 28. September 1878 friert die *Vega* knapp oberhalb des Polarkreises an dem Eisblock fest, an dem sie über Nacht geankert hat. Sie befindet sich nur noch eine Tagesreise vom offenen Wasser der Beringsee entfernt, dem nördlichsten Meer des Pazifiks. Mit einem stren-

Die *Vega*-Expedition 1878/79

geren Zeitregime und weniger Forschungsaufenthalten hätte Nordenskiöld die Nordostpassage leicht in einem Sommer bewältigen können. Zwar musste auch die *Vega* immer wieder im Zickzackkurs Eisfeldern ausweichen oder in undurchdringlichem Nebel pausieren, und an anderen Tagen legte sie nur wenige Seemeilen zurück, vor allem im östlichen Teil der Route, die durch unkartierte und gefährlich flache Gewässer führte. Aber insgesamt ist der Dampfsegler flott vorangekommen und hat sogar das gefürchtete Nadelöhr am Kap Tscheljuskin, der Nordspitze Eurasiens, im ersten Anlauf passiert. Die »Überwinterung gerade an der Schwelle zwischen dem Eismeere und dem Stillen Ozean«[36] ist das erste größere Missgeschick der Reise. Es wird knapp zehn Monate dauern.

»Das Fahrzeug ist unbeschädigt, bequem und warm«, notierte Nordenskiöld, »der aus Grundeis bestehende Winterhafen ist sicher, der Nahrungsmittel- und Kohlevorrath reichlich und der Gesundheitszustand am [sic!] Bord ausgezeichnet. Abgesehen von dem Misgeschick [sic!], welches uns betroffen hat, ist alles so gut wie es nur sein kann – und ich hoffe deshalb, dass ich Anfang nächsten Sommers die Fahrt werde fortsetzen können.«[37]

Die Zuversicht ist wohlbegründet. Zwar ist auf schnelle Hilfe von außen nicht zu hoffen – die nächsten Telegrafenstationen in Irkutsk, Wladiwostok und Yokohama liegen jeweils etwa 4000 Kilometer entfernt. Doch so sorgfältig wie der Grönland-erfahrene Nordenskiöld und sein langjähriger Expeditionsarzt Axel Envall hat noch niemand ein Schiff auf den Polarwinter vorbereitet. Der dreißigköpfigen Besatzung droht weder der Hunger- noch der Kältetod. Gusseiserne Öfen heizen das Unterdeck tagsüber auf zwölf bis siebzehn Grad – wärmer als eine Wohnung im Pariser Winter, wie Nordenskiöld meint. Nur nachts vereisen bei Außentemperaturen von unter minus vierzig Grad die Wände in den Einzel- und Zweierkajüten. Kapitän Louis Palander hat Lebensmittel, Kaffee und Branntwein für zwei Jahre mitgenommen. Ein Gutteil davon lagert an dem etwa einen Kilometer entfernten Ufer – für den schlimmsten Fall, dass die *Vega* unter dem Druck des Eises zerbrechen sollte.

Alle Männer erhalten regelmäßig Zitronensaft und Moosbeeren zur Skorbut-Prophylaxe und können sich auf dem von einem mehrlagigen Segeltuchdach geschützten Oberdeck sportlich betätigen. Niemand stirbt oder erkrankt ernsthaft, was für eine Polarüberwinterung noch nicht selbstverständlich ist. Nordenskiöld führt den Umstand auf Dr. Envalls ausgeklügeltes Hygiene- und Beschäftigungskonzept zurück. Gegen die Langeweile der Polarnacht stehen, fast wie auf einem Kreuzfahrtschiff, eine Bibliothek und Brettspiele zur freien Verfügung; die Wissenschaftler halten regelmäßig Vorträge über ihre Forschungen. Sofern nicht ein Schneesturm ein Verlassen des Schiffs unmöglich macht, unternimmt die Besatzung Ausflüge zu den Tschuktschen-Siedlungen in der Umgebung. Mit Ausnahme des Schiffskochs – er möchte partout nicht von Bord gehen, backt aber gerne extra Brot für die manchmal täglich eintreffenden tschuktschischen Besucher. Auf Lebensmittellieferungen vom Festland ist der Küchenmeister seinerseits nicht angewiesen.

Die Kontakte zu den Indigenen sind auf gegenseitige Neugier und Tauschgeschäfte gegründet und machen für beide Seiten die Langeweile des Polarwinters erträglicher. Die Landung der *Vega* hat sich schnell herumgesprochen. Zu diesem »einzigen Wirthshause der asiatischen Eismeerküste«[38], wie Nordenskiöld sein bewegungsloses Schiff nennt, zieht es Tschuktschen von nah und fern. Überraschenderweise sprechen die nordöstlichsten Untertanen des Zaren weder die russische Sprache, noch wollen sie russisches Geld annehmen. Für ein paar Flaschen Rum sind sie aber bereit, die Post der Schweden etwa 850 Kilometer durch die schneeverwehte Tundra nach Markowo am Anadyr zu befördern, dem nächstgelegenen russischen Posten. Von dort gelangt die Nachricht vom Aufenthaltsort der *Vega* im Mai 1879 zum Telegrafenamt von Irkutsk und damit in die Welt.

Die Tschuktschen wundern sich ihrerseits, dass die Fremden, anders als die jeden Sommer auftauchenden Walfänger aus Amerika, nicht nach Pelzen und Tran fragen, sondern sich (neben Rentierfleisch) für Hausrat und Kleidung interessieren. Die Forscher nutzen die Überwinterung für ethnografische Sammlungen und Beschreibungen der Gastfreundschaft der Küstenbewohner. Nordenskiölds Expedition korrigiert manches Klischee von den gefährlichen und betrügerischen Tschuktschen, über die man gleichwohl weiterhin als »Wilde« sprach. Der Bord-Dolmetscher, den die Indigenen nicht verstehen, lernt deren Sprache und wird darüber später eine der ersten linguistischen Studien über die Tschuktschen veröffentlichen. Kapitän Palander fertigt ein fotografisches Album an.

Die Hauptaufmerksamkeit der *Vega*-Expedition gilt aber der Naturkunde. Immer mehr Algen- und Gesteinsproben füllen die Sammelbehälter der Wissenschaftler. Während der Überwinterung betreiben die Forscher rund um die Uhr eine meteorologische Station auf dem Eis und eine für Magnetismus-Studien; täglich nehmen sie Meeresproben durch den Eispanzer um die *Vega*, der bis zum Frühjahr eine Dicke von anderthalb Metern erreicht. Der größere Teil der Forschungsdaten entsteht in der Winterpause vor Tschukotka.

Während des Mittagessens am 18. Juli 1879 geht plötzlich ein Ruck durch das Schiff; das Eis hat die *Vega* wieder freigegeben. Schon am nächsten Vormittag erreicht sie die Beringstraße. Angesichts des tadellosen Zustands von Fahrzeug und Besatzung beschließt Nordenskiöld, die wissenschaftliche Arbeit fortzusetzen. Anfang September legt die *Vega* in Yokohama an; endlich erfährt auch die Weltöffentlichkeit von dem erfolgreichen Abschluss der Expedition. Auf dem doppelt so langen Seeweg durch den Suezkanal gelangt Nordenskiöld im August 1880 zurück nach Schweden. Nach der Erstdurchquerung der Nordostpassage hat sein Schiff damit als erstes auch Eurasien umfahren.

So groß Nordenskiölds Ruhm und seine wissenschaftlichen Verdienste auch waren – aus kaufmännischer Sicht hatte seine Expedition gezeigt, dass die Route nur mit unverhältnismäßig großem Aufwand zu befahren war. Galt sie bislang, auch in der Kampagne von Sidorow, als logische Verlängerung des Seewegs nach Sibirien, machte sich nun eine deutliche Ernüchterung breit. Weder neue Seekarten noch Handelswege waren entstanden. Nordenskiöld schätzte selbst den praktischen Nutzen der Expedition als gering ein. An seinen Hauptsponsor Dickson schrieb er, dass eine arktische Seeroute von Skandinavien in den Pazifik »schwerlich von wirklicher Bedeutung für den Handel werden dürfte«.[39]

Bessere Aussichten bestanden für die Verbindungen bis zum Jenisei und sogar bis zur Lena. Bis zu diesen beiden Flüssen war die *Vega* im Konvoi mit drei Handelsschiffen gefahren. Sie sollten dem Warenverkehr zwischen Sibirien und Europa einen weiteren Impuls geben; ihre Ladung war vom Zoll befreit. Zwei Schiffe bogen in den Jenisei ab, während der von dem Unternehmer Aleksandr Sibirjakow in Schweden bestellte Dampfer *Lena* bis zum gleichnamigen Fluss fuhr. Der aus Stahl gebaute Schoner war trotz seiner Eismeerverstärkung leicht genug, um die Lena 1600 Kilometer hinaufzufahren, bis nach Jakutsk. Es war das erste Schiff aus Europa, das in der kältesten Kreisstadt des Zarenreichs anlegte.

Unbeeindruckt von Nordenskiölds Überwinterung, florierte der Seehandel mit Sibirien in den nächsten Jahren, wenn auch auf niedrigem Niveau. Zumindest einige kapitalstarke Reeder aus dem nordeuropäischen Ausland ließen sich durch die Aussicht auf satte Gewinne locken – und von der Gefahr des Totalverlusts im unberechenbaren Eismeer nicht abhalten. Joseph Wiggins, der insgesamt zehn Mal über die Karasee fuhr und sibirische Waren nach England brachte, behauptete sogar, dass alle Reisen »ohne besondere Vorkommnisse oder Behinderungen durch Eis«[40] erfolgt seien.

Doch dieses Resümee war verharmlosend. Bis 1901 erfolgten

129 Fahrten zu Ob und Jenisei, von denen tatsächlich nur 96 erfolgreich waren. Immerhin jedes sechste Schiff musste umkehren, und jedes zwanzigste ging verloren. Von den Jenisei-Fahrten des Bremer Unternehmers Ludwig Knoop scheiterte gar jede zweite; er stieg schon 1883 wieder aus dem Sibirienhandel aus. Als Schwachstelle hatte sich nicht allein der Transport der Waren übers Meer erwiesen, sondern auch ihr Umschlag in den mal versandeten, mal vereisten Unterläufen von Ob und Jenisei.

Zu den geografischen Unwägbarkeiten kamen politische. Die Aktivitäten von ausländischen Unternehmern an der nicht überwachbaren Nordküste Sibiriens verfolgte die Petersburger Regierung grundsätzlich mit Misstrauen. Nicht zufällig entstanden in dieser Zeit Wetterstationen und auch die erste Siedlung auf Nowaja Semlja, um die territoriale Zugehörigkeit der Region zum Zarenreich zu betonen. Dampfschiffer im Nordpolarmeer erhielten immer seltener Zollfreiheit auf die nach Sibirien importierten Waren. Das hing mit der damals zunehmend protektionistischen Wirtschaftspolitik Russlands zusammen, welche die junge Industrie des Landes vor fremder Konkurrenz schützen sollte. Im Gegenzug verhängten europäische Länder Importzölle auf russisches Getreide, während zugleich preiswertes Getreide aus Übersee auf den europäischen Markt gelangte. Die Gewinnmargen für den Seetransport aus Sibirien schrumpften wie Eisstücke im sommerlichen Golfstrom.

In der Mitte der 1880er-Jahre gab selbst Sibirjakow das Projekt einer Dampfschiffverbindung zwischen Nordeuropa und Sibirien auf. Lediglich einige englische Gesellschaften hielten bis zum Jahrhundertende durch. Über den Jenisei organisierten sie in den 1890er-Jahren noch Schienenlieferungen für den Bau der Transsibirischen Eisenbahn. Für dieses Projekt war nun sogar die Regierung bereit, vor dem Seetransport jene umfangreichen hydrografischen Untersuchungen der Fahrwasser in der Karasee vorzunehmen, die Sidorow schon zwei Jahrzehnte zuvor gefordert hatte. Mit zwanzig erfolgreichen Fahrten verzeichnete der Schiffsverkehr auf der Karasee 1897 einen Rekord, der erst in der Sowjetzeit eingestellt wurde.

Die Fertigstellung der weltlängsten Eisenbahn ließ aber zugleich das Interesse an der Nordostpassage weiter abkühlen. Mit der Zugverbindung von Paris über Moskau bis Wladiwostok entstand eine viel zuverlässigere Transportachse zwischen Westeuropa und Ostasien. Nur einige Marineoffiziere und Geografen forderten weiterhin die Erschließung des Nördlichen Seewegs. Zu den Befürwortern gehörte noch immer der Anarchist Kropotkin, der sich im Londoner Exil mit naturwissenschaftlichen Aufsätzen über die Arktis ein Zusatzeinkommen sicherte.

8

Krieg und Kommerz

»Vergleicht man Russland mit einem Gebäude, ist unübersehbar, dass seine Fassade dem Nördlichen Eismeer zugewandt ist.«[41] Mit diesem Bild warb der russische Konteradmiral und Polarforscher Stepan Makarow an der Wende zum 20. Jahrhundert dafür, den Arktischen Ozean auch als potenzielles Einsatzgebiet der russischen Kriegsflotte zu erschließen. Doch die Admiralität winkte ab; sie verfolgte andere große Pläne. Russland hatte gerade den nordostchinesischen Hafen Lüshun (Port Arthur, heute Lüshunkou) annektiert und brachte dort seine Pazifikflotte gegen das aufstrebende Japan in Stellung. Immerhin erhielt Makarow Mittel für den Bau des ersten ozeantauglichen Eisbrechers der Welt – allerdings nicht aus dem Marineetat, sondern vom Finanzminister Sergei Witte. Das Mastermind hinter dem Jahrhundertprojekt der Transsibirischen Eisenbahn unterstützte viele Projekte, die Russlands Einfluss in Ostasien stärkten. Dazu zählte auch die arktische Seeroute in den Pazifik.

Der Stapellauf der hundert Meter langen, aus Stahl gefertigten *Jermak* erfolgte im Oktober 1898 in Newcastle. Das nach dem berühmtesten Eroberer Sibiriens benannte Schiff konnte mit seinen vier 2500-PS-Maschinen bis zu zwei Meter dickes Eis brechen. Wie für Eisbrecher bis heute typisch, geschah dies durch das Gewicht des Schiffs, das sich mit seinem charakteristisch bulligen Bug auf das Eis schob. Makarow persönlich führte das Kommando. Doch die Testfahrten verliefen enttäuschend. Drei Wochen lang war die *Jermak* in der Nähe von Spitzbergen im Eis eingeschlossen. Zwar bewährte sich die rundliche Bauform; der Eisdruck fand wenig Angriffsfläche und hob das Schiff, statt es zu zerquetschen. Dennoch erlitt der Antrieb der *Jermak* Schaden, und sie kehrte vorzeitig nach Sankt Petersburg zurück. Nach der Reparatur musste der Eisbrecher in der Ostsee Dienst tun. Vergeblich protestierte der Konteradmiral gegen diese Zweckentfremdung.

Wenig später wurde auch Makarow versetzt. Im Februar 1904, kurz nach Beginn des Russisch-Japanischen Kriegs, übernahm er in Port Arthur den Posten des Oberbefehlshabers der russischen Pazifikflotte. Er konnte nicht ahnen, dass ausgerechnet dieser Aufenthalt am eisfreien Gelben Meer seinem Arktisprojekt einen späten Erfolg bescheren sollte.

Zum Jahresende fiel Port Arthur, die angeblich uneinnehmbare Marinefestung, an Japan. Im Mai 1905 versenkten japanische Schiffe bei Tsushima, einer Insel in der Koreastraße, auch noch die Baltische Flotte des Zaren. Sie war zehn Monate zuvor in Libau (heute Liepāja) aufgebrochen, um Port Arthur zu befreien. Erst als Russland über die Transsibirische Eisenbahn eine neue Millionenarmee in den Fernen Osten verlegt hatte, fand sich Japan zu Verhandlungen bereit. Nach dem Friedensschluss übernahm das Inselreich mit Port Arthur auch die Rolle der stärksten Seemacht in Ostasien.

Hätte Port Arthur gerettet, Tsushima verhindert und gar der Krieg gewonnen werden können, wenn die Baltische Flotte schnell durchs Nordpolarmeer zu Hilfe geeilt wäre? Möglicherweise, so die Route denn befahrbar gewesen wäre. Die Marine hatte die Option zu Recht gleich zu Kriegsbeginn verworfen und die Baltische Flotte durch den Suezkanal geschickt. Die großen Panzerkreuzer mussten sogar Südafrika umschiffen.

Der Ozeanograf Leonid Breitfuß hatte zu Kriegsbeginn ein vernichtendes Gutachten für die Arktisroute erstellt. Die schweren

Kampfschiffe würden in den flachen Gewässern vor Sibirien unweigerlich auf Grund laufen, wenn sie nicht vorher im Eis stecken blieben. Vor allem östlich der Karasee waren die See- und Eisverhältnisse völlig unkalkulierbar. Nordenskiölds Expedition hatte dies deutlich gemacht und obendrein gezeigt, wie fehlerhaft die vorliegenden Seekarten waren. Sie beruhten teilweise noch auf den Vermessungen der Großen Nordischen Expedition in den 1740er-Jahren. Bedingt befahrbar war weiterhin allein die Route bis zum Jenisei, die dann auch während des Kriegs gegen Japan neue Beachtung fand. Eine ganze Flottille von Flussfrachtern wurde damals durch die Karasee in den Jenisei verlegt – um die Baumaterialien für die Fertigstellung der Transsibirischen Eisenbahn Richtung Baikal zu schaffen. Erst im Sommer 1905 schloss sich am südlichen Ende dieses Riesensees die letzte Lücke im Schienenweg zum Kriegsschauplatz.

Trotz seines abschlägigen Urteils war Breitfuß überzeugt, dass sich der Nördliche Seeweg in eine Ergänzung der damals noch eingleisigen Transsib verwandeln ließe. Diese war schließlich nicht nur im Krieg überlastet. Eines Tages würden seiner Meinung nach auch die größten Schlachtschiffe die Nordostpassage in maximal dreizehn Tagen bewältigen. Um dieses Ziel zu erreichen, sah Breitfuß aber nur einen Weg: eine neue Große Nordische Expedition, gefolgt von einem noch größeren Infrastrukturprogramm für den Bau von Leuchttürmen, Wetter- und Telegrafenstationen, Kohledepots und Reparaturhäfen entlang der gesamten Küste. Das Debakel von Tsushima war noch gar nicht vorstellbar, doch schon jetzt drängte Breitfuß, eine Lehre aus dem Krieg zu ziehen und sich des arktischen Seewegs zu erinnern: »Wenn wir im Fernen Osten nicht nur eine Eisenbahn, sondern auch unseren nationalen Seeweg besitzen, dann wird unser staatliches und wirtschaftliches Leben dadurch ohne Zweifel einen großen Fortschritt erleben. Ganz zu schweigen davon, dass wir, weil der Suezkanal sich in der Hand von Ausländern befindet, mit der Nordroute auch unsere strategische Route erhalten.«[42]

Nach Kriegsende war das Marineministerium bereit, Geld in den Ausbau dieses Seewegs zu investieren. Eine Kommission erarbeitete einen Plan für eine zweijährige Erkundungsfahrt, die Hydrografische Expedition durch das Nördliche Eismeer. Sie sollte mit gleich zwei neuen Eisbrechern durchgeführt werden. Makarows Idee, den Weg durchs Eismeer nicht mehr nur zu suchen, sondern aktiv zu bahnen, hatte sich doch noch durchgesetzt. Der Admiral konnte seinen Triumph aber nicht genießen. Er war bei dem Versuch, die japanische Blockade von Port Arthur zu durchbrechen, mit seinem Flaggschiff *Petropawlowsk* auf eine Mine gefahren und untergegangen.

Mit 1,3 Millionen Rubel kosteten die beiden Eisbrecher zusammen weniger als die *Jermak* allein (1,5 Millionen) – und nur den Bruchteil eines Panzerkreuzers. Den Auftrag für die beiden Eisbrecher erhielt diesmal eine Petersburger Werft. 1910 waren die Schwesterschiffe einsatzbereit: die *Waigatsch*, benannt nach der Insel im Eingang der Karasee, und die *Taimyr*, nach der nördlichsten Halbinsel der Welt. Mit einer Länge von je 54 Metern waren die Eisbrecher auch für damalige Standards klein gebaut. Ihre Leistung von 1200 PS war nicht so beeindruckend wie die der *Jermak*, doch dafür waren sie wendiger und mit ihrem Tiefgang von nur 4,40 Metern für die arktische Küstenschifffahrt geeigneter. Vor allem verbrauchten ihre modernen Dampfmaschinen täglich nur sechs Tonnen Kohle, während die *Jermak* hundert verbrannte und einen entsprechend kleinen Aktionsradius besaß. Darüber hinaus waren *Waigatsch* und *Taimyr* mit neumodischen Funkanlagen ausgerüstet, was der Expedition noch zugutekommen sollte. Die wissenschaftliche Leitung des Projekts übernahm zunächst der Hydrograf Iwan Sergejew und später sein Kollege Boris Wilkizki.

Auf Drängen des Gouverneurs von Ostsibirien änderte das Marineministerium kurzfristig Reiseroute und Forschungsagenda. Anders als die klassischen West-Ost-Passagen sollte die Hydrografische Expedition durch das Nördliche Eismeer vom Pazifik zum Atlantik erfolgen. Die Erkundung der Meere zwischen Beringstraße und Lena-

Das Expeditionsjahr 1913

Mündung erhielt Priorität, um den Nordosten des Zarenreichs besser versorgen – und kontrollieren – zu können. Bislang war Tschukotka von Russland aus nur mühselig auf dem Landweg zu erreichen, während amerikanische Walfänger und Händler ungehindert durch die Beringstraße in die Tschuktschensee vordrangen und Handelsbeziehungen mit den Küstenbewohnern knüpften. Schon Nordenskiöld hatte vor drei Jahrzehnten davon berichtet, dass Russland so gut wie gar nicht von den Ressourcen des Nordpazifiks profitierte und die Tschuktschen besser Englisch als Russisch sprachen.

Die Befürchtung, dass die – aus Petersburger Sicht – entfernteste Region des Zarenreichs immer mehr unter ausländischen Einfluss geriet, mag übertrieben gewesen sein. Aber abwechselnd britische und amerikanische Ansprüche auf die Wrangel-Insel gaben konkreten Anlass zur Sorge, und der Verlust von großen Teilen der Pazifikflotte im Russisch-Japanischen Krieg hatte ein Gefühl der Ohnmacht hinterlassen. Eine regelmäßige Schiffsverbindung vom Pazifik zu den Mündungen der ostsibirischen Flüsse Kolyma und Lena sollte dem entgegenwirken. Die Bedingungen mussten aber erst einmal vor Ort ausgelotet werden, ganz im wörtlichen Sinne.

Um zu ihrer neuen Ausgangsbasis Wladiwostok zu gelangen, überqueren *Waigatsch* und *Taimyr* zweimal den Äquator, anstatt den Weg durchs Eismeer zu nehmen, für das sie gebaut worden sind. Im August 1910 kommen sie in Wladiwostok an, zu spät im Sommer, um noch in die Arktis vorzudringen. Den Spott der Presse über den Tropeneinsatz der beiden Eisbrecher nimmt die Marine in Kauf. Nicht um symbolische Rekorde geht es diesmal, sondern um einen Arbeitsauftrag. Und den sollen die Schiffe in einem möglichst guten Zustand beginnen. Im Unterschied zu dem enzyklopädischen Programm der Nordenskiöld-Expedition sind die wissenschaftlichen Untersuchungen der Großen Hydrografischen Expedition zielorientiert, und das hydrografische Forschungsteam ist homogener. Die Aufgabe lautet,

Fahrrinnen und Buchten für Häfen zu finden, Eisbildungsprozesse und Meeresströmungen zu verstehen sowie geeignete Orte für Wetterstationen und Leuchtfeuer zu bestimmen. Darüber hinaus soll die Expedition erste Seezeichen aufstellen und endlich verlässliche Seekarten für den täglichen Gebrauch erstellen. Nebenbei, aber nicht zufällig, hissen die Teilnehmer zum ersten Mal die russische Trikolore auf der umstrittenen Wrangel-Insel.

Eigentlich sollen die *Waigatsch* und die *Taimyr* in zwei Sommern, 1911 und 1912, jeweils von Wladiwostok aus das Meeresufer von Tschukotka beziehungsweise den Abschnitt bis zur Lena erfassen, um von dort im zweiten Jahr um die Taimyr-Halbinsel herum zum Zielhafen Archangelsk zu gelangen. Doch die Expedition gestaltet sich mühsamer. Die Untersuchung der Tschuktschen-Küste und ihrer Meeresböden glückt noch wie vorgesehen, obgleich beide Schiffe sich durch Eisfelder schlängeln müssen und in flachen Küstengewässern schon mal auf Grund laufen. Doch insgesamt arbeiten die über Funk verbundenen Besatzungen effizient im Team, abwechselnd zu Land und zu See, sowohl klassisch, mit Handlot und Bodenproben, als auch mit moderner fotografischer Technik. Schon 1912 erscheint eine Seekarte für die Strecke vom Kap Deschnjow bis zur Kolyma, die westlich von Tschukotka ins Meer mündet.

Auch das weitverzweigte Lena-Delta erreichen die Eisbrecher wie geplant im zweiten Expeditionsjahr, obgleich schon mit mehr Aufwand. Die Küstengewässer sind so flach, dass die Schiffe zum Ufer bis zu vierzig Kilometer Abstand halten und die motorisierten Beiboote einen Großteil der Arbeit übernehmen müssen. Zusätzlich beeinträchtigt hartnäckiger Nebel die optische Vermessung und drückt die Stimmung. »Er verdeckt das Ufer vollkommen, und wir fühlen uns einmal mehr wie Wesen, die in einer Flasche mit Milch eingesperrt wurden«, erinnert sich der Deckoffizier Nikolai Arbenew. »Die Eisschollen erscheinen im Nebel wie lautlose, riesige weiße Gespenster, die sich an unsere *Waigatsch* heranschleichen.« Ein einziger Sonnentag unterbricht das Einerlei. Doch die freie Sicht auf die baumlose Landschaft mit Felsspitzen empfindet Arbenew ebenfalls als »unerträglich finster und trostlos«.[43]

Im Sommer 1912 treffen die zwei Eisbrecher bereits nordwestlich der Lena-Mündung auf eine geschlossene Eisdecke und kehren unverrichteter Dinge nochmals nach Wladiwostok zurück. Erst im Folgejahr gelingt die Vermessung der gesamten Küste von der Lena bis zum Taimyr. Die vereiste Halbinsel mit dem Kap Tscheljuskin als nördlichstem Punkt gilt als Wegmarke, hinter der es kein Zurück mehr gibt. Im Westen wartet entweder die freie Fahrt bis ins Weiße Meer oder die Überwinterung im Eis der Karasee. Der Champagner zur Feier der Umrundung steht schon bereit. Doch sosehr sich *Waigatsch* und *Taimyr* abmühen, die zugefrorene See nach Westen zu durchbrechen – mehr als fünf Kilometer pro Tag kommen sie nicht voran.

Ungeachtet dieser Enttäuschung bringt der Sommer 1913 den spektakulärsten Erfolg der Expedition. Bei dem Versuch, die Eismassen vor Kap Tscheljuskin weiter nördlich zu umfahren, stoßen die beiden Eisbrecher überraschend auf haushohe Eisberge mit einer frischen, noch ganz glatten Bruchkante. Doch die nächsten bekannten Gletscher, von denen die bläulich-weißen Kolosse stammen könnten, befinden sich auf Franz-Josef-Land, über 1000 Kilometer entfernt. Das Rätsel löst sich am nächsten Tag. Immer deutlicher zeichnet sich in der Ferne eine etwa 500 Meter hohe Gebirgskette ab: eine vergletscherte Inselgruppe nördlich der Nordspitze Asiens! Mit einer Flaggenzeremonie und kräftigen Hurrarufen wird der Archipel in Besitz genommen, der später nach dem letzten Zaren Nikolaus-II.-Land (heute Sewernaja Semlja) genannt wird.

Wie sich zeigen wird, ist dies die (flächenmäßig) größte geografische Entdeckung des 20. Jahrhunderts. Eine gelungene Überraschung zum dreihundertjährigen Thronjubiläum der Romanow-Zaren, das landesweit gefeiert wird. Endlich erklärt sich auch, warum sich vor

Kap Tscheljuskin in jedem Sommer so hartnäckig das Meereis staut: Dort gibt es eine etwa sechzig Kilometer schmale Meerenge. »Doch andererseits«, erinnert sich der Schiffsarzt der *Taimyr*, Leonid Starokadomski, »wurde die Hoffnung immer fragwürdiger, dass dieses neue, unerwartete Hindernis auf dem Weg zu den Ufern Europas umfahren werden konnte. Die Expeditionsschiffe befanden sich jetzt auf einem Breitengrad, wo man schwerlich mit großen freien Wasserflächen rechnen kann. Denn hier galten bereits in vollem Umfang die Gesetze aus dem Reich des ewigen Packeises.«[44]

Nahezu 300 Kilometer folgen die beiden Eisbrecher der Küste des neuen Landes bis an seine Nordostspitze auf 81 Grad Nord, nur noch 1000 Kilometer südlich des Nordpols. Eine Durchfahrt ist nirgends zu sehen. Der Südwestwind treibt das Eis vor den Schiffen her, doch er könnte jederzeit drehen und die Expedition an Russlands jüngsten Inseln einschließen. Als die Packeisgrenze in Sicht kommt, entscheidet sich Wilkizki, die Expedition im nächsten Jahr fortzusetzen. Obwohl Wladiwostok inzwischen etwa 7500 Fahrtkilometer hinter ihnen liegt, kehren die beiden Eisbrecher ein drittes Mal in ihren Starthafen zurück.

Im Sommer 1914 gelingt dann tatsächlich die Durchquerung der Wilkizki-Straße, wie die Meerenge vor der Nordspitze Asiens heute heißt. Doch an eine einfache Passage nach Archangelsk ist nicht zu denken. In den Eisfeldern südwestlich des neu entdeckten Archipels erleiden beide Schiffe erhebliche Beschädigungen. Eigentlich gelten die Eisbrecher wegen ihrer Unterteilung in fünfunddreißig wasserdichte Schotten als unsinkbar, doch die *Taimyr* beginnt an vielen Stellen gleichzeitig zu lecken. Die Besatzung kann den Wassereinbruch stoppen, rechnet aber lange Zeit mit der Evakuierung des Eisbrechers. Wenige Wochen später frieren beide Expeditionsschiffe an der Westküste des Taimyr ein, in einem Abstand von etwa dreißig Kilometern. Neben der konstanten Angst vor weiteren Eisschäden macht sich die Sorge breit, dass die Kohlevorräte nicht reichen könnten oder dass gar im nächsten Jahr das Meer nicht auftauen wird. Immerhin befindet man sich auf 76 Grad Nord in der Nähe einer notorisch vereisten Meerenge.

Ende Oktober verschwindet die fahle Sonne für über hundert Tage hinter dem Horizont. Ihren Platz nehmen faszinierende Nordlichter ein. Das Thermometer fällt für mehrere Wochen auf unter minus dreißig Grad. Das ist kein Minusrekord, aber kalt genug, um die neumodischen Wasserklosetts an Bord gefrieren zu lassen. Toilettenzelte auf dem Eis schaffen unwillkommene Abhilfe. Denn draußen wechseln sich bitterkalte sternklare Tage mit Schneestürmen ab, »in denen buchstäblich nur die eigenen Beine zu sehen waren. Alles Übrige verwischte in einem trüben weißlichen, doch dunklen Schleier«, berichtet Starokadomski.[45] Dann ist es lebensgefährlich, sich außer Hörweite des Schiffs zu begeben.

Die wissenschaftliche Arbeit geht trotzdem weiter; wie frühere Expeditionen versucht auch Wilkizki, mit Disziplin durch die Polarnacht und die Enge an Bord zu kommen. Außer Spaziergängen und Vorträgen gibt es wenig Abwechslung für die fünfzigköpfige Besatzung. Zu Weihnachten erhält jeder an Bord eine halbe Flasche »gut erhaltenes japanisches Bier«.[46] Die meisten anderen Lebensmittel haben ihr Haltbarkeitsdatum überschritten oder schmecken zumindest so. Denn die Vorräte für die Überwinterung stammen größtenteils noch aus dem Jahr 1911.

Zur selben Zeit überwintert 270 Kilometer südwestlich von *Waigatsch* und *Taimyr* ein schottischer Walfänger, die *Eclipse* unter dem Kommando von Otto Sverdrup. Der prominente norwegische Arktisforscher ist auf einer Rettungsmission für gleich zwei russische Schiffe, die im Vorjahr spurlos im Eis der Karasee verschollen sind. Die *Eclipse* befindet sich gerade noch in Reichweite sowohl der Funkgeräte der beiden Eisbrecher als auch der neuen Funkstation auf der Insel Waigatsch. Erst vor einem Jahr hat diese den Betrieb aufgenommen. Über die drahtlose Verbindung übermittelt Sverdrup nicht nur die neuesten Nachrichten von dem gerade begonnenen Weltkrieg, sondern organisiert auch eine Hilfsexpedition vom Festland. Sie evakuiert mit Hunderten von Rentieren jeweils die Hälfte der Besatzung von *Taimyr* und *Waigatsch* aufs Festland, 700 Kilometer über das gefrorene Meer – eine Vorsichtsmaßnahme, um Vorräte für den Fall einer zweiten Überwinterung zu sparen. Auf der Insel Dikson in der Mündung des Jenisei entsteht außerdem mit Lieferungen aus Krasnojarsk ein Depot mit Lebensmitteln und Kohle sowie einer weiteren Funkstation.

In dem provisorischen Hafen legen im August 1915 auch die befreiten Eisbrecher an, um Vorräte und Mannschaften zu komplettieren. Nach ihrer Instandsetzung dampfen sie ohne weiteren Zwischenfall bis Archangelsk. Die erste Durchquerung der Nordostpassage von Ost nach West – zugleich die erste unter russischer Flagge – hat ein glückliches Ende gefunden.

Der Weltkrieg und die anschließende Revolution verhinderten die schnelle Auswertung und Publikation der Ergebnisse, ein Teil der Materialien ging verloren. Die sowjetischen Karten und Seehandbücher, die in den 1920er-Jahren zu den arktischen Meeren publiziert wurden, basierten allerdings entscheidend auf den Daten der Hydrografischen Expedition. Den transarktischen Schiffsverkehr konnte diese jedoch ebenso wenig ankurbeln wie Nordenskiölds Pionierfahrt von 1878/79. Im Gegenteil: Die Entdeckung eines gewaltigen, vergletscherten Hindernisses – des Nikolaus-II.-Landes – machte es aus Sicht der Handels- wie der Kriegsmarine unwahrscheinlich, dass dieser Seeweg überhaupt jemals ohne Überwinterung bewältigt werden könnte. So hilfreich im Weltkrieg Kriegsschiffe aus dem Pazifik im Kampf gegen deutsche Minenleger und U-Boote in der Barentssee gewesen wären, die zarische Marine diskutierte diese Alternativroute nicht weiter.

Auch eine genaue Vermessung des Nikolaus-II.-Landes unterblieb im Krieg. Das russische Außenministerium unterstrich aber 1916 dessen Zugehörigkeit zum Zarenreich. Erst Jahre nach der Umbenennung der Inseln in Sewernaja Semlja (1926) wurden die Vermessungen der Hydrografischen Expedition fortgesetzt.

Auch wenn in der Zarenzeit der große Durchbruch in der polaren Handelsschifffahrt ausblieb – diese Expedition setzte durchaus Wachstumsimpulse. Der Warenaustausch begann sich erstmals auch am östlichen Ende der Nordostpassage zu entwickeln. Neben den Karten der Expedition schufen vor allem die aufgebauten Funkstationen verbesserte Bedingungen. Schon 1911 umrundete erstmals ein Frachter aus Wladiwostok die Nordostspitze Asiens, um die Kolyma hinaufzufahren. Es blieb zwar einstweilen bei solchen Testfahrten mit symbolischer Bedeutung, doch so hatte ein halbes Jahrhundert zuvor auch der Schiffsverkehr über die Karasee zu Ob und Jenisei begonnen.

Ein zweiter, stärkerer Impuls für die polare Seefahrt kam aus der Entwicklung der Land- und Forstwirtschaft Sibiriens, ausgelöst durch die Eisenbahn und die Zuwanderung von Millionen Siedlern seit der Jahrhundertwende. Der Subkontinent befand sich seitdem in einer langfristigen Aufschwungsphase. Entsprechend stiegen die Gewinnaussichten und Ausfuhrquoten. Die bestehende Infrastruktur war überlastet, sowohl das Eisenbahnnetz als auch der wichtige Hafen von Archangelsk mit seinen altersschwachen Ladekränen.

Der norwegische Geschäftsmann Jonas Lied brachte daher erneut die Exportroute durch die sibirischen Flüsse und die arktischen Meere ins Spiel. Nach einer langen Sibirienreise, auf der er Kontakte zu Unternehmern am Jenisei geknüpft hatte, gründete er im Alter von dreißig Jahren im Januar 1912 im Grand Hotel von Oslo die Sibirische Dampfschifffahrts-, Fabrikations- und Handelsgesellschaft. An ihr beteiligten sich britische und norwegische Kaufleute, darunter Elias Kiær, der als reichster Holzhändler Skandinaviens galt. Der Import von Holz und anderen Rohstoffen aus Sibirien stand auch im Mittelpunkt von Lieds Projekt. Er versuchte gar nicht erst, von der russischen Regierung Zollfreiheit für europäische Importwaren zu erhalten. Mit solchen Vorschlägen waren ausländische Händler in den letzten Jahren schließlich immer wieder gescheitert. Lied beantragte – und erhielt – stattdessen eine Handelslizenz für Russlands Gewässer. Der Norweger setzte auf sibirische Exportwaren und Investitionen im Zarenreich – in Sägewerke oder Flussdampfer. Herstellung, Transport und Verkauf der Güter sollten in einer Hand liegen. Lied selbst kontrollierte die Wertschöpfungskette am Hauptsitz der neuen Gesellschaft in Krasnojarsk, wo sich Jenisei und Transsibirische Eisenbahn kreuzen.

Lieds Konzept setzte auf moderne Technik. Auf dem Bankett im Grand Hotel hatte er seinen Kapitalgebern den Einsatz von Funkgeräten und Flugzeugen zur Eisüberwachung versprochen; seine Partner in Sibirien überzeugte er später mit Maschinen zur Holzverarbeitung. Eine Erfolgsgarantie war das jedoch nicht. 1912, das erste Geschäftsjahr der neuen Gesellschaft, endete mit einem Verlust von 4000 Pfund (heute etwa eine halbe Million Pfund). Das war immerhin die Hälfte des Gründungskapitals, das Lied in Oslo eingesammelt hatte. Vergeblich hatte sein Geschäftsführer in Krasnojarsk die Lager mit Pelzen, Getreide und Holz gefüllt und die russischen Zollbeamten vor Ort mit Zuwendungen in wohlwollender Bereitschaft gehalten. Das bestellte Schiff aus Tromsø war in der eisverstopften Karasee umgekehrt. Völlig unnötig, empörte sich Lied über den Kapitän, der angeblich Eisbären gejagt hatte, anstatt zügig zum vereinbarten Treffpunkt zu fahren.

Im nächsten Jahr gelang Lied die Fahrt zum Jenisei, nun mit einem neuen Kapitän. Doch dass daraus ein Durchbruch für sein Unternehmen werden sollte, lag an einem anderen Teilnehmer der Fahrt: Fridtjof Nansen. Trotz seines Misserfolgs hatte Lied in Oslo nicht nur eine Kapitalerhöhung, sondern auch die Unterstützung dieses weltberühmten Polarforschers und norwegischen Politikers erhalten.

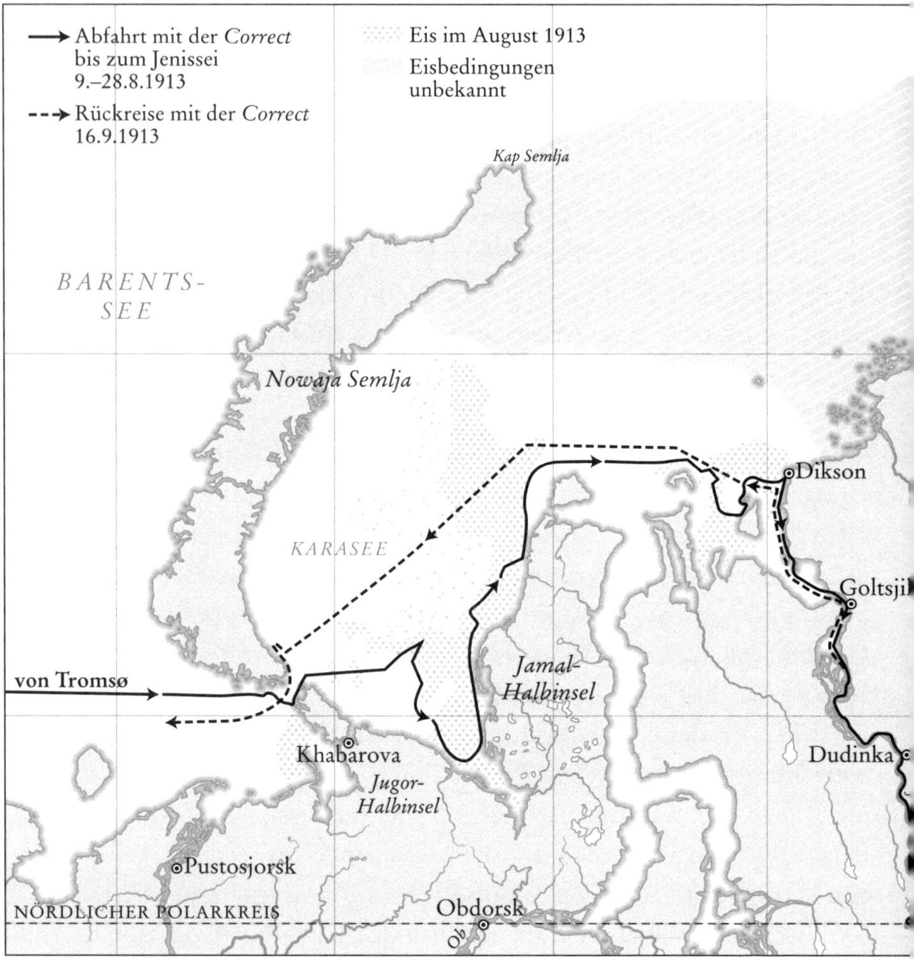

Die Lied-Nansen-Expedition 1913

Nansens Ruhm gründete auf seinem Versuch, den Nordpol mithilfe der damals nur vermuteten transpolaren Drifteisströmung zu erreichen. Gegen den Rat vieler Experten hatte Nansen sich 1893 mit dem Expeditionsschiff *Fram* im Norden der Laptewsee einfrieren lassen. Den Pol erreichte er zwar nicht, aber er gelangte immerhin auf die Rekordposition von 86° 14' Nord und lieferte den Beweis für die Polardrift von Ost nach West. Klar war damit auch: Der nördlichste Punkt der Welt lag nicht auf Land, sondern auf dem Meereis! Erst nach drei Jahren war Nansen einigermaßen gesund in Grönland wiederaufgetaucht.

Im Sommer 1913 war er bereit, sich mit Lied auf dem Dampfer *Correct* einzuschiffen, und verlieh damit einem Projekt, das viele für aussichtslos hielten, die Aura des Machbaren.

Die *Correct* war ein gewöhnliches, aus Stahl gebautes Handelsschiff von 1550 Registertonnen, allein ihr Bug war mit einer extra Holzverkleidung gegen kleineres Brucheis geschützt. Kompakte Eisflächen, die Lied teilweise auf die Größe der Isle of Wight schätzte, musste der 76 Meter lange Dampfer umfahren. An anderen Tagen war so gut wie kein Fortkommen. Nördlich der Jamal-Halbinsel suchte die *Correct* lange nach einer Durchfahrt im Treibeis. Hundert Jahre Klimawandel später sollte die Fridtjof-Nansen-Gedächtnis-Expedition an dieser Stelle nicht einmal eine Eisscholle sichten. Doch auch die Reise der *Correct* verlief letztlich ohne besondere Zwischenfälle. Die einzige ernsthafte Gefahr, der Lieds Expedition begegnete, war ein umkippender Eisberg von dreißig Metern Höhe, an dem man wenige Stunden zuvor noch geankert hatte.

In zweiundzwanzig Tagen bewältigte die *Correct* die 3000 Kilometer von Tromsø bis zum Jenisei. Dort warteten bereits die Flussleichter mit sibirischen Waren (Holz, Pelze, Flachs, Talg) im Wert von 25 000 Pfund, die umgehend nach England verschifft wurden – zusammen mit zwei lebenden sibirischen Bären und zwei mongolischen Kamelen. Die *Correct* lieferte ihrerseits 1000 Tonnen Zement aus

Stettin für den Bau einer südsibirischen Eisenbahnlinie. Lied war zufrieden. Und die Mitwirkung Nansens machte aus dem erfolgreichen Geschäftsabschluss auch noch ein internationales Ereignis.

Was für eine geniale Idee, sich »an den Glücksstern Nansens zu hängen«, lobte Lied sich selbst noch Jahre später in seiner Autobiografie.[47] Die Anwesenheit des Polarforschers habe die Karasee-Route weltweit bekannt gemacht und zugleich den Gefahren der arktischen Seefahrt ihren Schrecken genommen. Schließlich »durfte unsere Reise keineswegs als neue Großtat eines Helden in die Geschichte eingehen. Es mußte eine gleichsam mit selbstverständlicher Sicherheit abgewickelte Reise werden, die jederzeit eine neunundneunzigprozentige Sicherheit in sich barg.«[48]

Nansen, der vom Jenisei aus eine Sibirienreise als Gast der russischen Regierung antrat, präsentierte in seinem Reisebericht den Subkontinent als Wirtschaftsraum der Zukunft und den Seeweg dorthin als natürlichen Zugang. Zwar sei die Karasee nach wie vor unberechenbar – den einen Sommer so gut wie eisfrei, den nächsten völlig unzugänglich. Die genaue Erforschung dieser volatilen Eisverhältnisse per Schiff und Flugzeug stehe noch bevor. Doch die Befahrbarkeit des Meeres sei schon jetzt gegeben; »bei den reichen Hilfsmitteln unserer Zeit wird es nur in Ausnahmejahren – die selten, wenn überhaupt eintreten – unmöglich sein, die Eishindernisse im Karischen Meer zu überwinden und einen Weg nach der Ob- und Jeniseimündung zu finden«.[49]

Unter Nansens Glücksstern begannen Lieds Geschäfte zu florieren. Zunächst sollten nur ein, zwei Schiffe pro Jahr zwischen Sibirien und Skandinavien pendeln, doch Lied plante längst eine Niederlassung in und den Handel mit Amerika. Die arktische Seeroute bildete das Kernstück, das sein sibirisches Firmengeflecht mit dem Ausland verband. Weil er als Ausländer keine Anteile an den Dampfschiffgesellschaften auf Ob und Jenisei erwerben durfte, nahm Lied im April 1914 die russische Staatsbürgerschaft an.

Der wenige Monate später beginnende Weltkrieg erschwerte einerseits den Fernhandel durch die Barentssee, wo deutsche Flottenverbände operierten. Andererseits setzte die Petersburger Regierung auf der Jenisei-Route die Einfuhrzölle für eine ganze Reihe von Gütern (Metalle, Werkzeug, Maschinen) aus. Der 1916 gegründete, dank des Golfstroms eisfreie Hafen Murmansk sollte den Schiffsverkehr zwischen Atlantik und Sibirien sichern. Tatsächlich wuchs im Krieg das Volumen der aus Sibirien westwärts transportierten Rohstoffe. Lied war optimistisch und führte noch wenige Monate vor der Oktoberrevolution 1917 eine Kapitalerhöhung durch. Welche großen Pläne auch immer er damit verfolgt hatte – die Regierungsübernahme der Bolschewiki machte sie zunichte. Lied weilte in Norwegen, als ihn die neuen »roten« Machthaber im März 1918 enteigneten.

Im russischen Bürgerkrieg unterstützte er den »weißen«, antibolschewistischen Diktator Westsibiriens, Admiral Aleksandr Koltschak. Dieser hatte seinerzeit an der Großen Hydrografischen Expedition teilgenommen und war begeistert von Lieds Angebot, die Karasee-Route zur Versorgung der »weißen« Armeen wiederzubeleben. Doch das Projekt zerschlug sich ebenso wie Lieds abenteuerlicher Plan von Anfang 1918, die damals in Tobolsk inhaftierte Zarenfamilie mit britischen Schnellbooten übers Eismeer ins Exil zu retten. Mehr Erfolg hatte ein berühmter Landsmann von Lied, Roald Amundsen, der im selben Jahr zur zweiten West-Ost-Durchquerung der Nordostpassage aufbrach. Allerdings traf er erst nach zwei Überwinterungen, zwei schweren Verletzungen und einem Eisbärenangriff in Nome (Alaska) ein.

Gleichwohl unterstrichen die Fahrten der beiden Norweger die gewachsene (militärische) Bedeutung der arktischen Schifffahrt, wie sie Admiral Makarow schon zu Beginn des Jahrhunderts vorausgesagt hatte. Sein Vergleich des Zarenreichs mit einem dem Nordpolarmeer zugewandten Gebäude traf auf die aus einem mehrjährigen Bürgerkrieg entstehende Sowjetunion erst recht zu. Die wichtigen baltischen Häfen gingen verloren, zeitweilig sogar der Zugang zum Schwarzen Meer; Wladiwostok war bis 1922 in japanischer Hand. Um die Küsten der Barentssee und der Karasee kämpften Weiße und Rote erbittert. Die Bolschewiki sicherten sich diesen Versorgungsweg Anfang 1920. In den nächsten Jahrzehnten sollte er für die Wirtschafts- und Sicherheitspolitik der UdSSR eine zentrale Rolle spielen, während vor den Toren Wladiwostoks das pazifische Wettrüsten zwischen Japan und den Vereinigten Staaten begann.

9

Ein polares Tortenstück

Nebel und Eisgraupel überziehen den Nordpol zur Mitternacht des 24. Mai 1928. In 150 Metern Höhe kreist ein Luftschiff, in seiner Kanzel spielt ein Grammofon *Giovinezza*, die Triumphhymne von Mussolinis Faschisten. Umberto Nobile, Konstrukteur und Pilot der über hundert Meter langen *Italia*, wirft zuerst eine Fahne ab, sodann, einer Bitte von Papst Pius XI. folgend, ein Kruzifix. Zu gerne würde Nobile als erster Mensch auf den Pol hinabsteigen und die italienische Flagge ordentlich aufpflanzen. Doch der Wind wird immer stürmischer. Der Kommandant beschließt, das schlechte Wetter auf 1000 Metern zu überfliegen und sein »Dirigibile« zurück nach Ny-Ålesund auf Spitzbergen zu steuern. Von dort ist er am Vortag aufgebrochen.

Ein klemmendes Höhenruder und Eis auf der Außenhülle des Schiffs erschweren die Navigation. 300 Kilometer vor dem Ziel verliert die *Italia* schlagartig an Höhe; die genauen Umstände bleiben ungeklärt. Zweimal schlägt das Luftschiff auf dem Packeis auf. Für einen Notruf ist keine Zeit. Die Steuerkabine zerbricht nahezu vollständig; zehn Personen und der größere Teil der Ausrüstung werden hinausgeschleudert. Befreit von dem Gewicht, schießt das Luftschiff mit den restlichen sechs Besatzungsmitgliedern nach oben und trudelt steuerlos nach Osten. Bis heute fehlt jede Spur von der *Italia*. Neun der zehn Schiffbrüchigen überleben mit mehr oder weniger

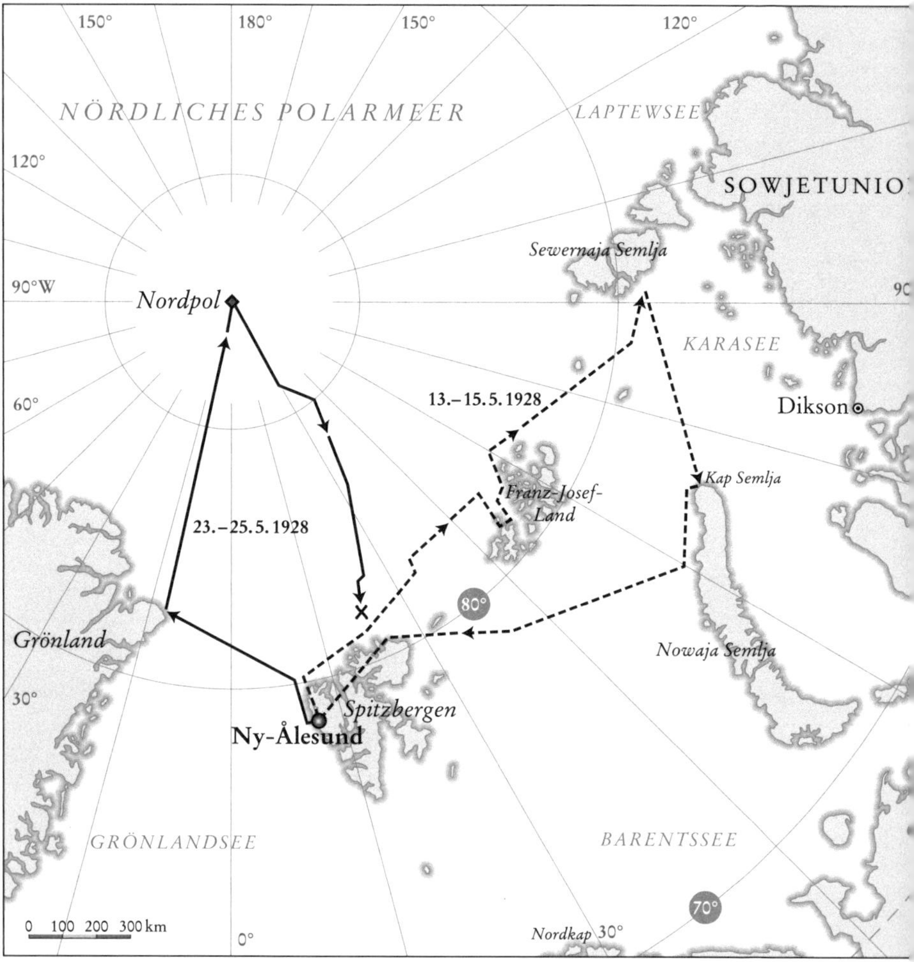

Flüge der *Italia* 1928

schweren Knochenbrüchen und Prellungen, darunter auch Nobile – und sein geliebter Foxterrier Titina. Ihr Notlager besteht aus einem dünnen Zelt, das nicht genug Platz für die Gruppe bietet. Kaum jemand von ihnen kennt die arktische Wildnis aus der Bodenperspektive. Drei marschtaugliche Männer machen sich über das Eis auf den Weg nach Spitzbergen, um Hilfe zu organisieren.

Das größte Glück im Unglück der Zurückgebliebenen sind ein funktionstüchtiger Kurzwellensender und ein Revolver. Dieser muss notdürftig gegen Eisbären helfen, jener stellt Anfang Juni über einen sowjetischen Funkamateur endlich den Kontakt zur Außenwelt her. Einem schwedischen Flugzeug gelingt es in einem waghalsigen Manöver, den bettlägerigen Nobile auszufliegen – natürlich zusammen mit Titina. Doch beim nächsten Rettungsversuch überschlägt sich die Maschine auf dem holprigen Eis. Der Pilot überlebt, niemand wagt eine weitere Landung.

Erst Wochen später befreit der stärkste sowjetische Eisbrecher, die *Leonid Krasin* mit ihren 10000 PS, die restlichen Männer. Kein anderes Schiff schafft es, bis zum Unglücksort nördlich von Spitzbergen vorzudringen. Auch zwei der drei Teilnehmer, die zu Fuß aufgebrochen sind, findet die *Krasin* entkräftet im Eis. Der Dritte ist schon vor Tagen an Erschöpfung gestorben. Seit damals hält sich der Verdacht, dass er ein Opfer von Kannibalismus wurde.

Die unter dem Sowjetstern fahrende *Krasin* stahl dem Diktator Mussolini die Show, der seine eigene Rettungsexpedition gestartet hatte. Ausgerechnet Bolschewisten retteten Faschisten … Die sowjetische Presse kommentierte es mit Genugtuung. Für *Ogonjok* (Flämmchen), die wichtigste politische Illustrierte der jungen Sowjetunion, war die Katastrophe vor Spitzbergen eine »Machtprobe zwischen dem faschistischen Staat, der die Expedition der *Italia* ausrüstete, und der sowjetischen Macht, welche die Expedition [...] der *Krasin* organisierte«.[50] Ebenfalls unter dem Titel »Probe« veröffentlichte wenige

Wochen später der berühmte Revolutionsdichter Wladimir Majakowski das erste Eisbrecher-Poem der Welt: »Wir sind Sieger / in dieser nackten Kälte: staune, Welt / friere / schau, – / wie man zum ersten Mal / an diesem Ort / mit einem Eisbrecher / Menschen gehoben hat / von zwei Meter hohen Eisschollen.«[51]

Schon während der Fahrt der *Krasin* sorgten acht mitreisende Journalisten für tägliche Informationen. Sie berichteten über Eishindernisse, die mangelnde internationale Koordination der Suchaktionen und auch die Dankbarkeit der italienischen Regierung. Überlegene Technik und überzeugtes Handeln hätten zum Triumph der sowjetischen Hilfsaktion geführt, fasste *Ogonjok* die Berichterstattung zusammen: »Wir haben mit dieser Unternehmung der Welt gezeigt, dass wir über Technik verfügen und sogar über solche, die der Technik anderer Länder überlegen ist.«[52]

Die 1916 gebaute *Krasin*, eine Weiterentwicklung des legendären Eisbrechers *Jermak*, wurde über Nacht zum Aushängeschild der jungen sowjetischen Arktisschifffahrt. Dabei sollte das Schiff eigentlich außer Dienst gestellt werden; zum Schutz der Handelsschiffe in Barents- und Karasee schienen leichtere Eisbrecher zu genügen. Zumindest hatte dort nach der Oktoberrevolution die Schifffahrt auch ohne die in Leningrad beheimatete *Krasin* einen schnellen Aufschwung erlebt. Übers Eismeer gelangte sibirisches Getreide in die russischen Großstädte, aber auch Holz nach Nordwesteuropa im Tauschhandel gegen westliche Industriewaren. Die regelmäßige Dampfschiffverbindung nach Sibirien half, die existenzielle Versorgungskrise der frühen 1920er-Jahre zu lindern und die mit der Revolution abgerissenen Kontakte zu ausländischen Handelspartnern neu zu knüpfen. Das Transportvolumen überstieg 1928 längst das der Vorkriegszeit; Seekarten und Funkverbindungen, Eisvorhersagen und leichte Eisbrecher machten den Seeweg nach Sibirien so sicher wie nie zuvor.

Für die Zukunft war der verstärkte Einsatz von Flugzeugen oder Luftschiffen zur Eisaufklärung vorgesehen. Schwere Eisbrecher spielten in der Planung keine Rolle, an ihre unersetzliche Funktion für Such- und Rettungsaktionen unter extremen Bedingungen sollte erst der Einsatz der *Krasin* vor Spitzbergen erinnern. Der Eisbrecher führte allerdings auch eine dreimotorige Junkers mit, die auf Eis starten und landen konnte. Der *Rote Bär*, wie das Flugzeug genannt wurde, half entscheidend beim Auffinden der Nobile-Expedition.

Der Erkundung der Polarregion aus der Luft schien in den 1920er-Jahren die Zukunft zu gehören. Der Norweger Roald Amundsen hatte 1911 den Südpol noch im Hundeschlitten erreicht. Zum Nordpol gelangte er fünfzehn Jahre später mit dem Luftschiff *Norge*, das er dem weltberühmten Konstruktionsbüro von Nobile abgekauft hatte. Mit einer Reichweite von mehreren Tausend Kilometern war ein Luftschiff für diesen ersten Flug zum Pol viel besser geeignet (und obendrein erheblich geräumiger) als die damaligen Flugzeuge; schon der erste Transatlantikflug war mit einem Luftschiff erfolgt. Nobile persönlich steuerte im Mai 1926 für Amundsen die *Norge* von Spitzbergen zu ihrer symbolischen Runde über dem Nordpol – und von dort gleich weiter bis nach Alaska. Insgesamt 5200 Kilometer legte das Luftschiff nonstop zurück.

Über die Frage, wer nun den entscheidenden Anteil an diesem ersten Transpolarflug hatte (der, wie sich später zeigen sollte, sogar der erste nachweisliche Vorstoß zum Nordpol überhaupt war), zerstritten sich Nobile und Amundsen so schnell wie nachhaltig. Männliche Ruhmessucht verband sich dabei unauflöslich mit nationalem Prestigedenken. Dass Amundsen sich später an der Suche nach Nobile beteiligte, kann auch als Versuch gelesen werden, über den verunglückten Rivalen zu triumphieren, der kaum über Arktiserfahrung verfügte. Doch kam der norwegische Polarheld selbst bei seinem Rettungsflug ums Leben.

Es ging aber um mehr als einen Männerwettlauf zum Pol, nämlich um symbolische Macht- und politische Besitzansprüche. Amundsen war offiziell bevollmächtigt, Land für Norwegen zu reklamieren;

Nobile, ein General der italienischen Luftwaffe, hätte dem niemals tatenlos zugesehen. Zur Machtprobe in der Polarluft kam es aber nicht, denn zur Enttäuschung beider Entdecker erstreckte sich um den Pol nur eine Eisfläche. Allein außerhalb der Sichtweite lagen möglicherweise noch unbekannte Inseln – vielleicht sogar rohstoffreiche, wie der ergiebige Kohlebergbau auf Spitzbergen hoffen ließ.

Die UdSSR, die erst 1935 die Souveränität Norwegens über Spitzbergen anerkennen und dafür Bergbaurechte auf dem Archipel erhalten sollte, verschickte im April 1926, rechtzeitig vor der Erstüberquerung des Nordpols durch Amundsen und Nobile, eine kompromisslose diplomatische Note. Alle Territorien im Arktischen Ozean zwischen der norwegisch-sowjetischen Grenze, dem Nordpol und der Beringstraße erklärte die Regierung im Kreml zu sowjetischem Staatsgebiet, einschließlich sämtlicher noch nicht entdeckter Inseln. Die UdSSR übernahm damit das von Kanada im Vorjahr verkündete Prinzip nationaler Sektoren zwischen den Längengraden der Arktis. Der runde Rand dieser tortenstückförmigen Abschnitte umfasste achtzig Meridiane für Kanada und 155 für die Sowjetunion. International anerkanntes Recht sind diese Arktissektoren zwar nie geworden, doch Moskau ging in Zukunft einfach von ihrer Existenz aus.

Die sowjetischen Souveränitätsansprüche innerhalb ihres Sektors bezogen sich explizit nur auf Inseln. Aber zum einen blieb (bis heute) umstritten, welchen territorialen Status mehrjähriges Packeis besitzt; zum anderen waren Durchfahrts- und insbesondere Überflugrechte zu regeln. Eine unter dem Vorsitz von Fridtjof Nansen in Berlin gegründete Internationale Studiengesellschaft zur Erforschung der Arktis mit dem Luftschiff, Aeroarctic, plante bereits eine transarktische Flugschiffverbindung. Ende 1926 trat auch die UdSSR der Gesellschaft bei, schon um zu verhindern, dass fremde Staaten, die das Sektorenprinzip nicht anerkannten, Funkstationen oder Wegweiser im Nordpolarmeer installierten. Derweil fehlten die Mittel für sowjetische Transarktisflüge; ein erster eigener Versuch scheiterte 1928.

Die Verkündung eines Arktissektors konnte freilich internationale Erkundungsflüge und Schiffsexpeditionen in der Arktis nicht verhindern. Nobile hatte Anfang Mai 1928, kurz vor der *Italia*-Katastrophe, einen fast 4000 Kilometer langen Testflug entlang des 81. Breitengrades unternommen. Gerüchteweise plante der italienische General sogar eine Landung auf Franz-Josef-Land, das 1873 von einer österreich-ungarischen Expedition gesichtet, aber nie in Besitz genommen worden war. Der Archipel blieb zunächst eine »terra nullius«, ein völkerrechtliches Niemandsland.

Erst in den 1920er-Jahren erhob neben Moskau auch Oslo Ansprüche auf die 750 Kilometer östlich von Spitzbergen – und damit innerhalb des von der UdSSR beanspruchten Arktissektors – gelegene Gruppe aus Gletscherinseln. Norwegen, dessen lange Küste nur fünfundzwanzig Meridiane einnimmt, lehnte die Sektortheorie vehement ab und vermutete, ältere Rechte als Moskau zu besitzen, weil der Archipel seit Jahrzehnten norwegische Walfänger und Walrossjäger anzog. Eine private Expedition versuchte noch 1929, eine norwegische Polarstation auf Franz-Josef-Land einzurichten, allerdings vermochten ihre Schiffe das Eis westlich des Archipels nicht zu durchdringen.

Mehr Erfolg hatte im selben Jahr der sowjetische Eisbrecher *Sedow*, benannt nach einem russischen Arktisforscher, der 1914 auf Franz-Josef-Land am Skorbut gestorben war. Das Schiff brachte Wissenschaftler, Baumaterialien, eine Arbeiterbrigade aus Archangelsk und außerdem eine Kuh auf den Archipel. Im kurzen arktischen Sommer entstand ein Observatorium mitsamt einer Funkstation; ein siebenköpfiges Team betrieb die Anlage auch in der viermonatigen Polarnacht. Demonstrativ nahm die Expedition die Inselgruppe noch einmal offiziell für die UdSSR in Besitz und stellte eine Flagge aus rostfreiem Stahl auf. »Alle herhören, die ganze Welt!«, mit diesem Funkspruch meldete sich das Arktisteam am 30. August 1929. »Hier spricht die neue sowjetische Funkstation auf Franz-Josef-Land. Morgen wird die nördlichste Siedlung der Welt eröffnet.«[53]

Norwegen beließ es bei verbalen Protesten gegen diese brüske Zurückweisung seiner Gewohnheitsrechte am nordöstlichen Rand der Barentssee. Was sonst hätte die Regierung in Oslo auch unternehmen sollen? Militärisch waren die auf dem 81. Breitengrad liegenden Inseln unerreichbar – und wirtschaftlich bei Weitem nicht so wichtig wie die gerade erst mit der UdSSR ausgehandelten Fischereirechte in der Barentssee. Außerdem unterstützte auf internationaler Ebene kaum jemand die norwegische Forderung. Andererseits konnte eine einsame sowjetische Polarstation nicht wirklich verhindern, dass norwegische Schiffe noch lange Zeit in die Gewässer der 16 000 Quadratkilometer großen Inselgruppe vordrangen.

Beinahe gleichzeitig mit Franz-Josef-Land wurde endlich auch der bereits 1913 gesichtete Archipel Sewernaja Semlja vor der Nordspitze Eurasiens vermessen; neu entdeckte Inseln mit Namen wie Pionier und Bolschewik tauchten auf den Seekarten auf. Auf der Insel Domaschni (Zuhause) entstand eine weitere Polarstation, ebenso wie im Sommer 1929 auf der Wrangel-Insel am östlichen Rand des sowjetischen Arktissektors. All diese Stationen sammelten für Verkehr, Wissenschaft und Militär wichtige Daten, insbesondere meteorologische Informationen; schon lange war die grundlegende Bedeutung der Arktis für Wetter und Klima in den gemäßigten Breiten bekannt. Aber die Forschungsstandorte sollten auch den bewohnten Rand innerhalb des sowjetischen Arktissektors abstecken. »Vorposten des Sozialismus im Norden«[54] – so nannte die populäre Geografie-Zeitschrift *Vokrug Sweta* (Um die Welt) die Polarstationen.

Landung und Besiedlung war die klassische, international anerkannte Form der Inbesitznahme von unbewohnten Inseln. In der sowjetischen Arktis ergänzte sie das neue, umstrittene Sektorenprinzip. Besonders wichtig war die physische Präsenz auf denjenigen Territorien, die nicht zuerst von russischen Forschern oder Seefahrern entdeckt worden waren. Neben Franz-Josef-Land traf dies vor allem auf die Wrangel-Insel zu. Dort entstand 1926, nicht zufällig im Jahr der Verkündung des Sektorprinzips, eine sowjetische Niederlassung durch Umsiedler aus Tschukotka. Der Gründung war ein langjähriger Streit um, aus sowjetischer Sicht, illegale Inselbewohner aus Kanada vorausgegangen, den schon 1924 das Kanonenboot *Krasny Oktjabr* (Roter Oktober) für die UdSSR entschied. Es transportierte eine Gruppe kanadischer Inuit von der Wrangel-Insel zur Ausweisung nach Wladiwostok. Die britische Regierung, die damals noch für Kanada als Teil des Empire sprach, legte den Konflikt diplomatisch bei, um die anstehende Unterzeichnung eines Handelsvertrags mit der Sowjetunion nicht zu gefährden. Die nordöstlichste Insel in Moskaus Arktissektor blieb sowjetisch.

Die hektischen Bemühungen, eine sowjetische Einflusszone und Außengrenze im Arktischen Ozean zu markieren, gingen weit über die Vorstellungen der Zarenzeit hinaus. Das Eismeer hatte lange Zeit als undurchdringlicher Schutzpanzer der russischen Nordgrenze gegolten, die näher zu definieren nicht notwendig schien. Die rasante Entwicklung der Luftfahrt brachte diese abgelegene Grenze näher, worauf die Sowjetmacht schnell mit der Verkündung des Sektorprinzips reagierte.

Spätestens seit der ersten (und einzigen) Aeroarctic-Expedition im Sommer 1931 war klar, dass auch im Norden der Arktis alle größeren Entdeckungen gemacht waren. Aeroarctic schickte damals von Leningrad das größte und modernste Luftschiff der Welt, die 234 Meter lange *Graf Zeppelin*, auf einen fünftägigen Forschungsflug in die am wenigsten bekannte Region zwischen Franz-Josef-Land und Sewernaja Semlja. Vier der sechzehn teilnehmenden Wissenschaftler stammten aus der UdSSR. Mit einer neuartigen, durch neun Objektive fotografierenden Luftbildkamera konnten die Forscher in wenigen Stunden mehr Land erfassen als ein Ozeandampfer in vielen mühseligen Monaten. Auf dem Rückweg kartografierte der Zeppelin noch Nowaja Semlja und schwebte dann nonstop zu seinem Zielhafen in Berlin. Wegen des reibungslosen Verlaufs und der Unterbringung in der komfortablen Schlafkabine des gigantischen Transatlantikfliegers galt die Reise als eine Forschungsexpedition de luxe. Nur Nebelschwaden behinderten streckenweise die Sicht und atmosphärische Störungen den Funkverkehr.

Der Höhepunkt der Zeppelin-Expedition war ein Treffen mit dem sowjetischen Eisbrecher *Malygin*, der eine internationale Reisegruppe nach Franz-Josef-Land schipperte. In einem imposanten Manöver senkte sich die Kabine des Zeppelins bei perfektem Fotowetter neben dem Eisbrecher auf die Meeresoberfläche; die Passagiere stürzten von ihrem Abendessen an Deck. *Graf Zeppelin* empfing eine Schlauchboot-Delegation der *Malygin* zum Austausch von Höflichkeiten und Ansichtskarten mit Zeppelinstempeln für die Kreuzfahrtteilnehmer. Die Arktisforschung war zu einer Tourismusattraktion geworden wie das damals noch zum Reiseprogramm gehörende Eisbärenschießen.

Organisierte Vergnügungsreisen durch schillernde Eislandschaften waren schon vor dem Weltkrieg en vogue gewesen, aber kaum über Spitzbergen hinausgekommen. Die sowjetischen Veranstalter boten nun nicht nur ein neues, noch ungesehenes Ziel an, sondern auch ein neues Verständnis von Tourismus. Nicht Unterhaltung und Entspannung standen (offiziell) an erster Stelle, sondern Weiterbildung beziehungsweise Belehrung. Es ging letztlich um die Selbstdarstellung der Sowjetmacht als arktische Macht. Die Welt erfuhr einmal mehr von der Präsenz der UdSSR im hohen Norden und von den Möglichkeiten moderner Technik. »Mit dem Treffen ist ein Beispiel für die sowjetische Arbeit von Luftschiff und Eisbrecher in der Arktis gegeben«, schrieb die Regierungszeitung *Iswestija*.[55] Diese Formulierung sollte Fazit und Ansporn zugleich sein.

Dass die *Graf Zeppelin* in Deutschland gebaut worden war, trübte das Bild zwar etwas. Dafür lag die wissenschaftliche Leitung der Expedition in der Hand des sowjetischen Arktisforschers Rudolf Samoilowitsch. Ihn würdigte die *Iswestija* dann auch besonders. Samoilowitsch war eine Berühmtheit, seit er drei Jahre zuvor auf dem

Eisbrecher *Krasin* die sowjetische Suchaktion für den verunglückten Nobile organisiert hatte. Nun traf er erneut auf den italienischen Ingenieur, der sich als Ehrengast an Bord der *Malygin* mit der Rolle eines bewundernden Zuschauers begnügen musste. Das war eine geschickt inszenierte neue Rollenverteilung.

Eine ähnliche Konstellation findet sich in dem 1930 erschienenen Buch von Samoilowitsch über die Rettung von Nobiles Mannschaft aus dem Eis. Es präsentiert die UdSSR als natürliche arktische Macht, für die der hohe Norden nicht nur geografisch so viel näher liege als für Italien, sondern auch historisch-kulturell. Das Polarmeer sei für die sowjetische Expedition wie »ein gut erforschter Feind«: gefährlich, aber nicht unbesiegbar. »Obwohl wir einen sorgfältig ausgearbeiteten Plan besaßen, rechneten wir mit der Wahrscheinlichkeit, ja der Unvermeidbarkeit, auf große unvorhersehbare Schwierigkeiten in der arktischen Natur zu stoßen. Wir konnten sie nur durch Erfahrung, Geduld, Findigkeit und umsichtigen Mut überwinden.«[56] Ebendiese Eigenschaften sprach der sowjetische Arktisforscher der italienischen Konkurrenz ab – sonst wäre sie ja nicht gescheitert.

Das Buch von Samoilowitsch war nur das bekannteste über die *Krasin*-Expedition, die eine ganze Welle sowjetischer Arktispublizistik ausgelöst hatte. All diese Reportagen, Expeditionsberichte oder historischen Darstellungen füllten den von Juristen in Moskau entworfenen Arktissektor mit eingängigen Bildern und konkreten Aktionen vor Ort. Insbesondere regelmäßige Arktisexpeditionen hätten, schrieb Samoilowitsch, eine »natürliche Bindung«[57] zwischen sowjetischem Festland und den vorgelagerten Inseln wie dem Franz-Josef-Archipel geschaffen. Ganz wie es die Sektortheorie postulierte.

Diese Theorie eröffnete somit einen neuen Blick auf den sowjetischen Norden. Die äußeren Meridiane des Arktissektors waren keine Staatsgrenzen, sondern Hilfslinien einer gedachten Ordnung. Sie steckten den Anspruch auf eine Einflusszone auch dort ab, wo bislang unzugängliche Eisflächen und Niemandsland waren. In der Sektordarstellung nahm die wenig bekannte arktische Geografie eine vermeintlich eindeutige Gestalt an; mit dem größten der arktischen Tortenstücke wurde die UdSSR visuell nach Norden erweitert.

Auch wenn der Eingang ins Völkerrecht ausblieb, war die Wirkung des Arktissektors nach innen umso größer. Seine spitz nach Norden zulaufende Darstellung auf der Landkarte entfaltete einen perspektivischen Sog – als müsste die Einflusszone auch mit Einfluss gefüllt werden. Das geschah keineswegs nur publizistisch durch Autoren wie Samoilowitsch, sondern auch politisch.

So arbeitete am ersten Fünfjahresplan der UdSSR von 1928 – eine tragende Säule in Stalins Umbau des Sowjetstaats – auch eine neu geschaffene Arktiskommission der Regierung mit. Die wissenschaftliche und wirtschaftliche Erschließung der Arktis besaß seitdem einen prominenten Platz in der Planwirtschaft. Das folgte logisch aus dem Ausgangsgedanken des Sektorprinzips – dem Recht auf die Aneignung von Territorien aufgrund geografischer Nähe. Luft- und Seefahrt kamen in diesem Erschließungsprozess eine Schlüsselrolle zu, insbesondere der Ausdehnung des Schiffsverkehrs über die Karasee hinaus in die schwierigen ostsibirischen Gewässer. Hierfür brauchte man Eisbrecher wie die *Krasin*. Mittelfristig sollte die Querverbindung entlang der Küste des Arktissektors mit den sibirischen Flüssen und der Transsibirischen Eisenbahn zu einem Transportnetz verschmelzen.

Schon Anfang der 1930er-Jahre gab es nur noch wenige und winzige Inseln im Arktissektor zu entdecken. Sowjetische Juristen nahmen nun umso genauer das Innere des polaren Tortenstücks in den Blick und begannen, exklusive Nutzungsrechte für die Meere, die Eisflächen und den Luftraum abzuleiten. Und zwar für Gebiete jenseits der Hoheitsgewässer: für Meerengen und Archipelgewässer, für ganze Meere wie die Laptewsee oder gleich für den gesamten Arktissektor. Die sowjetische Regierung machte sich diese Schlussfolgerungen offiziell nicht zu eigen, sondern hielt an der vage abgesteckten Einflusssphäre von 1926 fest. Doch in der Praxis schloss sie Nadelöhre der Nordostpassage wie die südliche Einfahrt in die Karasee oder die Wilkizki-Straße südlich von Sewernaja Semlja für alle unangemeldeten nichtsowjetischen Schiffe.

Ausnahmen blieben möglich; die Verbindung ins Ausland wurde nicht vollständig gekappt. Vor allem britische Schiffe exportierten weiterhin sibirische Rohstoffe nach Westen. Doch alle Abschnitte des Nördlichen Seewegs galten im Kreml nun als sowjetische Binnenschifffahrtswege. Im Kalten Krieg wurde amerikanischen Schiffen wiederholt die Einfahrt in die Karasee untersagt. Das zentrale Stück der Nordostpassage, der Abschnitt zwischen Barentssee und Beringstraße, entwickelte sich faktisch zu einem rein sowjetischen Seeweg.

Offiziell aufgegeben wurde das Sektorprinzip von Moskau nie. Es verblasste in den 1980er-Jahren, als die UdSSR sich an der Ausarbeitung des Seerechtsübereinkommens der Vereinten Nationen beteiligte. Doch verschwunden ist die Vorstellung nicht, dass geografische Nähe mehr zählt als eine Entdeckung durch Seefahrer. So bestand die UdSSR 1990 in einem Abkommen mit den USA (erfolgreich) darauf, dass die unbewohnte De-Long-Inselgruppe nördlich der Neusibirischen Inseln zu ihrem Staatsgebiet gehört – obwohl der amerikanische Polarforscher George W. DeLong sie 1881 entdeckt hatte.

10

Das Institut

Im Sommer 1936, knapp zwei Jahrzehnte nach der Russischen Revolution, bieten die verlassenen Adelspaläste im ehemaligen Sankt Petersburg einen traurigen Anblick. Der britisch-österreichische Journalist Hans Peter Smolka beobachtet, wie der imperiale Stuck auf Arbeiterdemonstrationen bröckelt. Den hochnäsigen Fassadenfiguren sind die Gesichter eingefallen. Smolka ist im Auftrag der *Times* nach Leningrad gereist, um eine Reportage über die sowjetische Arktis zu schreiben. Seine Recherche beginnt in dem ehemals von den Grafen Scheremetew bewohnten Fontänen-Palais am Fontanka-Ufer Nr. 36, einem gewaltigen Komplex, der sich über einen halben Häuserblock erstreckt.

Durch ein Labyrinth aus Hintertreppen und dunklen Korridoren wird Smolka in die umgebauten Empfangsräume der Scheremetews geführt. Wo früher legendäre Theateraufführungen und rauschende Bälle stattgefunden haben, befinden sich nun enge Büros und Labore. Zwischen Schiffsmodellen und ausgestopften Tieren beugen sich junge Wissenschaftlerinnen über Statistiken oder hantieren mit Reagenzgläsern und Mikroskopen. Ein in Spiritus eingelegter Eisbären-Embryo grinst zur Begrüßung. »An den Wänden, wo die ausgeblichenen roten Seidentapeten nach Jahren der Feuchtigkeit und des Staubs zerfallen, hängen Fotos von Menschen in mongolischen Pelzmänteln. Sie sehen so anders aus als die eleganten Offiziere, die hier noch vor einer

Generation tanzten, und wiederum ganz anders als die wenig modisch, aber immerhin europäisch aussehenden jungen Leute, die jetzt in diesen Hallen arbeiten – den Hallen des Arktisinstituts.«[58]

Über dreihundert Menschen forschen in dem interdisziplinären Zentrum – und es werden immer mehr: Geologen, Meteorologen, Ozeanografinnen, Biochemikerinnen und Eisexperten, für die gerade erst eine eigene Abteilung geschaffen wurde. Die ersten Frauen erhalten Zugang in die bislang exklusiv männliche Welt der Arktisforschung, wenn auch nicht auf prominenten Positionen. Sie alle schmieden hier die wissenschaftlichen Waffen für den Kampf gegen die polare Natur, erläutert seinem ausländischen Besucher der berühmte Arktisspezialist und Institutsdirektor, Rudolf Samoilowitsch. Aufgabe der Wissenschaft sei es, Menschen und Maschinen auf Eis, Kälte und Dunkelheit vorzubereiten und einem gefrorenen Land seine Reichtümer zu entreißen.

Den Kampf um die Arktis hatte die sowjetische Regierung ausgerufen, um die Ressourcen des Nordens für die junge sowjetische Industrie nutzbar zu machen und um den nomadischen Völkern der Arktis den Sozialismus zu bringen. Eine Grundvoraussetzung für das Projekt stellte der Aufbau einer regelmäßigen und verlässlichen Schiffsverbindung zwischen Murmansk und Wladiwostok dar. Dieser nun offiziell so genannte Nördliche Seeweg sollte die Lebensader für die Versorgung der neu gegründeten Arktisstädte und Industriezentren bilden und zugleich den Abtransport der Rohstoffe ermöglichen.

Außerdem geriet zu Beginn der 1930er-Jahre die transarktische Seeroute erneut als militärisch sichere Ost-West-Verbindung in den Blick. Mit Japans Annexion der Mandschurei 1931 entstand eine lange Grenze zu dem hochgerüsteten und antisowjetischen Imperium der aufgehenden Sonne. Die neuen Machthaber von Mandschukuo, wie Tokio seinen Marionettenstaat auf dem asiatischen Festland nannte, übernahmen die bislang von der UdSSR verwaltete Ostchinesische

Eisenbahn – die wichtigste Abkürzung zwischen Baikalsee und Wladiwostok. Moskau erhielt immerhin 40 Millionen Dollar für die militärisch nicht zu schützende Linie. Japan konnte nun jederzeit auch die grenznah verlaufende Transsibirische Eisenbahn bedrohen. Eine alternative West-Ost-Verbindung zum Pazifik fehlte.

Von den ehrgeizigen Plänen zur Erschließung des hohen Nordens hatte Smolka schon im Vorjahr auf einem Empfang in der Londoner Botschaft der UdSSR gehört, vom Star der sowjetischen Arktisforschung persönlich, Otto Schmidt. Dessen Ruhm überstrahlte sogar den von Samoilowitsch. Schmidt war eigentlich Mathematikprofessor und Wissenschaftsmanager, hatte aber mehrere spektakuläre Expeditionen geleitet und war von 1930 bis 1932 auch Direktor des Leningrader Arktisinstituts gewesen. Mit seinem gewaltigen Vollbart war der sportliche Hüne ohne Frage der fotogenste aller sowjetischen *Poljarniki,* wie die Bezwinger der Arktis auf Russisch hießen. Schmidt besaß Charisma, aber auch einen Dienstrevolver, um im Eis für bolschewistische Disziplin zu sorgen.

Nach seiner Zeit im Arktisinstitut war Schmidt zum Direktor der mächtigen Hauptverwaltung des Nördlichen Seewegs aufgestiegen, die von Moskau aus die Umgestaltung der Arktis koordinieren sollte. In London hatte der berühmte *Poljarnik* vom praktischen Nutzen der Polarforschung und dem Zukunftspotenzial der Arktisregion geschwärmt. Vom Gemüseanbau unter der Mitternachtssonne und fantastischen Fischfangquoten, von mächtigen Eisbrechern und inzwischen siebenundfünfzig Polarstationen, von gewaltigen Erdöl- und Goldfunden und nicht zuletzt von glücklichen Menschen in autarken Siedlungen mit städtischem Komfort. Den ihn skeptisch unterbrechenden Smolka hatte der Professor spontan zu einer Recherchereise in die Sowjetunion eingeladen.

Das Einladungsschreiben von Schmidt öffnet Smolka nicht nur die Tür des Arktisinstituts in Leningrad, sondern auch den Weg ins Herz der roten Arktis. Nach einem zweiwöchigen Zwischenstopp in Moskau, wo Schmidt ihn mit Bergen aus Kaviar und Zigaretten sowie einem langen Ledermantel mit herausnehmbarem Lammfellfutter versorgen lässt, geht es noch im selben Sommer nach Norden. Fünf Tage dauert die Fahrt mit der Transsibirischen Eisenbahn von der sowjetischen Hauptstadt bis Krasnojarsk, von dort gelangt er mit wechselnden Flugzeugen nach Nordwik an der Ostküste der Taimyr-Halbinsel, in der Mitte des Nördlichen Seewegs. Hongkong, das ungefähr auf demselben Längengrad liegt, ist 5600 Kilometer entfernt, der Nordpol lediglich 1800. Nur zwei Jahreszeiten gibt es hier, scherzen Smolkas Gastgeber, August und Winter. Smolka landet im August, das Thermometer fällt nicht unter zwei Grad.

Achthundert Menschen sollen schon bald in Nordwik wohnen, für das nächste Jahr ist die offizielle Eröffnung der Siedlung geplant. Übers Meer kommen Fertigbauteile und Zuchtvieh an, Bohrausrüstung und Arbeiter. Spezialisten und wichtige Güter werden eingeflogen. Straßen gibt es keine. Die Region ist reich an Salzlagern, das Mineral soll einmal im großen Stil nach Ost und West verschifft werden. Die angeschlossene Forschungsstation hat außerdem Analysen von Kohleproben, Erdöl und Erzen nach Moskau geschickt. Die überwiegend jungen *Poljarniki*, 108 Männer und acht Frauen, empfangen den ausländischen Journalisten herzlich und reden am liebsten im Futur. Sie raten ihm, nicht über die unbefestigten Schlammflächen in der Siedlung und Flugzeugfenster ohne Scheiben zu berichten; nachkommende Besucher würden ihn für einen Lügner halten. Denn schon bald würden chromblitzende Flughafenterminals und Häuser mit Zentralheizung die Arktis überziehen. Nordwik mit seinen geplanten Treibstofflagern werde zum wichtigsten Zwischenstopp in der Mitte des Nördlichen Seewegs aufsteigen.

Wie viele ausländische Besucher zu dieser Zeit lässt sich Smolka vom Enthusiasmus der Jungkommunisten anstecken. Die Sowjetunion der frühen Stalinzeit beschreibt er als ein faszinierendes Experiment, als eine gewaltige Baustelle, auf der die erste sowjetische Generation den Sprung aus der Agrargesellschaft der Zarenzeit in die Zukunft des sozialistischen Industriezeitalters vollzieht: »Diese Pionierarbeit des zwanzigsten Jahrhunderts in der Polarregion ist eine wunderbare Sache. Eine Eiswand, die Jahrtausende stand, wird niedergerissen und ein Weg durch sie hindurchgesprengt. Das Feuer der menschlichen Intelligenz schmilzt sie weg.«[59]

Der brachiale Aufbau einer Schwer- und Rüstungsindustrie quasi über Nacht gehörte zu den Kernzielen von Stalins Diktatur. Für die Arktis hieß das: die Erschließung von Erzen, Mineralien und fossilen Brennstoffen sowie möglichst ihre Verarbeitung vor Ort. Smolka bewunderte diesen Kampf gegen die nordische Natur mit der Hilfe von Wissenschaft und Technik – über die Zwangsarbeiter, die in der Tundra nach Nickel graben und die Bäume der Taiga fällen, schrieb er nicht. Umso mehr lobte er den Abtransport der sibirischen Güter über den Nördlichen Seeweg auf britischen und sowjetischen Frachtern.

Smolka war ein aufmerksamer Beobachter, aber er sah nicht – oder er wollte in seiner Begeisterung nicht sehen –, dass die stalinistische Industrialisierung mit dem Hungertod von Millionen einherging. Auch um Arbeitskräfte für Fabriken oder den Bergbau zu mobilisieren, war die private Landwirtschaft zerschlagen und zwangskollektiviert worden – mit verheerenden Folgen für die Lebensmittelproduktion. In der Arktis brachte die Kollektivierung der Rentierherden und die Verstaatlichung von Fischfang und Jagd erst die Sowjetmacht vor Ort zur Geltung – und dann die indigenen Nomaden um ihre Lebensweise. Das Ziel einer sich selbst versorgenden Region konnten all die neuen Treibhäuser und Lebensmittelfabriken jedoch nie verwirklichen.

Das zentrale Element von Stalins Herrschaft, den Terror, ließ Smolka unerwähnt. Die just während seines Besuchs beginnenden Schauprozesse gegen angebliche und potenzielle Gegner des Regimes in Moskau tat Smolka achselzuckend als Ablösungsprozess vom radikalen revolutionären Erbe ab. Smolka selbst machte später, nachdem er die britische Staatsbürgerschaft und den Namen Harry Peter Smollett angenommen hatte, als Russlandexperte Karriere in der Londoner Regierungsverwaltung. Spätestens im Weltkrieg arbeitete er wohl unter dem Tarnnamen Abo für den sowjetischen Geheimdienst. Der britische Starautor Graham Greene ließ sich später für seinen Spionageklassiker *Der dritte Mann* von (dem zeitlebens nicht enttarnten) Smolka-Smollett beraten.

In Smolkas Beschreibung des sowjetischen Aufbruchs Nord lassen sich zwei Grundmerkmale dieses Experiments bereits seit den Anfangsjahren der UdSSR erkennen: zum einen die Entstehung und gezielte Instrumentalisierung einer zunehmend spezialisierten Arktiswissenschaft, zum anderen die Rolle des Nördlichen Seewegs als zentraler Versorgungsachse.

Arktisforscher konnten nach der Unterbrechung durch den Ersten Weltkrieg ihre ausgefeilten Pläne aus der Schublade ziehen – und fanden Gehör und finanzielle Unterstützung bei den neuen Machthabern. Gelehrte hatten zwar schon seit dem 18. Jahrhundert an allen offiziellen Expeditionen in Russlands hohen Norden teilgenommen, doch in der Sowjetunion erhielten Naturwissenschaftler (wie auch Ingenieure) eine andere Rolle. Sie galten der marxistischen Regierung, die sich als Vollstreckerin eines wissenschaftlich begründeten historischen Programms sah, als natürliche Verbündete. Für die einem radikalen Materialismus verpflichteten Bolschewiki war die arktische Natur ein widerspenstiges Objekt. Mithilfe der Wissenschaftler sollte es gelingen, sie möglichst effektiv zu beherrschen und in Produktivkräfte zu verwandeln. Im Frühjahr 1918, während der existenziellen Versorgungskrise des Bürgerkriegs, hatte sich Revolutionsführer Wladimir Lenin persönlich dafür eingesetzt, dass Geologen nach Kohle- und Erdölfeldern an der südöstlichen Küste der Barentssee suchen konnten.

Lenin, dem in der sowjetischen Historiografie so gut wie jede wichtige Entscheidung vor, während und nach der Oktoberrevolution zugeschrieben wurde, hatte tatsächlich einen gewichtigen Anteil an dem schnellen Aufschwung der Arktisforschung unter den neuen politischen Verhältnissen; er unterstützte Projekte und sicherte Forschungsressourcen. 1920 entstand in Petrograd, wie Sankt Petersburg seit dem Weltkrieg und bis zum Tod von Lenin hieß, eine staatliche Forschungsstelle für die Erschließung des hohen Nordens, die Nordische wissenschaftlich-industrielle Expedition. Sie konnte sich in der von jähen Kurskorrekturen und Richtungskämpfen geprägten Politik der frühen Sowjetzeit behaupten, was den internen Stellenwert des Aufgabenfelds unterstreicht. Nach einigen Umstrukturierungen entstand aus der Expedition zehn Jahre später eines der weltweit ersten interdisziplinären Zentren zur Erforschung der Polarregion: das Leningrader Arktisinstitut, wo Smolka seine Reportage begann. Es besteht bis heute.

Die ursprüngliche Aufgabe der Expedition war es gewesen, die Rote Armee während des Kampfes um die Kontrolle der Weißmeerküste mit Informationen über die Region zu versorgen. Die wirtschaftliche Erschließung stand im Mittelpunkt, der geografische Fokus lag wie schon vor der Revolution auf dem europäischen Teil der sowjetischen Arktis. Schon nach wenigen Jahren konnte das Forschungsinstitut neue Rohstoffvorkommen nördlich des Polarkreises präsentieren, vor allem auf der Kola-Halbinsel an der Westküste der Barentssee: fossile Brennstoffe, Kupfer und die weltgrößten Vorkommen von Apatit. Dieses für die Düngerherstellung wichtige Mineral wurde in ebenso großem Umfang exportiert wie das Holz aus den systematisch gerodeten Wäldern Sibiriens. Auch die Erforschung der arktischen Fisch- und Rentierbestände fiel in den Aufgabenbereich der Expedition, ebenso wie die Organisation von Eisbrecher-Forschungsfahrten in der Barents- und der Karasee. Ebenfalls in den 1920er-Jahren, wenn auch nicht unter der Aufsicht des zukünftigen Arktisinstituts, schritt die hydrografische Vermessung und Absicherung des Seewegs nach Westsibirien voran. Seezeichen und Leuchtfeuer entstanden, Wetter- und Funkstationen leiteten jedes Jahr mehrere Frachtschiffe sicher bis zum Jenisei und zurück. Am Unterlauf des Flusses wuchs seit 1929 Igarka heran, die erste Planstadt im Permafrost. Ihren Hafen konnten auch tiefgängige Seeschiffe ansteuern; die repräsentativ gestalteten, mehrgeschossigen Steinbauten sollten urbanes Flair in die Arktis bringen.

Die schrittweise Umwandlung der Expedition in ein großes Forschungszentrum ging mit einer erheblichen Aufwertung im System der Planwirtschaft einher. Als föderale Einrichtung war das Arktisinstitut seit 1930 direkt der sowjetischen Regierung unterstellt. Zugleich erhielt es einen erweiterten Aufgabenbereich. Die wichtigste Neuerung war zweifellos die Zuständigkeit für die Erforschung des Nördlichen Seewegs über den Jenisei hinaus, um ihn endlich bis in den Pazifik schiffbar zu machen. Zu dem Programm gehörte ferner die Erkundung und Kartierung der nordsibirischen Tundra, bislang war schließlich nur der Küstenverlauf halbwegs dokumentiert. Außerdem war das reorganisierte Institut nun in der Öffentlichkeit sichtbarer – mit Vorträgen und Publikationen, einer Arktis-Bibliothek und sogar einem eigenen Museum. Im Gebäude der ehemaligen Nikolaus-Kirche im Petersburger Zentrum konserviert es bis heute den Charme sowjetischer Selbstdarstellung.

Im Oktober 1930 nahm dann das Allunions-Arktisinstitut mit zunächst einunddreißig wissenschaftlichen Mitarbeiterinnen seine Arbeit auf. Bis zum Besuch von Smolka knapp sechs Jahre später wuchs die Belegschaft um mehr als das Zehnfache. Gründungsdirektor Otto Schmidt legte den Schwerpunkt auf die Erforschung der weißen Flecken der sowjetischen Arktiskarte. Expeditionen machten sich in den

Norden von Nowaja Semlja, nach Sewernaja Semlja oder Tschukotka auf – und entdeckten die letzten kleinen Felseninseln im sowjetischen Sektor. Neben Küstenlinien und Meerestiefen vermaßen sie die Bestände von Kabeljau und Polarfüchsen und suchten an Land nach Kohle oder Eisenerzen. Stärker als in den 1920er-Jahren betrieb das Institut nun auch Grundlagenforschung – etwa zur Zusammensetzung der polaren Stratosphäre oder zum Einfluss elektromagnetischer Strahlen – und bildete Doktoranden aus. Mitarbeiter wälzten auch die ersten Pläne für eine sowjetische Antarktisexpedition. Bei der wissenschaftlichen Erschließung der südlichen Polregion wollte die Zukunftsmacht, als die sich die Sowjetunion präsentierte, unbedingt dabei sein.

Grundlagenforschung, etwa zum gerade entdeckten Jetstream, stand auch im Mittelpunkt des Zweiten Internationalen Polarjahrs 1932/33, einem Verbundprojekt von Wissenschaftlern aus vierundvierzig Ländern. Das Arktisinstitut beteiligte sich mit mehreren Schiffsexpeditionen und über fünfzig Forschungsstandorten an diesem Netzwerk, darunter die nördlichste Polarstation der Welt: auf der (nach einem österreichischen Kronprinzen benannten) Insel Rudolf, keine 1000 Kilometer vom Nordpol entfernt.

In einem kurzen Aufsatz zu den geplanten Forschungen betonte Wladimir Wiese, einer der stellvertretenden Direktoren des Arktisinstituts und eine Autorität auf dem neuen Forschungsgebiet der Eisprognose, vor allem den praktischen Nutzen der neu eingerichteten Stationen. Ihre Informationen würden maßgeblich dazu beitragen, die sowjetische Schifffahrt in die ostsibirischen Meere mit ihren besonders schwierigen Eis- und Wetterverhältnissen ausdehnen zu können. Dabei gehe es nicht um die Verwirklichung eines alten Seefahrertraums, sondern um einen konkreten ökonomischen Nutzen: »Und die Realisierung des Schiffsverkehrs durch das Eismeer ist nicht nur eine Frage von regionaler Bedeutung, sondern wichtig für die gesamte Wirtschaft der Sowjetunion. Denn nur eine gut funktionierende Verkehrsverbindung wird es ermöglichen, den hohen Norden und seine Reichtümer in den Orbit unseres großen Aufbaus einzubeziehen. Im Zusammenhang mit dieser Aufgabe hat das Allunions-Arktisinstitut in seinen Arbeitsplan für 1932 die Organisation von Stationen an der äußersten Nordspitze des eurasischen Kontinents aufgenommen – Kap Tscheljuskin. Sowie eine große Expedition, die mit einem Eisbrecher-Dampfer den Nördlichen Seeweg von Archangelsk nach Wladiwostok befahren soll.«[60]

Was Wiese hier als weiteres Teilprojekt des Internationalen Polarjahrs ankündigte, war nicht weniger als die erstmalige Durchquerung der Nordostpassage in einem Durchgang, ohne Überwinterung. Geld und Zeit reichten nicht für den Bau eines Expeditionsschiffs. Für die lange Fahrt wählte das Arktisinstitut im Sommer 1932 deshalb einen mit 2000 PS selbst für damalige Verhältnisse schwachen Eisbrecher, die *Aleksandr Sibirjakow*; sie verfügte jedoch über eine ausreichend große Reichweite. Das Schiff trug, auf den ersten Blick überraschend für die sowjetische Handelsmarine, den Namen eines sibirischen Kapitalisten, der vor der Revolution nach Nizza geflohen war. Aber ein halbes Jahrhundert zuvor hatte der Unternehmer Aleksandr Sibirjakow schließlich Nordenskiölds Expedition mitfinanziert, hartnäckig in Russlands Seeweg nach Sibirien investiert und sich gegen die ausländische Konkurrenz behauptet. An diese Tradition der Eigenständigkeit und den Primat ökonomischer Ziele knüpfte die Expedition nun unter sozialistischen Vorzeichen an.

Die bislang im Weißen Meer für den Transport von Wildtieren eingesetzte *Sibirjakow* wird zu einer schwimmenden Forschungsstation umgerüstet. Zwölf Wissenschaftler – darunter, anders als im Arktisinstitut, keine Wissenschaftlerin – machen sich unter der Leitung von Wladimir Wiese an die Arbeit. Alle Disziplinen der Arktisforschung sind vertreten, von der Astronomie über die Geophysik und Ozeanografie bis zur Zoologie. Mit an Bord auch Otto Schmidt, der als Insti-

Die *Sibirjakow*-Expedition 1932

tutsleiter das Oberkommando über die gesamte Expedition übernimmt. Sieben Journalisten begleiten das Unternehmen, handelt es sich doch um den denkbar symbolträchtigsten Vorstoß auf der Nordostpassage. Schon wegen des Polarjahrs fährt die *Sibirjakow* im Licht der internationalen Öffentlichkeit. Im Schatten reisen die Schergen von Stalins Geheimpolizei mit.

Am 28. Juli 1932 sticht die *Sibirjakow* von Archangelsk aus in See, ihre Ziellinie heißt Beringstraße. Ruhig stampft der Dampfer zwischen den beiden Teilinseln von Nowaja Semlja nach Osten in die Karasee. Der berüchtigte »Eiskeller« zeigt sich von seiner harmlosen Seite. Die Journalisten hängen sich mit ihren Leica-Kameras waghalsig über die Reling, um das gelegentlich vorbeiziehende Brucheis in beeindruckende Arktisszenen zu verwandeln. Die günstige Eisprognose, die Wiese für den Sommer 1932 erstellt hat, scheint sich zu bewahrheiten. Fast schon macht sich Langeweile breit, zumal Schmidt das beliebte Eisbärenschießen an Deck untersagt. Auch der König der Arktis ist schließlich eine ökonomische Ressource der Sowjetmacht. Nach sechs ereignisarmen Tagen im Eismeer geht die *Sibirjakow* in Dikson am Jenisei vor Anker, wo sie 250 Tonnen Kohle bunkert. Doch schon bald werden die Fotokorrespondenten ihre dramatischen Bilder bekommen.

Ein böses Vorzeichen ist der Absturz des Wasserflugzeugs, das die *Sibirjakow* auf dem zweiten, gefahrvollen Teil ihrer Reise begleiten sollte. Für die täglich wechselnden Eisprognosen wäre eine Beobachtung aus der Luft eine große Hilfe gewesen. Denn meteorologische Informationen liegen östlich von Dikson nur noch bruchstückhaft vor; das Netz der Funk- und Polarstationen wird merklich dünner. Hier beginnt auch die Forschungsarbeit der *Sibirjakow*. Alle zehn Seemeilen vermisst sie den Meeresboden, meteorologische Daten entstehen im Vierstundentakt. Hunderte von Wasser-, Eis- und Bodenproben nimmt sie für die spätere Analyse in Leningrad an Bord.

Schmidt wählt einen anspruchsvollen Kurs entlang der Nordküste von Sewernaja Semlja. Noch nie zuvor hat ein Schiff den Archipel auf dieser Seite umfahren. Der Eisbrecher dringt auf 81° 28' Nord vor, bevor Packeis ihn zum Ausweichen nach Südosten zwingt. Immer wieder stößt die *Sibirjakow* nun auf kompakte Eisfelder, an denen sie sich manchmal tagelang abmüht. Das Gewicht des Schiffs genügt nicht, sie aufzubrechen. Gut, dass ein Sprengmeister an Bord ist, der mit Ammonal künstliche Risse ins Eis legt. Manchmal gelingen ihm auch nur nutzlos runde Löcher.

Im Mündungsgebiet der Lena, wo im nächsten Jahr der Hafen Tiksi eröffnet werden soll, nimmt die *Sibirjakow* am 27. August erneut Kohle an Bord, bevor sie sich auf die letzte Etappe wagt. Die Ostsibirische See ist so gut wie eisfrei, aber die Temperaturen fallen. Das Wetter wird stürmischer. Im Osten der Tschuktschensee versperrt eine Eisbarriere die Weiterfahrt Richtung Beringstraße. Bei dem Versuch, ein Durchkommen in Küstennähe zu finden, deformiert sich der Schiffspropeller im Eis. Die *Sibirjakow* schleicht mit zwei Knoten weiter, aber sie besitzt nicht mehr genug Kraft, um Eis zu brechen. Wie Nordenskiöld 1878 droht ihr ein Scheitern auf den letzten Kilometern. Neue Propellerblätter sind an Bord, doch für ihre Montage muss das Heck über die Wasseroberfläche gehoben werden. Dies gelingt durch eine Verlagerung der Fracht in den Bug des Schiffs.

»Jeder verstand«, schreibt Wiese später für die populäre Polarbibliothek des Arktisinstituts, »dass es hier um die Ehre der Expedition ging. Wenn es nicht gelingen sollte, die Arbeit in kürzester Zeit durchzuführen, bevor das Meer zufriert oder ein Sturm aufzieht, wird die *Sibirjakow* den Pazifik nicht erreichen und an derselben Stelle überwintern wie die *Vega*«[61], der »Dampfwalfischfänger« Nordenskiölds.

Nach vier Tagen kann der Eisbrecher wieder mit voller Kraft gen Osten dampfen, doch die Reparatur wird nicht lange vorhalten. Schon am übernächsten Tag bricht die Schraubenwelle, der reparierte Propeller sinkt auf den Meeresgrund. Das Schiff beginnt im Zickzack zu dümpeln, immerhin in die richtige Richtung. Mithilfe eines Behelfssegels aus schwarzen Planen und viel Ammonal gelangt die *Sibirjakow* am 1. Oktober doch noch mit eigener Kraft durch den Eisgürtel und in den Nordpazifik. Ein Schlepper nimmt den Eisbrecher in Empfang und bugsiert ihn zur Instandsetzung nach Yokohama. Von Stalin kommt ein Glückwunschtelegramm, das die ganze Welt auf der ersten Seite der Regierungszeitung *Iswestija* lesen kann: Einmal mehr sei bewiesen, dass es keine Festungen gibt, welche die Bolschewiki nicht einnehmen können.

»Der große sibirische Weg ist offen!«[62] So oder so ähnlich lauteten die Hurrarufe, mit denen die sowjetische Presse monatelang die erfolgreiche Fahrt der *Sibirjakow* feierte. Dabei vermischten sich zwei Motive: zum einen der Stolz darauf, dass ein sowjetischer Eisbrecher geschafft hatte, woran Seefahrer vier Jahrhunderte lang gescheitert waren, denn noch nie zuvor hatte ein Schiff die Nordostpassage in einem Sommer gemeistert. Zum anderen öffnete sich mit dem Seeweg eine Projektionsfläche für hochfliegende Erwartungen. »Die Vorstellung von der Arktis als einem von den zivilisierten Regionen durch eine Eisbarriere abgeschiedenen Land ist zerstört. Unter dem bolschewistischen Ansturm schwindet die arktische Wüste langsam, aber sicher«[63] – so die Prophezeiung der populären Illustrierten *SSSR na strojke* (UdSSR im Aufbau).

Die Helden der *Sibirjakow* reisten über Wladiwostok mit der Transsibirischen Eisenbahn zu einem Empfang im Moskauer Kreml. Ihre Pionierfahrt gab den endgültigen Ausschlag, die weitere Erschließung des sowjetischen Nordens über den Seeweg zu planen. Ergänzende Eisenbahnen und Straßen entstanden, und auch der Aufbau einer eigenen Nordflotte der sowjetischen Kriegsmarine begann.

Noch im Dezember 1932 wurde in Moskau die Hauptverwaltung des Nördlichen Seewegs gegründet, mit Otto Schmidt als Direktor. Ihr Gründungsauftrag war, die Seeroute zwischen Archangelsk und

Murmansk im Westen und Wladiwostok im Osten nun so schnell wie möglich in eine reguläre Schifffahrtsstraße zu verwandeln und über sie die Schätze des Nordens zu heben. Streng genommen hatte die *Sibirjakow* den Seeweg ja noch nicht geöffnet, sondern vielmehr gezeigt, dass er selbst für Eisbrecher gerade keine Routineroute darstellte.

Anders als der Name vermuten lässt, war die neue Hauptverwaltung keine Schifffahrtsbehörde, sondern den Volkskommissariaten gleichgestellt, also den sowjetischen Ministerien. Und sie war ihnen in gewisser Weise sogar übergeordnet, weil die Volkskommissare so manche Kompetenz an Schmidts Hauptverwaltung abtreten mussten. Denn der »Kommissar des Eises«, wie die Presse Schmidt umgehend taufte, war nicht für einen bestimmten Aufgabenbereich zuständig, sondern für ein gewaltiges Territorium. Es umfasste ganz Sibirien nördlich des 62. Breitengrads sowie die Meere des sowjetischen Arktissektors – das war insgesamt ein gutes Viertel des sowjetischen Staatsgebiets. Als der sowjetische Pilot Wasili Molokow im September 1936 auf dem Moskau-Fluss landete, hatte er über 26 000 Kilometer zurückgelegt und das Gebiet der Hauptverwaltung nicht einmal vollständig umrundet. Molokow war (in Etappen) von Krasnojarsk zur Beringstraße und übers Polarmeer und Archangelsk in die sowjetische Hauptstadt geflogen. Die Hauptverwaltung herrschte in diesem riesigen Areal nicht nur über Eisbrecher und Flussdampfer, See- und Flughäfen, sondern auch über die Fischfabriken, Pelztierfarmen und Sägewerke, wo die später über den Seeweg transportierten Güter hergestellt wurden. Sie war an der Nickelförderung im neuen Industriekombinat von Norilsk ebenso beteiligt wie am Aufbau von Kulturbasen, in denen die sogenannten kleinen Völker des Nordens Lesen und Schreiben, Hygieneregeln und die sowjetische Lebensweise lernen sollten. Außerdem übernahm die Hauptverwaltung alle Forschungsstationen und Funkstationen in der Arktis. Allein die Streitkräfte und die Sicherheitsorgane blieben ihrem Zugriff entzogen, ebenso wie die gewaltigen Goldvorkommen, die im Gebiet der Kolyma in Nordostsibirien entdeckt wurden.

Zu den ersten Einrichtungen, die dem neuen Kommissariat des Eises unterstellt wurden, gehörte das Leningrader Arktisinstitut. Sein Aufstieg zum weltgrößten Polarforschungszentrum begann. Nach der *Sibirjakow*-Reise setzte ein regelrechter Boom an Expeditionen ein – mit Eisbrechern, Luftschiffen, Hundeschlitten oder in Forschungsstationen auf driftendem Eis. All diese Unternehmungen mussten immer eng mit den konkreten ökonomischen Zielen der Hauptverwaltung abgestimmt werden. »Die praktische Aneignung des Nordens«, postulierte Schmidt in der Hauszeitschrift, »folgt aus der sorgfältigsten Erforschung des Nordens.«[64]

Möglichst exakte Wetter- und Eisprognosen waren eine Grundvoraussetzung für die arktische Schifffahrt. Die Eisverhältnisse veränderten sich jedes Jahr, doch die saisonalen Daten ließen im Längsschnittvergleich mit den seit 1881 durchgeführten Messungen schon damals eine tendenzielle Erwärmung des arktischen Klimas erkennen. Die hydrografische Erfassung insbesondere der östlichen Meere und Flussmündungen war noch lange nicht abgeschlossen, aber immer mehr weiße Flecken verschwanden von den Seekarten. Von wissenschaftlichen Bodenuntersuchungen hing die Gründung von Industriestandorten ebenso ab wie der Häuserbau im Permafrostboden – die Zerstörung der Natur durch Schwermetallverarbeitung und Besiedelung war hingegen noch kein Forschungsthema. Dafür wandte sich das Arktisinstitut neuen Untersuchungsfeldern zu wie dem Eisbrecherbau und der Polarmedizin.

Innerhalb weniger Jahre schwoll die Hauptverwaltung des Nördlichen Seewegs zu einem Monsterapparat an, zu einem Staat im Staate, der über 200000 Mitarbeiter beschäftigte. Als Hans Peter Smolka 1936 Schmidts Reich besuchte, befand es sich auf dem Höhepunkt seiner Machtausdehnung. Das Hauptziel schien zum Greifen nah. Bereits vierzehn Schiffe durchquerten in diesem Sommer den Seeweg zwischen Weißem Meer und Pazifik. Günstige Wetterverhältnisse, Luftüberwachung, Funkverkehr und der Einsatz von insgesamt neun Eisbrechern verlängerten die Navigationsperiode auf ein bis zwei Monate im Ostteil und auf über drei Monate im Westteil des Nördlichen Seewegs. Mit 271 000 Tonnen hatte sich das Volumen der übers Meer transportierten Güter gegenüber 1933 verdoppelt; die Zahl der geflogenen Stunden war gar um das Zwanzigfache gewachsen.

Doch diese Zahlen waren trügerisch, weil mit Hast und steigenden Unfallzahlen erkauft. Und trotzdem blieben sie unter den vom Fünfjahresplan verlangten Kennziffern. Nicht nur sämtliche Eisbrecher, sondern auch größere Teile der eingesetzten Technik stammten noch aus der Zarenzeit. Schiffe und Flugzeuge waren überstrapaziert und reparaturanfällig; Ersatz- und Ausrüstungsteile fehlten. Die versprochenen modernen Dieseleisbrecher, die ersten aus sowjetischer Produktion, waren noch immer nicht fertig. Vor allem aber hielt sich der Arktische Ozean nicht an die Vorgaben der Moskauer Wirtschaftsplaner. Die Anfangserfolge der Hauptverwaltung gelangen in einer Serie vergleichsweise eisarmer Navigationsperioden.

Wagemut und Willenskraft, wie sie Wissenschaftlerinnen und Ingenieure, Parteiarbeiterinnen und Matrosen in den illustrierten Reportagen der 1930er-Jahre versprühten, konnten die Defizite auf Dauer nicht kompensieren. Zumal sich die Bezwinger des hohen Nordens, trotz einer 100-prozentigen Arktiszulage, keineswegs nur aus den Besten der sowjetischen Enthusiasten rekrutierten. Im Gegenteil: Die meisten Arbeitskräfte waren unzureichend qualifizierte Bauern, die mit der Kollektivierung heimatlos geworden waren. Die Versorgungslage in den abgelegenen Siedlungen war prekär, alltägliche Konsumgüter fehlten in den Regalen der staatlichen Läden – und kosteten unter dem Tisch ein Vermögen. Alkoholismus und Depressionen waren weitverbreitete Krankheiten; an manchen Orten brach Skorbut aus. All diese Faktoren wirkten sich negativ auf die Arbeitsleistung und -moral aus.

Im staatlichen Entwicklungsplan für den Nördlichen Seeweg war Scheitern oder ein größerer Unglücksfall ebenso wenig vorgesehen wie übermächtige Naturgewalten. Rückschläge konnten in der öffentlichen Wahrnehmung nur das Werk von Saboteuren sein – und mussten von Helden in Triumphe verwandelt werden. Die *Poljarniki* spielten in der Stalinzeit beide Rollen.

11

Helden der Arktis

In den 1930er-Jahren verlor die Nordostpassage endgültig ihren Nimbus der Unbezwingbarkeit, der vierhundert Jahre lang Ehrgeiz und Fantasie von Seefahrern genährt hatte. Die Fahrt entlang der Nordküste Sibiriens war kein Aufbruch ins Unbekannte mehr, so unvollständig die Strömungen und Untiefen im Polarmeer auch kartografiert waren. Zwar mussten noch immer Schiffe umkehren, einige gingen auch verloren, und selbst mancher Eisbrecher blieb, wie die Expedition der *Sibirjakow* gezeigt hatte, unterwegs stecken. Doch diese Schicksale waren eben nicht mehr die Regel. Außerdem war abzusehen, dass stärkere Schiffe und genauere meteorologische Prognosen das Risiko des Scheiterns weiter reduzieren würden. Selbst eine Zwangspause im Polarwinter bedeutete keine Katastrophe mehr, weil Funkgeräte und Flugzeuge den Kontakt zur Außenwelt aufrecht halten konnten. Und seit 1932 das Vitamin C entdeckt worden war und gezielt als Mittel gegen die Mangelkrankheit Skorbut eingesetzt werden konnte, war auch dieser Schrecken fast jeder Polarüberwinterung beherrschbar geworden.

Die Verwandlung der Nordostpassage von einem Seefahrerabenteuer mit ungewissem Ausgang in eine nur noch gefährliche Schifffahrtsroute hing unmittelbar mit der Entwicklung der arktischen Luftfahrt zusammen. Flugzeuge besaßen zwar weder die Reichweite noch die Ladekapazitäten, um Schiffen den Fracht- und Passagierverkehr abzunehmen. Aber sie waren zur Wetterbeobachtung und Eisüberwachung unentbehrlich. Auch wenn Nebel und Schneestürme immer wieder für tagelange Unterbrechungen der arktischen Flugverbindungen sorgten – Flugzeuge waren alltägliche Begleiter der arktischen Seefahrt geworden. Sie allein ermöglichten im Notfall schnelle Rettungs- und Versorgungseinsätze. Denn anders als Luftschiffe, mit denen sie damals noch konkurrierten, konnten Propellerflugzeuge auf Wasser und Eis landen beziehungsweise starten.

Mancher alte Seebär mochte das Ende des heroischen Zeitalters der arktischen Entdeckungen bedauern und die neumodischen Aeroplane am nordischen Himmel mit Unverständnis beäugen. Doch es waren eben Flugzeuge, nicht die noch mit Kohle befeuerten Eisbrecher aus der Zarenzeit, die mit Eleganz und Geschwindigkeit die Bezwingung der Arktis symbolisierten. Der moderne Polarheld war ein junger sowjetischer, in der Regel männlicher Pilot – und wenn es um Symbolik und öffentliche Bewunderung ging, verwies er altgediente Kapitäne und geniale Wissenschaftlerinnen leicht in die zweite Reihe. Diese Verschiebung der Aufmerksamkeit vom Eismeer in den Polarhimmel erfolgte weltweit, nicht nur in der UdSSR.

Gleich sieben »Stalin-Falken«, wie die neue Pilotengeneration in der Sowjetunion genannt wurde, hatten im Frühjahr 1934 eine gefährliche Bewährungsprobe zu bestehen. Vor der Küste von Tschukotka war im Vorjahr das Frachtschiff *Tscheljuskin* vom Eis eingeschlossen worden und zuerst Richtung Pazifik, dann zurück nach Nordwesten abgetrieben. Im Februar riss eine mächtige Eisverwerfung den Schiffsrumpf auf einer Länge von fünfzehn Metern auf; die *Tscheljuskin* verschwand innerhalb von zwei Stunden auf den Boden der Tschuktschensee. Erst 2006 entdeckten russische Forscher das Wrack in sechzig Meter Tiefe.

Die Katastrophe kam nicht unerwartet, hatten sich doch die stählernen Schiffswände schon sichtbar unter dem Druck des Eises verzogen. Besatzung und Passagiere, insgesamt 104 Personen, retteten sich und ein Gutteil der Ausrüstung rechtzeitig aufs Drifteis. Auf dem betonharten Untergrund errichteten sie einen Mast für ihren Mittelwellensender und enge Zelte sowie behelfsmäßige Baracken aus den Wrackteilen der *Tscheljuskin*. Bei Temperaturen von bis zu minus vierzig Grad mussten sich teilweise zwei Personen eine Matratze und einen Schlafsack teilen.

Die Lebensmittel im »Camp Schmidt«, wie die »Tscheljuskiner« ihre Notunterkunft nach dem Expeditionsleiter Otto Schmidt tauften, reichten für drei Monate. Dennoch drängte die Zeit; in jedem Augenblick konnte der Untergrund des Camps aufbrechen. Tatsächlich barst in einer Märznacht eine meterbreite Spalte mitten im Lager auf. Ebenso gefährlich waren Schneestürme oder die Drift des instabilen Untergrunds selbst. Kein Eisbrecher war stark genug, um durch das mehrere Meter dicke Wintereis zur Unglücksstelle knapp nördlich des Polarkreises vorzudringen. Das Festland lag 150 Kilometer entfernt, hinter schwer passierbaren Eisverwerfungen. Kaum jemand an Bord besaß die für diese Strecke nötige Arktiserfahrung und physische Kondition. Schmidt wies den Vorschlag eines Rettungsmarsches übers Eis kategorisch zurück, angeblich mit dem Gewehr im Anschlag.

Denkbar war eine Evakuierung über den Luftweg, doch im Polarwinter hatte so etwas noch niemand versucht. Experten schätzten die Erfolgsaussichten nicht besonders hoch ein. Zwar gab es nur 260 Kilometer von der Unglücksstelle entfernt, in Uelen an der Nordostspitze Asiens, einen kleinen Flugplatz. Die beiden dort stationierten Antonow-4-Flugzeuge, ausgemusterte Bomber der sowjetischen Luftwaffe, konnten sogar über zwei Tonnen Fracht zuladen, aber sie waren weder für Passagiere noch für die Landung auf Eisschollen konstruiert. Sie mussten es trotzdem versuchen – einen anderen Rettungsweg gab es zunächst nicht.

Im Kontrast zu den betagten Antonows war die *Tscheljuskin* eines der modernsten Schiffe der sowjetischen Handelsmarine, auch wenn

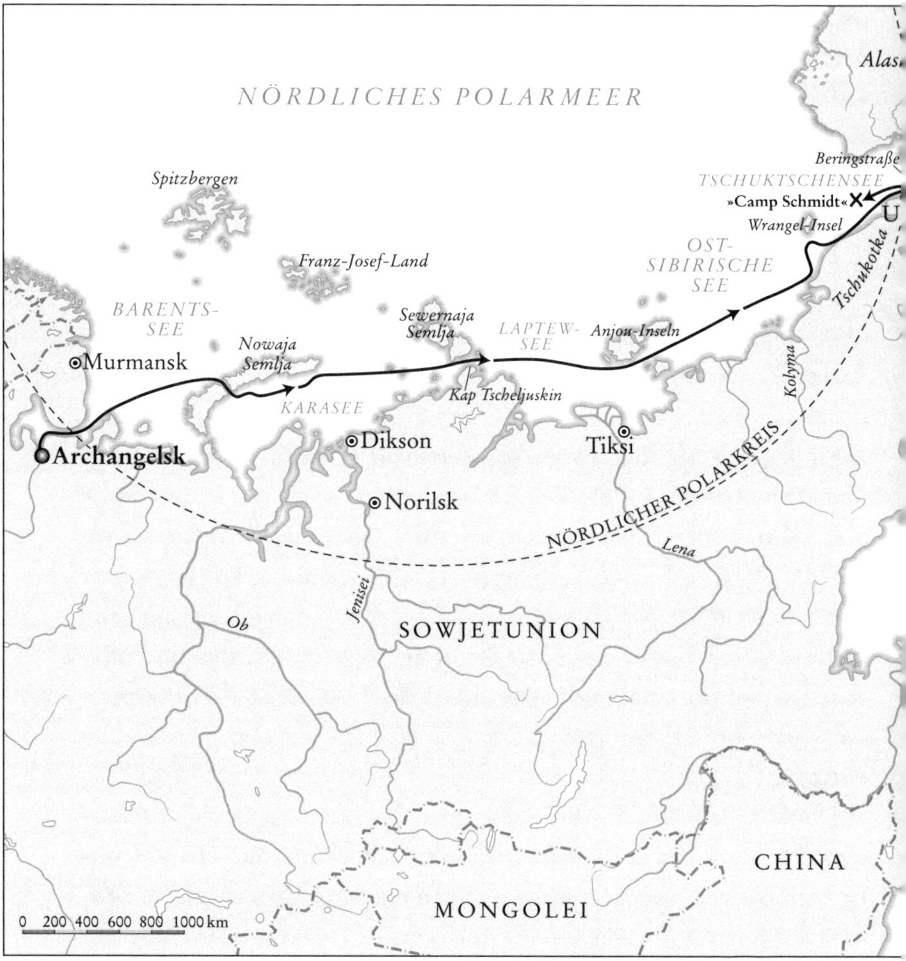

Die Fahrt der *Tscheljuskin* 1933/34; Unglücksstelle mit Flugrouten

sie noch mit Kohle angetrieben wurde. Eine dänische Werft hatte sie erst im Frühjahr 1933 für den Transport von Waren und Zwangsarbeitern aus Wladiwostok in die neuen Siedlungen an den Flüssen Kolyma und Lena fertiggestellt. Auf ihrer Überführung von Leningrad zum geplanten Einsatzort am Pazifik sollte die *Tscheljuskin* Personal und Bauelemente auf der Wrangel-Insel absetzen.

Doch es war keine gewöhnliche Reise. An Bord befanden sich neben der dreiundfünfzigköpfigen Besatzung und dem neuen Personal für die Wrangel-Station gut zwei Dutzend Polarforscher. Außerdem Journalisten und ein Filmteam, das später den Untergang des Schiffs live auf Zelluloid bannen sollte. Auch dass Schmidt, der Direktor der Hauptverwaltung des Nördlichen Seewegs, persönlich das Kommando führte, unterstrich die Bedeutung des Unternehmens. Die *Tscheljuskin* sollte den Erfolg der *Sibirjakow* aus dem Jahr 1932 wiederholen und die Eignung des Nördlichen Seewegs für normale Handelsschiffe unter Beweis stellen. Denn anders als die *Sibirjakow* war die *Tscheljuskin* kein Eisbrecher, sondern hatte nur eine leichte Schutzverkleidung erhalten. Bei etwa gleicher Motorenleistung war sie deutlich größer als die *Sibirjakow* und damit zwar komfortabler für die Menschen an Bord, aber schwächer und schwergängiger im Kampf gegen das Polareis. Immerhin verfügte sie über starke Suchscheinwerfer und führte das erste sowjetische Amphibienflugzeug mit, die Sch-2. Es konnte beim Untergang der *Tscheljuskin* gerettet werden, war indes nur bis minus zehn Grad einsatzfähig.

Warum der Expedition in der Karasee und am Kap Tscheljuskin, der Nordspitze Eurasiens, Eisbrecher zur Verfügung standen, nicht aber in den schwierigen ostsibirischen Meeren, ist unklar. Klar war nur bereits den Zeitgenossen, dass die *Tscheljuskin* für solch eine Fahrt, zumal durch die gefährliche Tschuktschensee und mit ungünstigeren Eisprognosen als im Vorjahr, nicht gebaut war. Gleichwohl sollte sie aus eigener Kraft versuchen, in die Beringstraße durchzubrechen. Ausschlaggebend für diese Fehlentscheidung war möglicherweise Schmidts Traum von einer weiteren spektakulären Durchfahrt. Sie wäre für das gewöhnliche Handelsschiff ohne Frage eine Sensation gewesen und hätte einmal mehr mit der eisernen Willenskraft von Bolschewiken unter widrigen Umständen erklärt werden können. Mit dem Untergang der *Tscheljuskin* lastete nun die Aufgabe, die lebensfeindliche Arktis zu überwinden, auf den Schultern von Piloten.

In mühsamer Handarbeit planierten die Schiffbrüchigen in einigen Kilometern Entfernung von ihrem Camp ein Flugfeld. Dreizehn Mal mussten sie es neu anlegen, denn immer wieder machten Schneeverwehungen und Eisrisse die Piste unbrauchbar. Derweil nahm in Moskau ein Rettungskomitee seine Arbeit auf. Schiffe und weitere Flugzeuge wurden nach Tschukotka und Alaska verlegt. Auch der berühmte Eisbrecher *Krasin* dampfte durch den Panamakanal heran. Das Schicksal der »Tscheljuskiner« gehörte zur fortlaufend aktualisierten – oder auch nur wiederholten – Berichterstattung der Presse. Stalin trat als persönlich besorgter Führer auf und unterstrich einmal mehr, dass die Arktis Chefsache war.

Nach siebenundzwanzig Versuchen glückte Anatoli Ljapidewski, einem in Uelen stationierten, vierundzwanzigjährigen Militärpiloten, am 5. März die erste Landung im »Camp Schmidt«. Schon die jeden Tag etwa drei Kilometer driftende Unglücksstelle im arktischen Nebel zu finden stellte eine Herausforderung dar; die Landung der schweren Antonow-4 auf einer nur wenige Hundert Meter langen Eispiste zwischen haushohen Torossen war reine Tollkühnheit. Ljapidewski gelang das technisch fast Unmögliche, und er brachte die zehn (gegen ihre Evakuierung protestierenden) Frauen und zwei Kinder des »Camp Schmidt« sicher aufs Festland. Eine Wiederholung des Husarenstreichs glückte allerdings nicht. Beide Flugzeuge aus Uelen mussten schließlich wegen vor Ort nicht reparierbarer Defekte aussetzen. Es sollten nicht die einzigen Ausfälle der Rettungsflieger bleiben. Die Wetter- und Sichtverhältnisse vor Tschukotka waren so unzuverlässig wie die Funkverbindungen; es mangelte an Flugbenzin, Wartungspersonal und Ersatzteilen.

Erst Anfang April waren wendigere – deswegen aber auch kleinere – Flugzeuge einsatzbereit. Sie konnten nur drei oder vier Passagiere aufnehmen. Doch mit dreiundzwanzig überladenen Flügen wurden alle verbliebenen Camp-Bewohner innerhalb weniger Tage von ihrer Eisscholle befreit. Das war ein beeindruckender Erfolg, den nicht alle erwartet hatten. Nur ein Besatzungsmitglied der *Tscheljuskin* war ums Leben gekommen – allerdings bereits beim Untergang des Schiffs. Der Gesundheitszustand der Geborgenen war zufriedenstellend. Die wissenschaftlichen Teilnehmer konnten ihre Forschungsdaten und Materialproben retten. In zwei dicken Bänden zog Schmidt vier Jahre später eine wissenschaftliche Erfolgsbilanz der Expedition.

Der glückliche Ausgang der *Tscheljuskin*-Fahrt und mehr noch die eindrucksvollen Rettungsflüge ins Eis brachten der UdSSR im Ausland viel Respekt, sogar Bewunderung ein. Diese positive Stimmung verstärkte die diplomatischen Annäherungssignale, die Moskau damals (kurz nach der Machtübernahme der Nationalsozialisten in Deutschland) in Richtung USA, Frankreich und Großbritannien sandte. Im Innern der Sowjetunion löste die Evakuierung der »Tscheljuskiner« eine Welle begeisterter Kommentare und Hintergrundberichte aus. Sie machten aus einer tragischen Niederlage, dem Verlust eines nagelneuen Schiffs, einen triumphalen Sieg über die Arktis.

»Dort, im fernen rauen Norden«, kommentierte die *Ostsibirische Prawda* die Räumung von »Camp Schmidt«, »wo das Eis zwei Monate lang ein mutiges Kollektiv von Kämpfern für die Sowjetische Arktis gefangen hielt, spielte sich ein Heldenepos ab. Dieses Epos ist ein heroisches Lied, das unser Land der Welt singt. Ein Lied über Sturm und Sieg, ein Lied über eine glorreiche Schlacht, ein Lied über herausragende Menschen, die Wunder wirken.«[65]

Mit der Transsibirischen Eisenbahn gelangten die »Tscheljuskiner« am 19. Juni 1934 nach Moskau, wo sie in einer Jubelparade die vier Kilometer vom Jaroslawler Bahnhof zum Roten Platz zurücklegten. Stalin betrachtete das Spektakel mit Wohlwollen vom Dach des Lenin-Mausoleums. Sieben der beteiligten Piloten erhielten den für sie eigens neu geschaffenen Orden »Held der Sowjetunion«, die seitdem höchste Auszeichnung des Landes. Diese sollte nur erhalten, wer herausragende Leistungen unter Einsatz des eigenen Lebens vollbracht hatte. Die geretteten Expeditionsteilnehmer wurden hingegen lediglich mit dem »Roten Stern« ausgezeichnet, einem einfachen Militärorden. Ihr Überlebenskampf verblasste gegenüber den Hilfsflügen der auch außerhalb der Arktis zu zeitgemäßen Helden stilisierten Piloten. Allein Schmidt besaß eine ähnliche Strahlkraft. In der Propaganda verkörperte er den eisernen bolschewistischen Willen, der aus der Katastrophe im Polarmeer einen Triumph schuf.

Dabei hatte der Expeditionsleiter, der mit einem chronischen Lungenleiden aus dem Eis zurückkehrte, damit gerechnet, bei der Rückkehr erschossen zu werden. Doch statt in eine Revolvermündung blickte er in Moskau in jubelnde Gesichter am Straßenrand und in Lobeshymnen der Parteipresse. Mit seinen Rettern fand Schmidt sich über die nächsten Monate in Wochenschauen und Radiosendungen wieder, auf Vortragsabenden und Fotoausstellungen, später auf Briefmarken und in Schulbüchern. Überall feierte man ihn als Bezwinger der Arktis. Noch im Juli 1934 erweiterte die Regierung seine Befugnisse als Leiter der Hauptverwaltung des Nördlichen Seewegs, die sich bislang viele Kompetenzen mit anderen Behörden hatte teilen müssen. Jetzt besaßen in der Arktis nur noch Militär, Lagerverwaltung und Geheimpolizei eigenständige Strukturen.

In zwei aufwendig mit Goldlettern und auf Dünndruckpapier gestalteten Bänden durften die »Tscheljuskiner« sich ausgiebig selbst loben. Trotz des Untergangs der *Tscheljuskin*, resümierte Schmidt gleich am Anfang selbstbewusst, sei das Hauptziel erreicht und ein weiterer Beweis vorgelegt worden, »dass der Nördliche Seeweg passierbar ist«.[66]

Die Zwangspause im Eis galt nun als erfolgreiches Experiment, das die Notwendigkeit des Baus von schweren Eisbrechern zur Begleitung von Frachtschiffen im Polarmeer demonstriert hatte. Und eigentlich habe die *Tscheljuskin* ihre Mission, die Fahrt bis zur Beringstraße in einer Navigationsperiode, auch erfüllt, bevor sie vom heimtückischen Eis zurück nach Norden entführt worden sei. Fast ging in dieser Welle der *Tscheljuskin*-Begeisterung unter, dass im Sommer 1934 der leichte Eisbrecher *Fedor Litke* (benannt nach einem Geografen des 19. Jahrhunderts) ohne Verzögerung von Wladiwostok nach Murmansk fuhr. Das war nicht nur die erste Durchquerung der Nordostpassage von Ost nach West in einer Saison, sondern auch die erste unfallfreie Transitfahrt der Sowjetzeit. Letztlich war erst jetzt der Beweis erbracht, dass die Strecke problemlos schiffbar war.

Doch die öffentliche Aufmerksamkeit konzentrierte sich auf Katastrophenmanager wie Schmidt und auf die Fliegerhelden. Neben die journalistische Berichterstattung in Wort und Bild trat die literarische und filmische Weiterverarbeitung, wobei sich die Grenzen zwischen den Sujets auflösten. Im offiziellen Stil des neuen Sozialistischen Realismus vermischten sich fiktive und reale Handlungen; Figuren und Sprache waren austauschbar. Die holzschnittartig inszenierten Protagonisten der offiziellen *Tscheljuskin*-Dokumentation von 1934 *(Die Helden der Arktis)* hätten in jedem sowjetischen Abenteuerfilm auftreten können. Nicht zufällig wurde die Fahrt der *Tscheljuskin* nach der Rettung der Teilnehmer konsequent nur noch als Epos bezeichnet.

Das epische Schicksal der *Tscheljuskin* beschleunigte die Verdichtung der schon länger schwelenden Begeisterung für die sowjetischen *Poljarniki* zu einem Heldenmythos. Mythen sind keine Lügengeschichten, sondern sinnstiftende Erzählungen über die Vergangenheit. Ein Mythos erinnert nicht an nachprüfbare historische Ereignisse oder konkrete Personen, sondern lädt die Gegenwart mit Bedeutung auf. Man griff auf archetypische Erzählmuster zurück, etwa auf den Bund von sieben Männern. Oder auf die griechische Sage von Jason und den Argonauten, die sich in ihrem fabelhaft schnellen Schiff *Argo* auf die Suche nach dem Goldenen Vlies machten. Auch die sowjetischen *Poljarniki* brachen in sagenhaften Vehikeln auf: in eigentlich für das Eismeer ungeeigneten Schiffen oder in glänzenden Flugzeugen mit roten Sternen. Sie bestanden Kämpfe gegen scheinbar übermächtige Gegner – Kälte und Eis, Dunkelheit und unendliche Weiten – und kehrten als Helden zurück. Oder sie starben nicht weniger heldenhaft in der frostigen Fremde. Die sieben Piloten, die als erste Sowjethelden ausgezeichnet wurden, waren einander im Alltag allerdings vor allem durch Konkurrenz und gegenseitige Abneigung verbunden.

Der amerikanische Historiker John McCannon hat die Arktis als Projektionsfläche für Ideale und Ziele der Stalinzeit analysiert und drei mythische Merkmale herausgearbeitet. Sie lassen sich zuerst in der Begeisterung für den Nördlichen Seeweg finden.

Dessen Öffnung galt, erstens, als eine Kraftprobe mit den Elementen, für die typischerweise eine militärische Sprache herhalten musste. »Und der Kampf begann«, schrieb zum Beispiel Boris Gromow, der Korrespondent der *Iswestija* auf der *Tscheljuskin*, als der Dampfer zum ersten Mal vor der Küste Tschukotkas einfror. »Bewaffnet mit Schaufeln, Spitzhacken und Bootshaken, begab sich das gesamte Expeditionsteam aufs Eis. In zwei Brigaden begannen wir, das Eis auf der Backbordseite am Bug und auf der Steuerbordseite am Heck aufzubrechen.«[67] Am Ende solcher Arbeits- oder Kampfeinsätze musste nicht weniger als ein Triumph über die Naturgesetze stehen. Oder, wie ebenfalls in der *Iswestija* zu lesen war: »Die Technik hat die Natur besiegt, der Mensch hat den Tod besiegt.«[68]

Ein zweites mythisches Element ist die Wahrnehmung der Arktis als eine Tabula rasa, als leere, weitgehend unbewohnte Fläche, auf der die Bolschewiki ihre Zivilisation errichten wollten. Der Nördliche Seeweg war eben nicht nur, wie die Nordostpassage der vorrevolutionären Zeit, ein Handelsweg von Europa nach (Ost-)Asien, sondern eine Lebensader für die Besiedlung und Kontrolle der Arktis. Das aus den Überresten der *Tscheljuskin* gebaute »Camp Schmidt« nahm diese Zukunft vorweg. In dieser ersten schwimmenden Stadt des Arktischen Ozeans, berichtete Schmidt stolz in einem Interview, ging »das organisierte, disziplinierte Leben eines sowjetischen Kollektivs«[69] weiter – mit eisernen Arbeitsplänen und Tagesparolen auf einer Wandzeitung, mit Eishockeyspielen und Extrarationen am 23. Februar, dem Tag der Roten Armee. Glaubt man den zahlreichen, durchgehend lebensfrohen Erinnerungen an die Katastrophe, sorgten die zwanzig Parteimitglieder und fünfzehn Jungkommunisten unter den »Tscheljuskinern« für Zuversicht und Disziplin. Schmidt und die anderen Wissenschaftler organisierten Abendvorträge über den dialektischen Materialismus oder ihre Arbeit, die ja direkt vor den Zeltausgängen weiterging. Die Forscher untersuchten aus aktuellem Anlass insbesondere die Eisbewegung im Polarmeer. »Wir haben nicht eine Minute unsere wissenschaftliche Arbeit unterbrochen«, wusste die *Prawda* in einer Sonderausgabe aus dem Camp zu berichten.[70] Da blieb keine Zeit für Polardepressionen.

Als drittes mythisches Element nennt John McCannon den neuen Typus des Arktishelden: charismatische Anführer wie Schmidt oder junge, technikaffine Kommunisten wie die Rettungspiloten. In jedem Fall sind es ausschließlich Männer und überwiegend Russen, die in der Vorstellungswelt der 1930er-Jahre durch Willenskraft die widrigsten Umstände und Ausrüstungsdefizite überwinden und oft in letzter Sekunde – wie die *Sibirjakow* – ein Scheitern ihrer Mission abwenden. Polarforscherinnen kommen im *Tscheljuskin*-Epos nur am Rande vor und die wenigen Pilotinnen der Zeit gar nicht. Im »Camp Schmidt« nähten Frauen Zeltplanen und wurden als Erste evakuiert. An der symbolischen Inbesitznahme des Nordens nahmen sie nicht aktiv teil.

Der Heldenkult war ganz auf den Übervater Stalin ausgerichtet, der als politischer Verbannter der Zarenzeit ebenfalls nördlich des Polarkreises gelernt hatte, Entbehrungen zu überwinden. Die Nähe zum Diktator und seine Fürsorge machten einen zentralen Topos im arktischen Heldenmythos aus. Nach Abschluss jeder Mission empfing Stalin die *Poljarniki* wie verlorene Söhne im Kreml. Otto Schmidt genoss dieses Privileg fast jährlich. Auf dem Höhepunkt seines Ruhms im Sommer 1937, nach dem Start der ersten sowjetischen Drifteisstation, durfte er Stalin sogar auf dem Roten Platz küssen. Ein Foto auf der Titelseite der *Prawda* vom 26. Juni 1937 hielt diesen geradezu unvorstellbaren Augenblick fest.

Die sowjetischen Bezwinger der Nordostpassage legten Wert darauf, dass sie im Unterschied zu früheren Seefahrerhelden alle Strapazen nicht aus Ruhmes- oder Gewinnsucht auf sich genommen hätten, sondern aus Überzeugung und im Dienst »des ganzen Landes«, wie Schmidt über die *Tscheljuskin* schrieb. »Das Land möchte wissen, und hat das Recht zu wissen, wie wir arbeiten, auf welche Hindernisse wir stoßen und wie wir sie überwinden. Diese Verbindung der Expedition mit den Menschen auf dem Festland war einer der stärksten Impulse für unseren Erfolg, eine beständige Quelle der Energie und Kraft.«[71]

Durch ihre Rückbindung ans Kollektiv wurden Schmidt und die sieben Piloten zu alltagsnahen Vorbildern. Niemand verkörperte die Achtungserfolge der noch jungen und isolierten Sowjetunion besser als sie – nach innen wie nach außen. Während das Land die dunkelsten Jahre des Terrors durchlitt, setzten die Arktishelden bewundernswerte Glanzlichter. Sie rechtfertigten Entbehrungen bis zum Tod und demonstrierten die Überlegenheit des bolschewistischen Projekts. Wer noch nicht Mitglied der Kommunistischen Partei war – immerhin fünf der sieben »Helden der Sowjetunion« –, trat ihr mit der Ordensverleihung bei. Die Reifung der Persönlichkeit durch die Heldentat fand ihren symbolischen Abschluss mit der Aufnahme in den Bund der Bolschewiki.

Die Popularität der Arktishelden war authentisch – das zeigten Menschenaufläufe zu ihrer Begrüßung, die Besucherzahlen des offiziellen *Tscheljuskin*-Films oder Fanpost für die Helden. Mit der Nordostpassage und dem Nordpol setzten sie mythische Zielmarken. Die Bewältigung dieser Aufgaben verfolgte die Öffentlichkeit mit der von Schmidt empfundenen »gespannten Aufmerksamkeit«.[72] Doch die permanente Beobachtung erzeugte auch einen Erwartungsdruck, den die Helden auf Dauer ebenso wenig erfüllen konnten wie die wachsenden Anforderungen des Fünfjahresplans.

Einen weiteren Meilenstein markierte im Mai 1937 die Eislandung von gleich vier Flugzeugen nicht einmal einen Breitengrad südlich des Nordpols. So weit im Norden hatte noch kein Mensch gestanden; ein symbolträchtiger Abstecher bis zum Pol wäre von dort leicht zu organisieren gewesen. Doch die Zeit war knapp, und damals glaubte man auch in Moskau noch den unstimmigen Angaben des amerikanischen Polarforschers Robert Peary, der den nördlichsten Punkt der Welt im April 1909 erreicht haben wollte.

Der sowjetische Nordpolflug war der Auftakt einer weiteren epochemachenden Expedition, die zur Verbesserung der Wetterprognosen entlang des Nördlichen Seewegs beitragen sollte. Ein vierköpfiges Team errichtete die weltweit erste Forschungsstation in Polnähe und ließ sich mit der Drifteisbewegung 2600 Kilometer Richtung Atlantik treiben. Die Leitung übernahm mit Iwan Papanin kein Wissenschaftler, sondern ein ehemaliger Seemann und erfahrener Organisator aus dem Leningrader Arktisinstitut. Papanin hatte außerdem in den Erschießungskommandos der Geheimpolizei gearbeitet. Hatte er den Auftrag, wie die Leiter späterer Drifteisexpeditionen der Stalinzeit, seine Mitarbeiter und sich selbst zu liquidieren, sollten sie versehentlich in fremde, kapitalistische Gewässer treiben?

Doch die Drift endete im Februar 1938 vor der Südküste von Grönland. Zwei sowjetische Eisbrecher sammelten die Forscher von ihrer arg geschrumpften Scholle auf. Die Station SP-1 (Severny Poljus =

Nordpol) hatte wertvolle Daten über Meeres- und Luftströmungen sowie über den Boden des Polarmeers erhoben. Für die Schifffahrt waren diese Daten immens wertvoll, ihre Erhebung galt als ein weiterer Beweis für die Leistungsfähigkeit der sowjetischen Arktiswissenschaft und war Auftakt für eine bis heute fortgesetzte Serie von Drifteisexpeditionen. Für Otto Schmidt sollte SP-1 der letzte große Erfolg als »Kommissar des Eises« sein.

Denn während die Station täglich Triumphmeldungen funkte und langsam nach Südwesten driftete, geriet der Aufbau des Nördlichen Seewegs ins Stocken. Von den vierundsechzig Schiffen, die 1937 in dem Seegebiet unterwegs waren, wurden sechsundzwanzig vom Eis eingeschlossen, darunter acht der neun sowjetischen Eisbrecher. Allein *Jermak*, der dienstälteste, war noch einsatzbereit. Das Desaster war eine Folge des unerwartet starken Eisgangs und eines früher als in den Vorjahren einsetzenden Winters. Doch es rächte sich auch, dass viele Schiffe mit veralteter Technik, unvollständiger Ausrüstung oder unzureichend trainierten Mannschaften unterwegs waren und, wie schon die *Tscheljuskin*, Risiken durch Heldenmut ausgleichen mussten. Auch die Eisüberwachung aus der Luft war in dem Jahr besonders unzuverlässig, weil viele Piloten zur Suche nach ihrem Kollegen Sigismund Lewanewski, der auf einem Transpolarflug verschollen war, abkommandiert waren.

Lähmend wirkte nicht zuletzt der stalinistische Terror, dem auch viele Spezialisten und Führungskräfte in der Arktis zum Opfer fielen. Eine Repressionswelle nie gekannten Ausmaßes rollte zwischen 1936 und 1938 durch die Sowjetunion. Über anderthalb Millionen Menschen verschwanden in Lagern oder wurden ermordet – aus nichtigen oder erfundenen Anlässen, wegen ihrer Herkunft oder aufgrund einer Denunziation. Und je mehr Missstände auftraten, desto paranoider wurde die Suche nach Schuldigen. Mit jeder Verhaftung wuchs der Leistungsdruck auf die Zurückgebliebenen und damit ihre Fehlerquote. Sie waren in einem fatalen Kreislauf gefangen.

Auch das Ausbleiben von planmäßigen Erfolgen im Zuständigkeitsbereich der Hauptverwaltung des Nördlichen Seewegs ließ sich am einfachsten mit dem Wirken von Spionen, Saboteuren und »Schädlingen« erklären. Die Auswahl der Terroropfer war willkürlich, unberechenbar – wenn auch Gebildete mit Abschlüssen aus der Zarenzeit und Auslandskontakten ein erhöhtes Risiko besaßen. Das traf auch auf Otto Schmidt zu, den 1891 geborenen Mathematiker, der mit drei Sprachen (Russisch, Deutsch, Lettisch) aufgewachsen und international vernetzt war. Obendrein trug er die politische Verantwortung für die erwähnten Rückschläge von 1937. Hatte er schon nach dem Untergang der *Tscheljuskin* um sein Leben gefürchtet, so besaß er nun erst recht allen Grund dazu. Mit immer absurderen Schauprozessen und nächtlichen Verhaftungskommandos erreichte der Große Terror landesweit seinen blutigen Höhepunkt.

Und doch gelang es Schmidt 1938, obwohl seine Stellvertreter im Herbst des Vorjahres verhaftet worden waren, durch den vorauseilenden Rücktritt von seinem Direktorenposten aus der Schusslinie zu gelangen. Er überlebte die Stalinzeit in der Akademie der Wissenschaften als Mitherausgeber der Großen Sowjet-Enzyklopädie. Die Hauptverwaltung des Nördlichen Seewegs verlor 1938 einen Großteil ihrer Zuständigkeiten und war fortan tatsächlich nur noch eine Verwaltung der arktischen Schifffahrt. Schmidts Direktorenposten erhielt Papanin, der Leiter der SP-1-Expedition.

Andere *Poljarniki* hatten nicht das Glück von Schmidt. Selbst *Tscheljuskin*-Helden endeten unter bizarren Vorwürfen in Genickschuss-Kellern oder in Arbeitslagern. Rudolf Samoilowitsch, der berühmte Geograf und langjährige Direktor des Arktisinstituts, wurde im Mai 1938 verhaftet und zehn Monate später als angeblicher deutscher und französischer Spion zum Tode verurteilt. Auch Samoilowitsch war im Vorjahr an Bord des Eisbrechers *Sadko* in eine ungeplante Überwinterung geraten, wofür er sich, nicht zuletzt von Schmidt, schwere Vorwürfe hatte anhören müssen. Sein Mitstreiter

Michail Jermolajew, ein Experte auf dem Gebiet der Gletscherforschung und Ozeanografie, wurde zu zehn Jahren Lagerhaft verurteilt. Die Anklage erklärte das fast fertige Manuskript von Jermolajews Habilitationsschrift für nutzlos und ließ es vernichten. Samoilowitschs letzte Forschungsarbeiten hingegen überlebten; Mitarbeiter hatten viele seiner Papiere vor dem Eintreffen der Geheimpolizei versteckt.

Mit dem Abgang des ikonischen Schmidt traten die Polarhelden in den Hintergrund. Sicherlich gab es weiterhin auch in der Arktis »Helden der Sowjetunion« – so wurde die Mannschaft des Eisbrechers *Sedow*, der im Februar 1940 nach einer Odyssee von 812 Tagen aus dem Eis befreit wurde, komplett in den Heldenstand erhoben. Die gefeierte Langzeitstudie zum Drifteis, mit der die *Sedow* zurückkehrte, war keineswegs geplant gewesen, sondern hatte unfreiwillig ebenfalls im Krisenjahr 1937 begonnen. Insgesamt aber hatte sich die sowjetische Arktisbegeisterung zum Ende des Jahrzehnts überhitzt. Sensationelle Erfolge oder Rettungsmissionen blieben aus. »Sowjetische Entdecker, Wissenschaftler, Seeleute, Piloten und Arbeiter haben die Arktis in eine schiffbare Seeroute verwandelt«, hieß es lapidar im Wegweiser zum sowjetischen Arktispavillon auf der New Yorker Weltausstellung von 1939.[73] Der Pavillon versammelte Altbekanntes – Panoramabilder der Arktisprominenz, Landkarten mit Erfolgsmarkierungen, Heldenreliquien (wie ein Flugzeug des im Vorjahr tödlich verunglückten Fliegerasses Waleri Tschkalow). Doch die Ausstellung verbreitete keine Aufbruchstimmung mehr wie die Erfolgsmeldungen zu Beginn des Jahrzehnts. Die einmal aufgestellten Rekorde konnten nur noch verbessert werden, atemberaubend neue Durchbrüche waren nicht in Sicht. Die Arktishelden waren im Alltag angekommen. Ihre Aura verblasste.

Hierzu leistete auch die Reorganisation der Hauptverwaltung des Nördlichen Seewegs ihren Beitrag. Die radikale Verschlankung der Behörde brachte die erhoffte Rückkehr zu Wachstumsraten im arktischen Schiffsverkehr. Fast 120000 Tonnen wurden 1939 transportiert, mehr, als der Plan vorsah. Dafür waren vierunddreißig Schiffe zwischen Barentssee und Beringstraße im Einsatz, davon die meisten auf den inzwischen bewährten Routen durch die Karasee. Die Transportlogistik funktionierte besser; anders als früher waren die Frachter meist vollständig beladen. Wie schon in der Karasee nahmen nun auch in der Osthälfte des Nördlichen Seewegs Leuchttürme ihre Arbeit auf. Seezeichen und Flugzeuge machten die Route leichter befahrbar als zur Zeit der *Sibirjakow*. Vor allem kam endlich die erste Generation sowjetischer Eisbrecher zum Einsatz, beginnend mit der *Iosif Stalin*, einer verbesserten Variante der legendären *Krasin* mit Kohle-Diesel-Hybridantrieb.

Es war unter anderem auch die *Stalin*, die im August 1940 dem deutschen Zerstörer *Komet* einen Weg durchs Nordpolarmeer bahnte, unerreichbar für die britische Flotte. Nur einundzwanzig Tage dauerte die Geheimaktion; kein Schiff hatte die Passage jemals schneller bewältigt. Weitere sowjetische Geleitfahrten für die deutsche Kriegsmarine waren im Rahmen des damals geltenden Hitler-Stalin-Pakts geplant. Damit hätte auch die berüchtigte Bündnisachse zwischen Berlin und Tokio eine arktische Komponente erhalten. Doch das Experiment endete schon vor der nächsten Schifffahrtssaison – mit dem deutschen Überfall auf die Sowjetunion im Juni 1941.

Für die Sowjetunion spielte im Zweiten Weltkrieg die Verlegung von Kriegsschiffen über den Nördlichen Seeweg keine große Rolle. Umso wichtiger war der Transport von kriegswichtigen Gütern aus Sibirien oder auch im Rahmen des amerikanischen Lend-Lease Act. Rohstoffe, Waffen, Fahrzeuge und Nahrungsmittel gelangten nicht nur über die Transsibirische Eisenbahn an die deutsch-sowjetische Front, sondern auch durch den Arktischen Ozean. Zwischen 1941 und 1945 machten sich insgesamt einundvierzig Konvois mit etwa achthundert Schiffen auf den Weg, zusätzlich zu dem üblichen Güterverkehr entlang der Nordküste Sibiriens.

Wie wichtig die arktische Transportachse war, zeigt die besondere Hartnäckigkeit, mit der deutsche Panzerschiffe, Flugzeuge und U-Boote sowjetischen Eisbrechern nachjagten, und zwar bis ans östliche Ende der Karasee. Ihnen gelang 1942 ein symbolischer Erfolg, als der Kreuzer *Admiral Scheer* die berühmte *Sibirjakow* vor der Mündung des Jenisei versenkte. Doch die seit ihrer Pionierfahrt geschaffenen Strukturen konnte die deutsche Kriegsmarine nicht zerstören.

12

Lenin auf großer Fahrt

Die engen Küchen sowjetischer Wohnungen waren unverzichtbare Knotenpunkte sozialer Netzwerke. Bei Tee und Zigaretten wurden Meinungen oder Rezepte ausgetauscht, Freundschaften gepflegt und Welten gerettet.

In einer Moskauer Küche begegneten sich im Juli 1959 auch US-Vizepräsident Richard Nixon und Nikita Chruschtschow, Stalins Nachfolger als mächtiger Generalsekretär der Partei. Sie stritten darüber, ob dem kapitalistischen oder dem sozialistischen System die Zukunft gehöre. Doch saßen sie nicht mit Tee-, Wodka- oder Gurkengläsern an einem abgewetzten Holztisch, sondern schritten durch eine modische Einbauküche mit allen Helferlein, die sich amerikanische Ingenieure für die Nachkriegszeit ausgedacht hatten. Sie war Teil einer US-Kulturausstellung im Moskauer Sokolniki-Park, zu deren Eröffnung Nixon angereist war. Die Leistungsschau sollte den Sowjetbürgern mit moderner Kunst und Pepsi Cola, mit Automobilen und Konsumelektronik einen Eindruck vom Alltag in den USA vermitteln. Chruschtschow, der mit seinem Sommerhut seinerseits den informellen Charakter des Treffens unterstrich, gab sich als großzügiger Gastgeber. Die Selbstdarstellung des Klassenfeinds konnte ihn kein bisschen aus der Ruhe bringen. Im Gegenteil: Das lebhafte Wortgefecht mit dem smarten Anwalt, wie er Nixon schulterklopfend nannte, bereitete dem sowjetischen Parteichef sichtliches Vergnügen.

Kaum beeindruckt zeigte er sich dagegen von der Küchentechnik der Amerikaner. Und als Nixon versuchte, wenigstens Begeisterung für die neueste Ampex-Videokamera zu wecken, die ihr Gespräch in Farbe aufzeichnete, sprang Chruschtschow zu seinem Lieblingsthema. Innerhalb von sieben Jahren, versprach er, werde die UdSSR den Lebensstandard der USA erreicht haben. In manchen Bereichen der technologischen Entwicklung, etwa der Raumfahrt, liege man schon jetzt vorne. Das war eine Anspielung auf den Sputnik-Schock, in den knapp zwei Jahre zuvor die amerikanische Öffentlichkeit gefallen war, nachdem sowjetische Raketen erstmals einen künstlichen Satelliten auf eine Erdumlaufbahn geschickt hatten.

Dieser Schock saß deswegen so tief, weil Raketen nicht nur piepsende Metallkugeln, sondern genauso schnell auch atomare Sprengsätze um die Erde schießen konnten. Doch nicht allein aus Angst vor einem Rückstand im Wettrüsten entstand quasi über Nacht ein neues Bild von der Sowjetunion. Nur wenige Jahre nach dem verheerenden Weltkrieg trumpfte sie überraschend mit technisch-wissenschaftlichen Pionierleistungen auf. Nixon machte daher gar keinen Hehl daraus, dass er mit viel Neugier auf seine elftägige Reise aufgebrochen war, die ihn bis nach Sibirien führen sollte.

Einige Tage nach der bis heute unvergessenen Küchendebatte besichtigte Nixon auf der Leningrader Admiralitätswerft die brandneue *Lenin*, den ersten atomgetriebenen Eisbrecher der Welt. Über diesen Besuch ist weitaus weniger bekannt, was sicher auch daran liegt, dass Chruschtschow mit seinen so berüchtigten wie unterhaltsamen Aussprüchen nicht dabei war. Allein US-Vizeadmiral Hyman Rickover, der Nixon begleitete und ähnlich wenig vom diplomatischen Protokoll hielt wie der sowjetische Generalsekretär, verlieh dem Eisbrecher-Termin ein leichtes Knistern. Rickover war der oberste Atombeauftragte der amerikanischen Marine und bestand darauf, auch den Reaktorraum der *Lenin* zu inspizieren. Einwände tat der Admiral, der einigermaßen Russisch sprach, wortstark als Nonsens ab – und setzte sich schließlich durch. Zu welchen Erkenntnissen ihm der prüfende Blick in *Lenins* nukleares Herz verhalf, darüber schwieg Rickover ebenso wie Nixon über die zeitgemäße Ausrüstung der Kombüse.

Die fast fertiggestellte *Lenin* war damals mit einer Länge von 134 Metern der größte und mit 44 000 PS auch der bei Weitem mächtigste Eisbrecher der Welt. Er konnte bis zu zwei Meter starkes Eis brechen. Das entsprach der Dicke von einjährigem Eis auf dem Nördlichen Seeweg, also jener Eisdecke, die in den Wintermonaten neu auf dem Polarmeer wächst. Wenige Monate nach dem Besuch von Nixon nahm die *Lenin* Kurs auf ihren Heimathafen Murmansk, um von dort aus im Juli 1960 ihre Arbeit auf dem Nördlichen Seeweg anzutreten. Mit Leichtigkeit führte der Atomeisbrecher seinen ersten Konvoi durch die eisverschlossene Einfahrt der Karasee bis zum Jenisei.

Insgesamt legte die *Lenin* schon in ihrem ersten Arktissommer 18 000 Kilometer zurück und öffnete Fahrrinnen für hundert Schiffe. Westsibirische Industriestandorte wie Norilsk, wo 90 Prozent des sowjetischen Nickels und zwei Drittel des Kupfers gefördert wurden, waren nun deutlich länger im Jahr erreichbar; auch die meisten Zwangsüberwinterungen im Packeis konnte der neue Atomeisbrecher verhindern. Die sowjetischen Polarstationen mussten nicht mehr aufwendig mit mehreren Flügen nach Norden gebracht werden; dank der *Lenin* ließen sie sich größer bauen und einfach zwischen 75 und 80 Grad Nord aussetzen.

Als Symbol hatte der Eisbrecher schon vor seiner Indienstnahme Fahrt aufgenommen. Seit die *Lenin* im Herbst 1958 auf der zweiten internationalen Konferenz zur friedlichen Nutzung der Atomkraft in Genf als maßstabgetreues Modell bestaunt werden konnte, bahnte sie sich einen Weg durch die populärwissenschaftliche Literatur und illustrierte Zeitschriften. Das fotogene Nutzfahrzeug war für die Selbstdarstellung des Landes besser geeignet als die Raketen, die Chruschtschow verbal gegen amerikanische Küchengeräte in Stellung brachte. Die *Lenin* sollte nicht nur den Nördlichen Seeweg erweitern, sondern auch die nukleare Zukunft der zivilen Schifffahrt weltweit einleiten.

Bislang hatten lediglich die USA ein Schiff mit Nuklearantrieb in Dienst genommen – die USS *Nautilus*, ein U-Boot der Kriegsmarine. Die *Lenin* geleitete hingegen in erster Linie Handelsschiffe durch den Arktischen Ozean. Die Gegenüberstellung der beiden atomgetriebenen Schiffe griff ein beliebtes Motiv der sowjetischen Propaganda auf, in der die friedliche Nutzung der Atomkraft in der UdSSR ihrer kriegerischen Anwendung durch die USA (gegen Japan 1945) gegenübergestellt wurde. Dass es keine klare Grenze zwischen ziviler und militärischer Atomforschung gab und die Sowjetunion sich anschickte, den amerikanischen Rivalen im atomaren Wettrüsten zu überholen, stand auf einem anderen Blatt.

Der mächtige Atomeisbrecher fügte sich metaphorisch geradezu perfekt in den von Chruschtschow versprochenen Aufbruch zu neuen Ufern ein. Dass die Nixon-Delegation an Bord der *Lenin* – und zuvor in den Sokolniki-Park – kommen durfte, war Teil des etwas irrlichternden Öffnungskurses, den Chruschtschow mit der Entstalinisierung sowie seinem berühmten Tauwetter in den internationalen Beziehungen und der einheimischen Kulturpolitik eingeschlagen hatte. Das Reaktorschiff, verkündete der Generalsekretär vor seinem Gegenbesuch in den USA im September 1959, sei ein weiterer Punktsieg der UdSSR im friedlichen Wettkampf der Systeme. Die *Lenin* werde mit dem Eis der Arktis auch das Eis des Kalten Krieges brechen.

Tatsächlich bot die *Lenin*, die nicht der strengen militärischen Geheimhaltung unterlag, genug Gesprächsstoff für einen zaghaften wissenschaftlich-technischen Austausch über die Blockgrenzen hinweg. Sowjetischen Ingenieuren war es nicht nur gelungen, zwei Reaktoren mit einer Tagesleistung von je 90 Millionen Watt – und noch einen dritten Reaktor als Reserve – in einer kompakten Hülle unterzubringen, sondern sie auch vor den heftigen Erschütterungen zu schützen, die ein Eisbrecher bei seiner Arbeit zwangsläufig auslöst.

Wegen der mit ihrem Strahlenschutz gut 3000 Tonnen schweren Reaktoreinheit war die *Lenin* kein leichtes Fahrzeug; sie kam auf eine Wasserverdrängung von insgesamt 16 000 Tonnen. Dennoch war sie mit einer Spitzengeschwindigkeit von achtzehn Knoten erheblich schneller als jeder konventionelle Eisbrecher; sie konnte außerdem ein ganzes Jahr autonom operieren. Ihre Uran-Brennstäbe mussten alle zwei Jahre ausgetauscht werden. Selbst die sparsamsten Eisbrecher mit Diesel-Elektro-Antrieb hatten dagegen spätestens nach vierzig Tagen ihren gesamten Treibstoff verbraucht. Mit beeindruckenden Zahlen konnte die sowjetische Presse daher einen Entwicklungssprung in der Geschichte der (arktischen) Schifffahrt feststellen. Wie zur Bestätigung dieser Ankündigung bauten nun die USA ihrerseits ein atomgetriebenes Frachtschiff, die 1962 in Dienst genommene *Savannah*.

Das sowjetische Flaggschiff des Friedlichen Atoms löste zwar keinen mit dem Sputnik-Effekt vergleichbaren *Lenin*-Schock im Westen aus, aber durchaus Bewunderung. Auf beiden Seiten des Eisernen Vorhangs war damals der Glaube an den technischen Fortschritt im Allgemeinen und die Kernenergie im Besonderen noch weitgehend ungebrochen. Wenn selbst die gewaltige *Lenin* täglich nur 45 Gramm Uran benötigte, schienen die Anwendungsmöglichkeiten der Atomkraft grenzenlos zu sein. Ob für die private Warmwasserversorgung oder in Flugzeugantrieben – der Energiebedarf der Menschheit schien für immer gedeckt zu sein. Atommüll war noch kein öffentliches Thema und Strahlenschutz scheinbar nur ein technisches Problem für Ingenieure.

Mit zeittypischer Begeisterung verfasste Robert Brigham, der Moskau-Korrespondent der New Yorker *LIFE*-Illustrierten, eine Fotoreportage über die *Lenin*. Brigham durfte im Juni 1964 mit einer internationalen Reportergruppe auf dem Atomeisbrecher durch die Karasee nach Dikson reisen und dort im nördlichsten Hotel der Welt übernachten. Der an der Küste von Neuengland aufgewachsene Journalist liebte große Schiffe, und er genoss es, an Deck der *Lenin* stundenlang auf die Formen und Farbschattierungen des gefrorenen Meeres zu blicken und dem vielstimmigen Brechen des Eises zu lauschen. Nur an das knochenrüttelnde Auf und Nieder, mit dem die *Lenin* im Schritttempo meterdicke Packeis unter ihrem runden Bug zerdrückte, vermochte er sich nicht zu gewöhnen. Es schien ihm, »als würde er in einem Auto mit platten Reifen mit 60 Stundenkilometern über endlose Eisenbahnschwellen fahren«.[74]

Dafür überraschte ihn der Eisbrecher mit dem Komfort eines Passagierdampfers. Anerkennend durchmaß der amerikanische Reporter die mit Tageslichtlampen und Klimaanlage ausgestatteten Kajüten, die umfangreiche Bordbibliothek und die repräsentativ gestalteten Speisesäle. Sie sind heute noch in Murmansk zu bestaunen, wo die *Lenin* seit 2009 als Museumsschiff liegt.

Ob Dampfbad oder Fitnessraum, Filmvorführungen oder Pianoabende – an Abwechslung während monatelanger Polareinsätze war gedacht. Brigham schätzte, dass auf der breiten Kommandobrücke, wo der Kapitän direkt die vier Turbinen des Schiffs bediente, wohl die Hälfte der zweihundertköpfigen Besatzung Platz finden würde. Selbst die Mannschaften waren in Ein- und Zweibettkabinen untergebracht. Die *Lenin* konnte deshalb so geräumig gebaut werden, weil sie weder Fracht noch Kilotonnen von Treibstoff mitführte. Wegen des Nuklearantriebs hatten die Schiffskonstrukteure am Gewicht nicht sparen müssen, im Gegenteil. Wie ein barockes Segelschiff mit seinen schweren Goldschnitzereien war auch der erste Atomeisbrecher der Welt großzügig mit Echtholzverkleidungen und glänzendem Metall ausgebaut. Die *Lenin* sollte ein ansehnliches Statussymbol sein, aber auch ein allgegenwärtiges. Ihr Bild zierte Briefmarken, populärwissenschaftliche Magazine und Plakate. Heute ist sie wieder als Modellbausatz erhältlich.

An der Sicherheit des Nuklearantriebs bestand für den *LIFE*-Korrespondenten angesichts dicker Stahlwände und wichtig blinkender

Kontrollpaneele kein Zweifel. Ein Irrtum, wie sich schon bald zeigen sollte. Im Februar 1965 fiel beim Austausch der Brennstäbe im Reaktor Nr. 2 auf, dass sechzig Prozent von ihnen durch Überhitzung deformiert waren. Sie ließen sich nur noch zusammen mit ihren Halterungen ausbauen. Der Sondermüll wurde mit Beton verschlossen und in der vierzig Meter flachen Ziwolki-Bucht an der Ostküste von Nowaja Semlja versenkt.

Bei der nächsten turnusmäßigen Befüllung mit Brennstäben, zwei Jahre später, wurde gar ein Leck im Kühlsystem entdeckt. Sein Ursprung ließ sich nur bestimmen, indem Arbeiter mit schwerem Werkzeug eine Öffnung in die Reaktorschutzhülle schlugen. Dieser Schaden erwies sich als irreparabel, es blieb nur ein Austausch der Reaktoren in Sewerodwinsk am Weißen Meer. Die alten wurden in einer aufwendigen Aktion aus *Lenins* Bauch geschnitten und nahmen ebenfalls den Weg in die Ziwolki-Bucht. Es sollte vier Jahre dauern, bis der Atomeisbrecher auf den Nördlichen Seeweg zurückkehrte – nach einer rein routinemäßigen Modernisierungsmaßnahme, wie es offiziell noch immer heißt. Als die *Lenin* 1989 – ohne weiteren Reaktoraustausch – aus dem Dienst schied, hatte der jahrzehntelange Eiskontakt seinen mächtigen Stahlbug dünn gerieben. Aber als Propagandasymbol glänzte der Eisbrecher wie am ersten Tag. Illustrationen zeigten ihn typischerweise in dramatisierender Untersicht von vorne, wie er sich souverän durch Eismassen arbeitete.

Die Probleme der *Lenin* mit ihrer Reaktorkühlung verzögerten den Bau des schon lange angekündigten Nachfolgers. Mit der fast doppelt so starken *Arktika* nahm erst im Frühjahr 1975 der zweite Atomeisbrecher der Welt seine Arbeit auf. Noch drei Schiffe der *Arktika*-Klasse liefen bis zum Untergang der UdSSR vom Stapel, drei weitere folgten in den 1990er-Jahren. Die jüngsten sind bis heute im Einsatz.

Die mit dem Stapellauf der *Lenin* angekündigte nukleare Revolution in der Handelsschifffahrt blieb jedoch aus. Atomeisbrecher mochten im Betrieb beeindruckend effizient sein, dafür hatten sie zuvor monströse Investitionskosten verschlungen und produzierten neben Energie rund um die Uhr radioaktiven Sondermüll. Während immer mehr atomgetriebene U-Boote ihre unsichtbare Fahrt durch die Weltmeere begannen – vierhundert waren 1989 unterwegs, in *Lenins* letztem Dienstjahr –, wurde weltweit nur eine Handvoll ziviler Schiffe mit Nuklearantrieb ausgerüstet. Denn in den meisten Häfen oder auch im Suezkanal waren sie aufgrund von Sicherheitsbedenken nicht willkommen.

Für die atomgetriebenen Eisbrecher der Sowjetunion waren solche Bedenken und Verbote irrelevant, da sie keine ausländischen Gewässer anliefen. Ihre technische Weiterentwicklung stand nie grundsätzlich zur Diskussion. Die UdSSR nahm damit seit dem Stapellauf der *Lenin* eine Ausnahmestellung ein; kein anderes Land baute Atomeisbrecher. Dafür konnte von einer Überholung der USA in der Konsumgüterproduktion oder im Lebensstandard, wie Chruschtschow sie Nixon vollmundig angekündigt hatte, keine Rede sein. Statt moderner Einbauküchen gab es unter seinem Nachfolger Leonid Breschnjew wieder Lebensmittelkarten.

Aber revolutionierten Moskaus atomare Eisbrecher wenigstens die sowjetische Arktisschifffahrt? Das ist nicht eindeutig zu bestimmen. Auf jeden Fall sorgten sie zusammen mit einer deutlich größeren Flotte schwerer Dieseleisbrecher dafür, dass immer mehr Schiffe immer länger im Jahr im Nordpolarmeer unterwegs waren. Schon die *Lenin* machte zumindest den westlichen Abschnitt des Nördlichen Seewegs von Anfang Juli bis in den November zuverlässig befahrbar. Um 1970 verlängerten Eisbrecher die Navigationsperiode sogar bis in den Dezember. Schwierig blieb die Situation östlich der Lena. Die Schifffahrt war selten mehr als zehn Wochen möglich, von Anfang August bis Mitte Oktober. Erst die kraftstrotzende *Arktika* konnte die anspruchsvollere Osthälfte des Nördlichen Seewegs auch im Winter meistern. Jedoch war sie mit ihrem Tiefgang von elf Metern für die flachen Fahrwasser in vielen Meeresstraßen nicht geeignet.

Der Aufschwung der Gold- und Diamantenindustrie in Jakutien seit den 1960er-Jahren wäre ohne die Hilfe von Eisbrechern ebenso wenig möglich gewesen wie der massenhafte Abtransport von sibirischem Holz aus dem Flusssystem der Lena oder die Erschließung der in den 1970er-Jahren entdeckten Erdgasfelder auf der Jamal-Halbinsel. Im Kielwasser von Eisbrechern gelangten Frachtschiffe, Schwimmkräne oder Passagierdampfer nach Osten, die nordrussische Werften für die sibirische Fluss- und Küstenschifffahrt produzierten. Den Weg durchs Eismeer nahmen in den 1970er-Jahren auch westdeutsche Riesenröhren für den arktischen Pipeline-Bau. Und die geschäftigen Baukräne, die dem kanadischen Schriftsteller Farley Mowat 1966 in der Lena-Metropole Jakutsk auffielen und die er in seinem 1970 erschienenen Buch *Sibir* beschrieb, hätten ohne Lieferungen durch den Arktischen Ozean stillgestanden.

Nicht zuletzt wuchs der Passagierverkehr in die sowjetische Arktis. In *Lenins* drei Dienstjahrzehnten verdoppelte sich die arktische Bevölkerung von 1,3 auf 2,6 Millionen. Nirgendwo war der hohe Norden stärker urbanisiert und industrialisiert als in der UdSSR. Arbeitsplätze in der Arktis, ob als Matrose auf der *Lenin* oder als Arzt im schwermetallbelasteten Norilsk, waren gerade in den Mangeljahren unter Breschnjew begehrt. Doppelte Gehälter, zahlreiche Zulagen, großzügige Urlaubsansprüche und eine deutlich überdurchschnittliche Versorgung mit Lebensmitteln und Dienstleistungen zogen junge, gut ausgebildete Menschen in die nördlichsten Siedlungen der Sowjetunion. Angesichts des Warenangebots konnten sich Neuankömmlinge selbst im abgelegenen Tschukotka wie im versprochenen Paradies des Kommunismus fühlen. Der Kanadier Mowat war auf der Halbinsel besonders von der kleinen, blitzsauberen Klinik beeindruckt, die er mitten in der Tundra nicht erwartet hatte. Achtzehn Ärzte warteten dort auf Patienten – was für ein Kontrast zu den überforderten Polikliniken außerhalb der Arktis. Allerdings bot der Norden mit extremer Kälte, Dunkelheit und Magnetstürmen auch besondere gesundheitliche Herausforderungen. Nicht zufällig boomte in der Sowjetunion mit der Erschließung der Arktis das Forschungsfeld der Polarmedizin.

Stalins Hauptverwaltung des Nördlichen Seewegs hatte schon vor dem Weltkrieg stolz verkündet, dass die Verwandlung der Nordostpassage in eine reguläre Schifffahrtsstraße abgeschlossen sei. Das war angesichts des niedrigen Frachtvolumens und der hohen Transportkosten Wunschdenken gewesen. Doch zwei Jahrzehnte später hatte sich das Bild gewandelt. Nicht nur der sibirische Norden, sondern auch Russlands Pazifikküste bis hinunter zu den im Weltkrieg okkupierten Kurilen-Inseln war am besten über Moskaus arktischen Seeweg zu erreichen. Die kommerzielle Nutzung der Nordwestpassage vor der Nordküste Kanadas begann dagegen erst 1969 mit der Testfahrt des amerikanischen Tankers *Manhattan*.

Die polare Schifffahrt blieb aber auch vor Sibirien eine Herausforderung. Das Eismeer friert ja nicht glatt zu wie ein Ententeich, sondern unter dem Einfluss von Wind, Strömungen und Gezeiten mit haushohen Verwerfungen. Das vergleichsweise dünne einjährige Eis macht zwar den größten Teil des Meereises aus, doch an vielen Stellen umschließt es deutlich dickeres, mehrjähriges Eis. Auch bleiben einmal aufgetaute oder freigeräumte Wege keineswegs eisfrei, sondern schließen sich wieder, insbesondere wenn der Nordwind Bruchstücke von der Polkappe nach Süden treibt. Hiervon ist die Osthälfte des Nördlichen Seewegs stärker betroffen als die Westhälfte, die durch drei Archipele – Nowaja Semlja, Franz-Josef-Land und Sewernaja Semlja – nach Norden abgeschirmt ist. Aber nicht nur Eis behindert die Schifffahrt im Polarmeer; bis heute erschweren die häufigen Sommernebel und eisiger Sprühregen ein rasches Fortkommen auf dem Nördlichen Seeweg.

Doch ungeachtet dieser Hindernisse waren schon in der Chruschtschow-Zeit jedes Jahr Dutzende und in den 1970er-Jahren Hunderte Schiffe zwischen Murmansk und Wladiwostok unterwegs. Die wenigsten von ihnen legten freilich den gesamten Weg zurück. Sie brachten typischerweise Konsumgüter in die Tundra, Bohrmannschaften auf die Ölfelder Westsibiriens oder ein ganzes Kraftwerk nach Tschukotka – beziehungsweise auf dem Rückweg die Rohstoffe der Arktis nach Europa und Asien. Am Ende der 1980er-Jahre waren gut zweihundert eisverstärkte Frachter im Einsatz, die wie das atomgetriebene – und noch immer genutzte – Containerschiff *Sewmorput* (Nordmeerweg) im Sommer ohne Eisbrecher-Unterstützung auskamen.

Die Kehrseite des verdichteten Seeverkehrs waren regelmäßige Havarien im Eis – über zwanzig pro Jahr verzeichnete die offizielle Statistik, vor allem in der dicht befahrenen Karasee oder in den flachen Gewässern Ostsibiriens. Der sowjetische Nördliche Seeweg blieb eine anspruchsvolle Strecke, die seemännisches Können und Improvisationstalent verlangte, zumal Reparaturwerften oder Seenotrettungsdienste oft Tausende Kilometer entfernt waren. Dennoch stellten die fünf arktischen Meere der UdSSR keine Abenteuerroute mehr für wagemutige Entdecker dar, sondern einen alltäglichen Transportweg für zivile und militärische Güter.

Ein Gutteil der arktischen Infrastruktur entstand aus militärischen Überlegungen – schon deswegen stellte niemand eine Kosten-Nutzen-Rechnung auf. Die Murmansker Nordflotte stieg in der Nachkriegszeit zur größten und modernsten Teilflotte der sowjetischen Marine auf, aber längst nicht alle Überwasserschiffe waren für starken Eisgang gebaut. Kaum zehn Kriegsschiffe pro Jahr nutzten die arktische Verbindung zwischen den atlantischen und pazifischen Seestreitkräften – und auch von denen musste jedes dritte Schiff nach der Passage repariert werden. Die schlachtschiffgroßen strategischen U-Boote zog es, auf sowjetischer und amerikanischer Seite, in die Tiefen des Arktischen Ozeans jenseits des flachen Nördlichen Seewegs. Für kleinere, taktische U-Boote boten die Küstengewässer hingegen ideale Einsatzbedingungen.

Auf der Wasseroberfläche blieben schwere Eisbrecher das wichtigste Symbol des Fortschritts. Doch es verblasste zusehends, ihr Einsatz wurde zur Selbstverständlichkeit. Nur gelegentlich rückten selbst die gefeierten Atomeisbrecher noch ins Licht der Öffentlichkeit. So 1977, als der *Arktika* in nur dreizehn Tagen als erstem Schiff die Fahrt zum Nordpol und zurück gelang. Oder 1983, in einem Sommer mit extremen Wetterbedingungen, als über vierzig Schiffe in der Ostsibirischen See einfroren und von *Lenin* & Co. befreit werden mussten. Doch die Lobpreisungen über den Erfolg sowjetischer Wissenschaft und den mutigen Einsatz im Eis waren Wiederholungen früherer Erfolgsmeldungen, noch abgenutzter als der Bug der *Lenin*. Die Bezwinger des Nordpols, die sich 1977 in städtischer Winterkleidung und Schulklassenformation vor der *Arktika* ablichten ließen, konnten schon optisch nicht als Polarhelden überzeugen. Und die phrasenhaften Glückwünsche von Parteigranden oder Arktisveteranen vermochten nicht die Begeisterung früherer Arktisreportagen zu versprühen. Der Fahrt durchs Eis war die Dramatik verloren gegangen – und der Berichterstattung ihr Elan.

Nichts belegt die Veralltäglichung der arktischen Schifffahrt besser als die sowjetischen Transportstatistiken. War das jährliche Gütervolumen nach dem Zweiten Weltkrieg zunächst um etwa ein Drittel auf gut 300 000 Tonnen eingebrochen, stieg es seit Beginn der 1950er-Jahre deutlich an, mit teilweise zweistelligen jährlichen Zuwachsraten. Nach fast vier Jahrzehnten ununterbrochenen Wachstums erreichte die sowjetische Nutzung des Nördlichen Seewegs mit 6,6 Millionen Tonnen transportierter Güter im Jahr 1987 ihren Höhepunkt. In dieser Statistik stachen allerdings weder die Indienststellung der *Lenin* noch ihre vierjährige Generalüberholung noch die Indienstnahme der *Arktika* besonders hervor. Das Wachstum, das sie aufrechterhielten, erfolgte seit der Mitte der 1970er-Jahre nur noch mit einstelligen, immer niedrigeren Wachstumsraten. Selbst die extrastarken Atomeisbrecher erfasste offenbar das Grundübel der späten Sowjetzeit, die Erstarrung, wie sie niemand besser als der zunehmend vergreiste Breschnjew verkörperte. »Stagnation«, das Schlagwort dieser Jahre, legte sich wie Mehltau über Wirtschaft und Alltag.

Als in der Sowjetunion der Breschnjew-Zeit die Begeisterung für den Nördlichen Seeweg verblasste, hatte ihn die westliche Öffentlichkeit schon nahezu vergessen. Das lag daran, dass mit dem Ausbau der sowjetischen Handelsflotte nach dem Zweiten Weltkrieg so gut wie keine ausländischen Frachtschiffe mehr im sowjetischen Arktissektor unterwegs waren – wenn auch viele im Ausland gebaute oder solche mit ausländischer Fracht. Nur noch vereinzelt durften norwegische Frachter Igarka am Oberlauf des Jenisei anfahren, den wichtigsten Umschlaghafen für Holzexporte nach Nordeuropa. Im Westen interessierten sich weiterhin einige Wirtschaftswissenschaftler für die Binnenschifffahrt der UdSSR, ansonsten blieb der polare Seeweg als kaum bezwingbare Nordostpassage in Erinnerung. Die europäischen Entdeckungsfahrten bis zu Nordenskiölds Durchbruch von 1879 erschienen näher als der alljährliche sowjetische Frachtverkehr auf dem Nördlichen Seeweg, auch weil die sowjetische Militärzensur die Veröffentlichung selbst fundamentaler Daten zur Entwicklung der Schifffahrt unterdrückte.

Zugleich verfestigte sich in der UdSSR mit jeder Bahn, welche die *Lenin* durchs Eismeer zog, das Bild vom Nördlichen Seeweg als einem fast ausschließlich von russischen beziehungsweisen sowjetischen Schiffen erschlossenen Seegebiet. Damit argumentierten auch sowjetische Juristen, um die Meere östlich von Nowaja Semlja und sämtliche Meeresstraßen nördlich von Sibirien seerechtlich als historische Gewässer einzustufen. Dieses Seegebiet, schlussfolgerten sie, dürfe von anderen Nationen nur mit Genehmigung befahren werden.

Die Moskauer Regierung hat diese Interpretation zwar nie in offizielle Gebietsansprüche verwandelt, aber als in den 1960er-Jahren amerikanische Dieseleisbrecher begannen, die arktischen Gewässer nördlich der sowjetischen Zwölfmeilenzone zu vermessen, reagierten die sowjetische Luftwaffe und Küstenwache mit Störmanövern.

Scharfe diplomatische Proteste verhinderten zweimal, 1965 und 1967, dass die Eisbrecher *North Wind* und *East Wind* die Wilkizki-Straße südlich von Sewernaja Semlja passierten. Die USA lenkten ein und schickten keine weiteren Expeditionen. Washington besteht gleichwohl bis heute darauf, dass die sibirischen Meere internationale Gewässer seien und der Transit durch die Meerengen vor Sibirien allen Schiffen erlaubt sein sollte.

Im März 1967, im Zeitraum zwischen den beiden Konflikten an der Wilkizki-Straße, kündigte das sowjetische Ministerium für Handelsschifffahrt an, den Nördlichen Seeweg auch für ausländische Schiffe zu öffnen. Gegen Bezahlung – dafür mit Eisbrecherbegleitung und meteorologischen Informationen. Das Angebot blieb ohne Nachfrage. Einerseits hätten Reeder ihren Versicherungen hohe Zusatzprämien für die Fahrt durchs Eismeer zahlen müssen; andererseits wollte niemand im Westen indirekt anerkennen, dass Moskau ein Regulierungsrecht für die arktische Schifffahrt besitze. Die *Lenin* musste niemals ausländische Schiffe eskortieren, während entlang des Nördlichen Seewegs immer mehr sowjetische Atom-U-Boote patrouillierten und Militärstützpunkte entstanden. Das arktische Eis der Kalten Krieges sollte erst zwanzig Jahre später jemand anderes brechen.

13

Eine Rede in Murmansk

Murmansk, 1. Oktober 1987. Trotz des ungewöhnlich warmen Frühherbsts ist der Festsaal des städtischen Kulturhauses an diesem Donnerstagnachmittag bis auf den letzten Platz besetzt. Grimmig blickend ragt ein goldglänzender Glatzkopf über die Bühne, eine zwei Meter große Büste von Lenin, dem sowjetischen Gründungsvater. Schräg unter ihm steht mit entspannten Gesichtszügen sein Nachfolger Michail Gorbatschow, der letzte Generalsekretär der KPdSU. Hinter seinem Rednerpult haben sich die Honoratioren der Stadt und ranghohe Funktionäre aus Moskau in drei Stuhlreihen über die Bühne verteilt. Am Rand präsentiert eine Ehrenwache stocksteif ihre Gewehre.

Der Genosse Generalsekretär hält heute einen Festvortrag über Geschichte und Gegenwart des größten arktischen Hafens: das in den letzten Jahren der Zarenzeit auf der Kola-Halbinsel zwischen Atlantik und Barentssee gegründete Murmansk, das sich im Zweiten Weltkrieg vierzig entbehrungsreiche Monate lang gegen Hitlers Luftwaffe und Marine verteidigt hat. Dafür ist die sowjetische Arktiskapitale zum 40. Jahrestag des Kriegsendes mit dem Titel »Heldenstadt« und dem Leninorden ausgezeichnet worden; nun erfolgt die offizielle Verleihung der seltenen Auszeichnung durch den ersten Mann im Staat.

Gorbatschow, der vor zweieinhalb Jahren die Macht übernommen und bald einen tiefgreifenden Umbau – die Perestroika – der sowjetischen Wirtschaft und Gesellschaft angekündigt hat, nimmt sich viel Zeit. Es ist sein erster Auftritt seit fast acht Wochen, in denen ihn mancher ausländische Journalist schon verloren wähnte. Der Generalsekretär erinnert an die Oktoberrevolution und die Kämpfe des Weltkriegs, lobt das Murmansker Fischerei-Kombinat, die Werftarbeiter und Schullehrer der Stadt. Er referiert Kennzahlen des Wachstums, aber kritisiert auch den damit einhergehenden Wohnungsmangel in Murmansk oder die erschreckend hohe Reparaturanfälligkeit sowjetischer Fernseher.

Am Schluss seiner gefühlt zweistündigen Rede wechselt Gorbatschow in die Weltpolitik und spricht sich für die Verwandlung des Arktischen Ozeans, den er ein Mittelmeer zwischen Europa, Amerika und Asien nennt, in eine internationale Friedenszone aus. Diese möchte er nicht nur durch reduzierte Militärpräsenz und Abrüstung errichten, sondern auch durch grenzüberschreitende Forschungsprojekte zum Umweltschutz oder zur Erschließung neuer Ressourcen unter dem Meeresgrund. Solche Überlegungen stellen einen deutlichen Bruch mit der bisherigen Politik der Abschottung und Geheimhaltung von wirtschaftlichen oder wissenschaftlichen Daten aus der sowjetischen Arktis dar. Ganz am Ende seiner Rede kündigt Gorbatschow auch noch die Öffnung des Nördlichen Seewegs für den internationalen Schiffsverkehr an. Für das nächste Jahr schlägt der Parteichef die Gründung eines Rats aller Arktisanrainerstaaten vor, um konkrete Projekte auf den Weg zu bringen. Er scheint es ernst zu meinen.

Der Generalsekretär erhält seinen kräftigen Generalsekretär-Applaus, schüttelt wichtige Hände und eilt zu weiteren Terminen. Im benachbarten Seweromorsk, dem Hauptquartier der sowjetischen Nordmeerflotte, wartet am nächsten Tag noch die Besatzung eines Atom-U-Boots. Die Männer ahnen noch nicht, welche Folgen Gorbatschows Auftritt am Vortag für sie haben wird. Auch der Gold-Lenin im Kulturhaus blickt weiterhin starr in die Zukunft; Murmansk geht zur Tagesordnung über. Dabei hat Gorbatschow an diesem Abend nicht weniger als einen Schlussstrich unter die bisherige sowjetische Arktispolitik gezogen.

Im Kalten Krieg war die Polarmeerregion in eine westliche, von vier NATO-Küstenstaaten kontrollierte, und in eine östliche Zone der UdSSR geteilt. Das neutrale Finnland hatte seinen schmalen Zugang zum Arktischen Ozean im Weltkrieg verloren. Moskau ließ es zwar stets bewusst unklar, ob es den ganzen sowjetischen Arktissektor, also das Tortenstück zwischen Barentssee, Nordpol und Beringstraße, als Einflusszone betrachtete oder bloß den Nördlichen Seeweg oder gar nur die Zwölfmeilenzone vor Sibirien und um die sowjetischen Arktisinseln. Doch in jedem Fall bestimmte der militärisch-strategische Nutzen die Bedeutung der Region. Im Permafrost entstand ein Netz von Überwachungsstationen und Flottenstützpunkten, über dem Eis lauerten strategische Bomberstaffeln, darunter mit Interkontinentalraketen bestückte U-Boote.

Sicherheit und Stärke waren das oberste Ziel, das alle Kosten, ökonomische wie ökologische, rechtfertigte. Militärische Interessen hatten bislang alle grenzüberschreitenden (wirtschafts- oder umweltpolitischen) Kontakte und insbesondere den internationalen Schiffsverkehr in der Arktis blockiert. Doch auch in der innersowjetischen Seefahrt hatte die Kriegsmarine stets Vorfahrt und konnte kurzfristig mit Manövern und für Waffentests ganze Seegebiete sperren. Gerade diesen Primat des Militärischen stellte Gorbatschow infrage, so vage er mit seinen konkreten Vorschlägen auch blieb. Bemerkenswert an seiner Rede war nicht nur seine Ankündigung multilateraler Kooperationen am nordpolaren »Mittelmeer« – bislang hatte Moskau bestenfalls bilaterale Gespräche mit anderen Arktisstaaten geführt. Sondern Gorbatschow verfolgte mit seiner Initiative auch sicherheitspolitische und ökonomische Ziele.

Er setzte zum einen seine erst kürzlich mit US-Präsident Ronald Reagan in Reykjavík begonnenen Vorstöße zur nuklearen Abrüstung an einem symbolischen Ort fort. Denn seit der Breschnjew-Zeit waren nirgendwo so viele sowjetische Atomwaffen stationiert wie im nordwestlichen Zipfel der UdSSR, an der Grenze zum NATO-Mitglied Norwegen. Das westliche Militärbündnis hatte seinerseits mit einer erhöhten Flottenpräsenz im Nordatlantik reagiert. Neue militärisch-technische Antworten gegen diese amerikanische »Vorwärts-Strategie« zu finden fiel der überlasteten sowjetischen Rüstungswirtschaft zunehmend schwer. Zum anderen benötigte der reformentschlossene Generalsekretär Geld für seine schleppend angelaufene Perestroika, vor allem für die angekündigte Modernisierung der Wirtschaft und die Verbesserung der Versorgung der Sowjetbürger mit Konsumgütern. Allein die Aufrechterhaltung der militärischen und zivilen Infrastruktur in der Arktis verschlang jedes Jahr Milliarden – Subventionen, die woanders fehlten, beispielsweise im maroden Gesundheitssystem der UdSSR. Für die Erschließung von neuen Rohstoffen in der Arktis mangelte es aber nicht nur an finanziellen Mitteln, sondern auch an aufwendiger Fördertechnik. Die Beteiligung ausländischer Investoren an der zukünftigen Öl- und Gasförderung versprach hier Abhilfe.

Die Antworten auf Gorbatschows Vorstoß fielen verhalten aus. Selbst das Moskauer Außenministerium brauchte drei Monate, um sich hinter die offenbar nicht abgesprochenen Vorschläge zu stellen. Die NATO reagierte mit Skepsis, ausländische Firmen beklagten die Rechtsunsicherheit für Investitionen in der sowjetischen Einflusssphäre. Allein die skandinavischen Staaten zeigten sich offener gegenüber dem Gesprächsangebot. Die norwegische Ministerpräsidentin Gro Harlem Brundtland begrüßte ausdrücklich die überfällige Zusammenarbeit im Umweltschutz. Keine nennenswerte Reaktion gab es hingegen von ausländischen Reedern oder Handelsministern auf die vorgeschlagene Öffnung des Nördlichen Seewegs, auf dem just im

Jahr der Gorbatschow-Rede mit 6,6 Millionen Tonnen so viel Güter wie noch nie transportiert wurden.

Langfristig zeigten Gorbatschows Visionen von Abrüstung und wissenschaftlicher Kooperation in der Arktis aber durchaus Wirkung. Seine Rede mündete neun Jahre später in die Gründung des (zuerst von Kanada vorgeschlagenen) Arktischen Rats, der bis heute das wichtigste Beratungsgremium zwischen Arktisanrainerstaaten und den indigenen Völkern des Nordens darstellt. Westliche Meeresbiologen oder Ethnologen erhielten endlich Forschungsvisa für die russische Arktis. Umweltschützer aus Russland durften sich international für den Schutz der Arktis einsetzen und Vertreter der Tschuktschen an Kongressen der arktischen Indigenen teilnehmen. Sogar die seit Jahrzehnten schwelenden Streitigkeiten über den Verlauf der russischen Seegrenzen zu Norwegen und den USA wurden beigelegt.

Auch die arktische Seeroute der Sowjetunion wurde tatsächlich für ausländische Schiffe geöffnet. Zum 1. Juli 1991, nur ein halbes Jahr vor Auflösung der UdSSR, trat ein kompliziertes Regelwerk in Kraft. Es legte nicht nur Tarife für die Durchfahrtsrechte und die Übermittlung von Wetter- und Eisdaten fest, sondern auch eindeutige seerechtliche Außengrenzen des Nördlichen Seewegs. Schon seit Jahren hatte sich die Sowjetunion an der Ausarbeitung eines neuen Seerechtsübereinkommens der Vereinten Nationen beteiligt – und in dem Zusammenhang stillschweigend die stalinistische Vorstellung eines sowjetischen Arktissektors bis zum Nordpol aufgegeben. Nun wurde der Nördliche Seeweg als Seegebiet zwischen Nowaja Semlja und der Beringstraße definiert, wobei die Nordgrenze entlang der Ausschließlichen Wirtschaftszone der UdSSR verlief, also 200 Kilometer vor der Küste, wie es das UN-Seerechtsübereinkommen von 1982 allen Staaten zugestand.

Das Abkommen stellte auch die Argumente bereit, mit denen Moskau überhaupt die Regelung des Schiffsverkehrs in dem Gebiet des Nördlichen Seewegs beanspruchen konnte. Denn eigentlich genießen

Das Seegebiet des Nördlichen Seewegs seit 1991

alle Schiffe, zivile wie militärische, in Ausschließlichen Wirtschaftszonen das Recht auf freie Durchfahrt – während alle Aktivitäten unter der Wasseroberfläche, etwa Fischfang oder Erdölsuche, allein dem Küstenstaat vorbehalten bleiben. Für Ausschließliche Wirtschaftszonen in eisbedeckten Meeren sieht Artikel 234 des Seerechtsübereinkommens allerdings Sonderregeln zur Sicherung der Schifffahrt und zum Schutz der Umwelt vor. Hierauf berief sich Moskau. Denn selbst im Sommer war in allen arktischen Meeren östlich von Nowaja Semlja mit teils großflächigem Meereis zu rechnen – nicht aber in der Barentssee, die nun, anders als in der Sowjetzeit, nicht mehr innerhalb der Grenzen des Nördlichen Seewegs liegen sollte. Außerdem war die Meeresregion zwischen Norwegen, Spitzbergen und Nowaja Semlja – im Unterschied zu den sibirischen Meeren – seit Jahrhunderten auch von skandinavischen und britischen Kapitänen befahren worden.

Durch Russlands Ausschließliche Wirtschaftszone muss auch heute noch fast jedes Schiff auf der Nordostpassage fahren; schließlich sind nur die stärksten Eisbrecher in der Lage, sich einen Weg fernab der russischen Arktisinseln zu bahnen, nur wenige Hundert Kilometer vom Nordpol entfernt. Reedereien arrangierten sich pragmatisch mit dem russischen Reglement und dem daraus abgeleiteten Anmeldungszwang. Doch die USA mochten die sowjetische Rechtsauffassung nie akzeptieren – und sie sind auch dem UN-Seerechtsübereinkommen nicht beigetreten. Im Unterschied zur »Russischen Föderation«, die 1992 aus der Konkursmasse der Sowjetunion entstand.

Als erstes ausländisches Schiff machte sich noch im August 1991 ein für die Versorgung von Polarstationen gebauter Eisbrecher, die unter französischer Flagge segelnde *Astrolabe*, auf den geöffneten Seeweg. An Bord war ein internationales Wissenschaftlerteam. Es verglich aktuelle Radarbilder des ersten europäischen Erdbeobachtungssatelliten ERS-1, der erst drei Wochen zuvor seine Arbeit aufgenommen hatte, mit eigenen Messungen vor Ort und mit Fotografien der sowjetischen Eisüberwachung. Gegenüber diesen hochauflösenden Luftaufnahmen wirkten die grobkörnigen, nur auf einige Kilometer genauen Bilder des ERS-1 schemenhaft. Dafür lieferten die Hochfrequenzkameras im All ihre Bilder auch bei Dunkelheit, und sie durchdrangen problemlos den notorischen Sommernebel über dem Polarmeer. Einstweilen trafen zwar die Satellitenaufnahmen nur zeitverzögert und per Telefax aus den ERS-Bodenstationen auf der *Astrolabe* ein; dennoch waren die Forscher zuversichtlich, dass mit mehr Satelliten und einer verbesserten Übertragungsqualität die arktische Schifffahrt bald in Echtzeit ihre Eisinformationen aus dem Weltraum erhalten würde.

Die Antarktis-erprobte *Astrolabe* meisterte die sommerliche Nordostpassage ohne Probleme. An den kritischen Stellen standen allerdings schwere Dieseleisbrecher oder auch schon mal zwei Atomeisbrecher der *Arktika*-Klasse bereit. Bei einer Arbeitsgeschwindigkeit von zwölf Knoten dauerte die Passage von Murmansk bis in die Beringstraße neunzehn Tage. Nur ein Mal verbreitete sich Unruhe an Bord, als im fernen Moskau Militär- und Geheimdienstoffiziere Panzer auffahren ließen und Gorbatschow für abgesetzt erklärten. Es drohte ein Ende seiner Reform- und Öffnungspolitik. Würde die *Astrolabe* ihre Reise fortsetzen und sowjetische Gewässer verlassen dürfen? Doch der Spuk des »Augustputsches« war nach drei Tagen vorüber, die Bordroutine kehrte zurück.

Anfang September nahmen Reporter der Tokioter Zeitung *Asahi Shinbun* die *Astrolabe* im nordjapanischen Hafen Hakodate in Empfang. Die zweitgrößte Zeitung der Welt hatte ein Gutteil der Expedition finanziert – und die Exklusivrechte für die Story über die japanischen Wissenschaftler an Bord und über eine Alternativroute für Nippons boomende Exportwirtschaft erhalten. Mit zehn Journalisten waren die mitreisenden Pressevertreter fast so zahlreich wie die zwölfköpfige Mannschaft.

Doch eine Sensationsgeschichte war die Reise der *Astrolabe* nicht; die internationale Aufmerksamkeit hielt sich in Grenzen. Weder die neue Satellitentechnik noch das 1994 endlich in Kraft tretende UN-Seerechtsübereinkommen brachten einen Durchbruch. Noch immer war kaum ein ausländischer Reeder bereit, seine Schiffe auf die Nordostpassage zu schicken. Zu wenig war über das Polarmeer bekannt; ob sich die Aus- oder Umrüstung von Schiffen rechnete, schien zweifelhaft. Sehr zurückhaltend waren auch Versicherungen mit der Kalkulation von neuen Policen für die bislang kaum befahrenen hohen Breitengrade. Zumal die russische Regierung im Übergang zur Marktwirtschaft schon bald die Eisbrecher-Tarife anhob.

Allein die neu gegründeten Arctic Shipping Services in Helsinki gingen 1993 eine Partnerschaft mit der Murmansk Shipping Company ein, der gerade in eine Aktiengesellschaft umgewandelten größten arktischen Reederei der UdSSR. Seit 1920 organisierte sie einen Großteil der sowjetischen Handelsschifffahrt auf dem Nördlichen Seeweg. Schon damals kamen in Finnland gebaute Schiffe zum Einsatz. Das finnisch-russische Joint Venture lieferte nun Dieseltreibstoff durch den Arktischen Ozean. Gleich im ersten Jahr bewältigte der eisverstärkte Tanker *Lunni* die Strecke von Archangelsk bis zum ostsibirischen Fluss Jana so schnell, dass er die Strecke gleich noch einmal wiederholte, obwohl in diesem Sommer bis zu drei Meter dickes Packeis die Navigation erschwerte. Gleich vier Atomeisbrecher gaben ihr Bestes, damit die finnische Pionierfahrt ein Erfolg wurde. Zum ersten Mal seit der Zarenzeit, konnte der Schiffseigner so stolz wie unzutreffend jubeln, sei wieder ein nichtrussisches Schiff auf der Nordostpassage unterwegs gewesen!

Einem Schwesterschiff der *Lunni*, der *Uikku*, gelang im Sommer 1997 als erstem westlichem Handelsschiff die Durchquerung der gesamten Nordostpassage, und das sogar ohne die Begleitung eines Eisbrechers. Selbst in der Ostsibirischen See hatte sich Mitte September nur eine fünf Zentimeter dicke Eisfläche gebildet. Größeren Schollen konnte die immerhin 164 Meter lange *Uikku* elegant ausweichen, hatte sie doch einen neuartigen, schwenkbaren Propellerantrieb erhalten, der das klassische Ruder überflüssig machte und die Fachwelt begeisterte. Doch auch von der Rekordfahrt des finnischen Tankers nahm kaum jemand Notiz. Dabei trat die *Uikku* sogar im selben Jahr noch die Rückfahrt nach Murmansk an, die allerdings von Russlands stärkstem Eisbrecher, der *Arktika*, in den zufrierenden Meeren gesichert wurde.

Trotz dieser Achtungserfolge kam nach der *Uikku* der Transitverkehr auf dem Nördlichen Seeweg für Jahre zum Erliegen, während Russlands arktische Binnenschifffahrt auf niedrigem Niveau stagnierte. Auf der Osthälfte brach der Seeverkehr fast völlig ein, auf der Westhälfte rechnete sich allein der Transport von Nickel und Kupfer aus Norilsk. Es schien, als hätte Gorbatschow mit seiner Öffnung des Nördlichen Seewegs das Gegenteil bewirkt und den Niedergang der arktischen Schifffahrt eingeleitet. Das Transportvolumen brach just im Jahr nach seiner Murmansk-Rede ein. Denn der Generalsekretär ließ seinen Worten bald Taten folgen und alle staatlich-militärischen Subventionen für die arktische Schifffahrt radikal zusammenstreichen. Am Ende der 1990er-Jahre wurden nur noch 1,5 Millionen Tonnen Fracht transportiert. Dies entsprach nicht einmal einem Viertel der Gütermenge von 1987.

Mit der Privatisierung der Schifffahrt übernahmen die nördlichen Regionen der Russischen Föderation die Kontrolle und Finanzierung von Docks und Terminals; auf die Überzentralisierung der Sowjetzeit folgte ein organisatorisches Chaos. Föderale Ministerien, autonome Gebiete der sibirischen Minderheiten und lokale Verwaltungen stritten um Kompetenzen und Einnahmen, staatliche, halbstaatliche und private Gesellschaften konkurrierten auf einem schrumpfenden Markt. Die Nordmeerflotte, der Stolz der sowjetischen Marine, musste aus Spargründen knapp ein Drittel der 168 U-Boote außer Dienst stellen, die sie zum Zeitpunkt der Gorbatschow-Rede besaß – und fast jedes zweite ihrer 220 Überwasserschiffe. Den (nicht privatisierten) Atomeisbrechern gingen die Aufträge aus. Noch zu Sowjetzeiten begannen sie, Touristen zum Nordpol zu schippern – für Devisen, verstand sich. Die Kabinenpreise begannen bei 20000 Dollar.

Zusammen mit den Staatsgarantien für die arktischen Infrastrukturen fielen die alten Preisvorgaben weg; die Kosten für den Gütertransport schossen in die Höhe. Sie machten in der Arktis auf einmal etwa die Hälfte des Warenwerts aus – fünfmal so viel wie im Landesdurchschnitt. Fast ausnahmslos fiel auch die arktische Industrieproduktion drastisch zurück. Und selbst die Erschließung der fossilen Rohstoffe stagnierte.

Gleichzeitig schmolz in der postsowjetischen Arktis die Nachfrage nach Lieferungen. Häfen und Wohnsiedlungen verfielen, Ersatzteillieferungen und Wartungsverträge wurden ausgesetzt, Forschungsstationen standen leer. Mit Industrie- und Militäranlagen verschwanden Hunderttausende Arbeitsplätze und Bewohner aus Russlands hohem Norden. Allein Murmansk verlor innerhalb eines Jahrzehnts ein Viertel seiner über 450000 Einwohner. Die Auslastung des aufgeblähten arktischen Transportsystems betrug kaum noch die Hälfte. Frachtschiffe verrosteten am Kai, wenn nicht schnell noch ein ausländischer Schnäppchenjäger zugriff. Auf Kiel gelegte Eisbrecher verwaisten in den Werften. Die vom neuen Präsidenten Russlands, Boris Jelzin, halsbrecherisch eingeleitete Umstellung der Wirtschaft auf kapitalistische Ziele traf die einstmals privilegierten Bewohner der Arktis nahezu unvorbereitet – mit Versorgungsengpässen, hoher Arbeitslosigkeit und Zukunftsangst, einer sinkenden Lebenserwartung und einer galoppierenden Inflationsrate.

Umso erstaunlicher war, dass nicht alle den Glauben an die Zukunft des Nördlichen Seewegs verloren. Westliche Journalisten wagten sich in überalterten Aeroflot-Maschinen in bislang verbotene, nicht einmal auf Karten verzeichnete Arktissiedlungen und berichteten mit glänzenden Augen von abenteuerlichen Bekanntschaften. Neue Geschäftsfelder taten sich hinter dem Eis auf: Nordpolüberquerungen mit Eisbrechern, Trekkingtouren in der Tundra, brachliegende Bodenschätze. Bereits 1992 investierte Conoco, der größte Erdölproduzent Alaskas, in die Erschließung des riesigen Ardalin-Ölfelds an der Petschora, im äußersten Nordosten Europas. Wladimir Potanin, damals ein Beamter des Handelsministeriums, heute einer der milliardenschwersten »Oligarchen« in Russland, sicherte sich 38 Prozent der Anteile am Norilsker Metallkombinat. Und damit, wie Conoco, die Zugriffsrechte auf die Exportwaren des 21. Jahrhunderts.

Auch Wissenschaftler unterschiedlicher Provenienz interessierten sich weiterhin für den Nördlichen Seeweg. Auf die *Astrolabe*-Expedition von 1991 folgte zwei Jahre später INSROP, ein sechsjähriges norwegisch-russisch-japanisches Forschungsprojekt (International Northern Sea Route Programme). An ihm waren über 450 Wissenschaftlerinnen beteiligt: Umweltgeografen und Eisexpertinnen, Volkswirte und Völkerrechtlerinnen, Ingenieure und sogar Historiker. Die Forscherinnen inspizierten den endlich zugänglichen Erfahrungsschatz der sowjetischen Arktisschifffahrt, erhoben neue Daten zum Umweltschutz und wagten Wachstumsprognosen. Es entstand ein Konvolut von technisch-wissenschaftlichen, ökologischen und rechtlichen Forschungsdaten – und zahlreichen Publikationen. Darunter auch die erste nicht russischsprachige Geschichte des Nördlichen Seewegs.[75]

INSROP holte aber nicht nur die Arktisforschungen nach, die seit Jahrzehnten an den sowjetischen Außengrenzen gescheitert waren. Es war letztlich eine technisch-wirtschaftliche Machbarkeitsstudie. Sie sollte Investoren wie Reeder überzeugen und die Unsicherheit beseitigen, die sich nach der Auflösung der UdSSR breitgemacht hatte. Denn allein die Tatsache, dass die arktische Verbindung zwischen – zum Beispiel – Hamburg und Yokohama mit 7000 Seemeilen fast 40 Prozent kürzer ist als durch den Suezkanal, machte den arktischen Seeweg noch lange nicht zu einer profitablen Alternative. Ebenso wenig garantierten Russlands unerschlossene Rohstoffreserven in der Arktis ein glänzendes Exportgeschäft.

Vor der kommerziellen Nutzung des Nördlichen Seewegs waren drängende praktische Fragen zu beantworten: Wie groß durften Handelsschiffe maximal sein, um noch durch die flachen arktischen Küstengewässer oder durch die von Eisbrechern geschlagenen Fahrrinnen zu passen – und konnte sich das im Vergleich mit den großen Containerschiffen auf der Suezkanal-Route rechnen? Wie hoch musste die Durchschnittsgeschwindigkeit arktischer Frachter sein, um einen Wettbewerbsvorteil zu erzielen? Wie ließ sich das Risiko von Umweltschäden minimieren und versichern? Und wie würden sich die Zusammenarbeit mit den russischen Behörden und der Export sibirischer Rohstoffe entwickeln?

Viele dieser Fragen waren leicht zu beantworten – so gaben die teils nur zwölf, dreizehn Meter tiefen Fahrwasser und die 28-Meter-Breite der *Arktika*-Eisbrecher die maximale Größe der Handelsschiffe vor. Der Suezkanal ist an seiner schmalsten Stelle 300 Meter breit und mindestens 24 Meter tief. Die Wasserstraße kann also etwa dreimal so große Frachter durchlassen wie die arktischen Standardrouten entlang der Küste Sibiriens; im Suezkanal können Schiffe ganzjährig zwanzig Knoten, auf dem Nördlichen Seeweg auch im Sommer durchschnittlich nur zwölf Knoten fahren. Andere Faktoren, wie der saisonale Eisgang oder schwankende Schwerölpreise, waren schwieriger zu bestimmen. Je höher der Ölpreis und je geringer der Zeitverlust durch Eishindernisse, desto profitabler würde der Nördliche Seeweg sein. Historisches Wissen aus der Eisdatenbank des Leningrader Arktisinstituts oder aus sowjetischen Unfallstatistiken bot eine ungefähre Planungsgrundlage. Der Nördliche Seeweg mochte zwar die kürzere, aber nicht unbedingt die schnellere und preiswertere Verbindung sein.

Fast unkalkulierbar waren Umweltschäden. Zwar hatte die Schifffahrt im hohen Norden der UdSSR weniger offensichtlichen Schaden angerichtet als die Hochöfen des westsibirischen Norilsk, das bis heute einen festen Platz unter den zehn ungesündesten Städten der

Welt einnimmt. Und erst recht weniger als die neunundsiebzig überirdischen Atomwaffentests auf Nowaja Semlja. Verklappte Altöle aus Arktisdampfern und verlorene Gefahrengüter verschwanden, zusammen mit den größtenteils ungeklärten Abwässern der arktischen Hafenstädte, unsichtbar im Eismeer. Doch mit zunehmendem Schiffsverkehr würden die Umweltbelastung und das Risiko von Unglücken steigen – und welche Folgen könnte eine Tankerkatastrophe im fragilen Ökosystem der Arktis haben? Die kaum existierenden Luft- und Seerettungsdienste wären mit einer Umweltkatastrophe hoffnungslos überfordert.

Glaubt man den Klagen von ausländischen Kapitänen und Schiffseignern, waren jedoch weder drohende Umweltschäden noch Treibeis oder Nebelbänke die größten Hindernisse auf dem Nördlichen Seeweg, sondern die Bürokratie des postsowjetischen Russlands. Das offizielle Handbuch für den Nördlichen Seeweg erschien erst 1996 auf Englisch – und umfasste 384 Seiten. Jede Fahrt war spätestens vier Monate vorher schriftlich in der zuständigen Abteilung des Moskauer Handelsministeriums anzumelden. Am besten per Telegraf, denn Fax- und Telefonverbindungen, so monierten Reeder immer wieder, funktionierten in den Behörden der chaotischen 1990er-Jahre nicht zuverlässig. Drei Kategorien standen für ausländische Schiffer zur Auswahl: Handel, Tourismus oder Forschung. Einzureichen waren vorab eine genaue Schiffsbeschreibung, Datum und Ziel der Passage.

Zehn Tage vor Eintritt in das Seegebiet mussten Kapitäne noch genaue Angaben über die Fracht, den Tiefgang sowie die Zahl der Besatzungsmitglieder und der Passagiere übermitteln. Die neue Verwaltung des Seewegs ließ ausführlich die Arktistauglichkeit jedes Schiffs überprüfen und legte seine genaue Fahrtroute fest sowie die Art und Dauer der Unterstützung. Damit diktierte Moskau auch die Kosten. So mussten für die Begleitung durch einen Eisbrecher 23 Dollar gezahlt werden – pro Tonne Schiffsgewicht. Für einen mittelgroßen Frachter bedeutete das schnell eine höhere sechsstellige Summe. Verpflichtend hinzu kamen eine Haftpflichtversicherung für die Beseitigung möglicher Umweltschäden sowie das Entgelt für zwei Lotsen. Kapitäne ohne Arktiserfahrung mussten das Ruder, gegen eine Extragebühr, einem russischen Steuermann überlassen. Alternativ konnten gleich russische eisverstärkte Frachter gepachtet werden. Das war schon in der Sowjetzeit möglich gewesen; norwegisches Holz war auf diesem Weg nach Japan gelangt.

Aus all diesen Gründen schien die arktische Schiffsroute zwischen Atlantik und Pazifik zur Bedeutungslosigkeit verdammt. Die Transportzahlen stagnierten weiterhin, bestenfalls. Auf der INSROP-Abschlusstagung in Oslo im November 1999 erklärte Rolf Sæther, Präsident des Norwegischen Reeder-Verbands, das Projekt Nordostpassage für gescheitert. Für die modernen Just-in-time-Lieferketten sei die Seeroute schlichtweg zu unzuverlässig. Als Liebhaber der Meere beeindruckten ihn die seemännischen Erfolge im Eismeer – doch als Reeder müsse er sich gegen das technisch Machbare und für das ökonomisch Sinnvolle entscheiden.

Naturgemäß anders sah das Sergei Frank, der Transportminister der Russischen Föderation und damit Chefverwalter des Nördlichen Seewegs. Er versprach auf dem Treffen in Oslo eine ganzjährige Schifffahrt sogar weit nördlich der sibirischen Archipele – dort, wo auch große Frachter genug Wasser unterm Kiel finden würden. An Profitabilität, Sicherheit und Zuverlässigkeit könnten keine Zweifel bestehen. Russland, und nur Russland, habe schließlich seit Jahrhunderten Erfahrung mit der Schifffahrt im eurasischen Polarmeer. Frank zitierte ausführlich aus einem Grußwort des damaligen russischen Ministerpräsidenten, Wladimir Putin. Der äußerte sich zuversichtlich, dass mit fortschreitender Erderwärmung der Nördliche Seeweg im 21. Jahrhundert immer länger und in höheren Breitengraden befahren werden könne. Tatsächlich war bislang der Klimawandel in den Planungen und Prognosen zur arktischen Schifffahrt noch so gut wie gar nicht vorgekommen.

Nur wenige Wochen später übernahm dieser Putin das Amt des russischen Präsidenten und versprach dem Land bald die Wiederherstellung seiner vermeintlich verlorenen nationalen Größe. Die Polarregion und ihre Meere nahmen in dieser Vision eine bedeutende Rolle ein, wie ein offizielles Strategiepapier der russischen Regierung vom Juni 2001 unterstrich. Nach den turbulenten 1990er-Jahren müsse sowohl den Reichtümern des Nordens als auch dem Schutz der langen Arktisküste endlich wieder mehr Aufmerksamkeit gewidmet werden. Fast schien es, als habe Moskau erst jetzt gemerkt, dass die Russische Föderation ohne die westlichen und südlichen Sowjetrepubliken ein deutlich nordischerer Staat als ihr Vorgänger geworden war. Und dass an seiner 24000 Kilometer langen Arktisküste mit dem Nördlichen Seeweg die einzige nicht von den USA kontrollierbare große Schifffahrtsstraße der Welt verlief.

14

Das Eis schmilzt

Erstaunliche Bilder von der Arktis funkte *Aqua* im September 2008. Der drei Tonnen schwere Forschungssatellit der NASA konnte mit seinen Mikrowellenkameras auf 3,5 mal 3,5 Kilometer genaue Eiskarten der gesamten Nordpolarregion erstellen. Jedes der dort zwischen blauschwarz und weiß leuchtenden Pixel gab eine Eiswahrscheinlichkeit von 0 bis 100 Prozent an. Deutlich zeichnete sich in diesem Spätsommer ein schmaler ultramariner Kreis ab, etwa 1000 Kilometer südlich des Pols. Das Packeis war an seinem gesamten Rand von Meerwasser umgeben, zum ersten Mal überhaupt seit Beginn der Aufzeichnungen. So sichtbar wie noch nie hatte der Klimawandel die arktische Schifffahrt erreicht.

Schon im Vorjahr hatten die Aufnahmen der *Aqua* auf der Nordwestpassage und bereits 2005 auf der Nordostpassage für mehrere Wochen ein blaues Band zwischen polarem Packeis und Festland(eis) angezeigt. Nun zog sich ein dunkler eisfreier Korridor gleichzeitig durch beide legendäre Arktis-Seerouten. Sie waren auf ihrer ganzen Länge befahrbar. Eine Arktisumfahrung nördlich von Kanada, Grönland und Sibirien wurde ohne Eisbrecherbegleitung denkbar. Zwar war die Auflösung der Aufnahmen zu gering, um kleinere, gleichwohl für die Schifffahrt gefährliche Eisfelder zu erfassen. Doch allein die Tatsache, dass das kompakte mehrjährige Eis im Arktischen Ozean erstmals durchgängig aufgebrochen war, ließ Reedereien,

Versicherungen und Fischereigesellschaften in Rotterdam und Oslo, Shanghai oder Tokio aufhorchen.

Öffnete sich im Arktischen Ozean eine Alternativroute zur südlichen Seeroute mit ihren leicht blockierbaren Nadelöhren wie dem Suezkanal oder den Seestraßen von Hormus und Malakka? Würde das Nordpolarmeer die nächste Goldgrube der globalen Fischindustrie sein, wenn die Herings- und Seelachsschwärme aus dem aufgeheizten Atlantik dorthin migrierten?

Klimaforscher und Umweltschützerinnen, die schon länger das Schmelzen des arktischen Eispanzers beobachteten, hatten das Tempo des Klimawandels im Norden unterschätzt. In knapp drei Jahrzehnten, seit Beginn der Satellitenüberwachung 1979, war die spätsommerliche Eisfläche in der Arktis um 35 Prozent zurückgegangen und im Durchschnitt um etwa 70 Zentimeter dünner geworden. Das Gesamtvolumen der gefrorenen Polkappe betrug nicht einmal mehr die Hälfte; dünnes und schneller auftauendes einjähriges Eis ersetzte das kompakte mehrjährige Eis. Und je mehr Eis fehlte, um Licht zu reflektieren, desto stärker erwärmte die Sonne das Eismeer. Zusätzlich begann in Sibirien der auftauende Permafrostboden jährlich Millionen Tonnen Methangas freizugeben; in der Atmosphäre blockiert es vielfach stärker als Kohlendioxid die Abstrahlung von Erdwärme in den Weltraum. Der berüchtigte Treibhauseffekt wurde so in der Arktis zu einem sich selbst beschleunigenden Prozess.

Weil der Klimawandel im hohen Norden mindestens doppelt – jüngere Studien sagen: viermal – so schnell voranschreitet wie in gemäßigten Breiten, sagten Wissenschaftlerinnen zunehmend längere Navigationsperioden voraus – und eine im Sommer bald komplett eisfreie Arktis. Ob bereits 2035 oder erst 2050, darüber streitet die Forschung noch, nicht aber über die Dimension der bevorstehenden Änderungen. Seit mehr als 100 000 Jahren hat es am Nordpol kein offenes Meer gegeben. Im letzten Quartal des Jahres 2008 lag die Temperatur in der zentralen Arktis vier Grad über dem langjährigen Durchschnitt.

Murmansk wunderte sich Ende Oktober über eine späte Hitzewelle. Noch nie waren am westlichen Eingang der Barentssee so spät im Jahr neun Grad gemessen worden. Zumindest nicht über null.

Die Warnmeldungen des Jahres 2008 waren nicht die ersten zum Klimawandel in der Arktis – und schon gar nicht die letzten. Doch in die seitdem fast jährlich nach oben korrigierten Prognosen zum Anstieg des Meerwasserspiegels und der arktischen Durchschnittstemperaturen mischten sich andere Nachrichten. Alarmierende Berechnungen zu den Überlebenschancen der auf Eis jagenden Polarbären konkurrierten mit kühnen Prognosen zur Verlagerung der Welthandelsströme nach Norden. Angesichts des schwindenden Meereises und steigender Treibstoffpreise kalkulierten die ersten internationalen Schiffsgesellschaften ihre Transportkosten und -wege neu, während in Russland »Oligarchen«, Staatsunternehmen und Wirtschaftspolitiker Pläne für eine Wiederbelebung des Nördlichen Seewegs als Versorgungsachse des Landes schmiedeten. Abenteurer begannen, ihre Jachten aufzurüsten, um den Ruhm der ersten Arktisumsegelung einzuheimsen. Sie glückte im Sommer 2010 dem norwegischen Polarforscher Børge Ousland in einem Trimaran.

Bereits ein Jahr früher, Anfang August 2009, machen sich zwei Schwergutfrachter der Bremer Beluga-Reederei auf den Nördlichen Seeweg. Sie sollen aus dem südkoreanischen Ulsan riesige Generatoren und andere Kraftwerkbauteile für einen neuen Ölhafen im westsibirischen Nowy Port liefern, in den Mündungsbereich des Ob. Niels Stolberg, dem umtriebigen Geschäftsführer von Beluga Shipping, geht es auch um den Nachweis, dass die arktische Abkürzung profitabler ist als die übliche Verbindung durch den Suezkanal. Die Beluga-Lieferung ist nicht weniger als die erste Durchquerung der Nordostpassage vom Pazifik unter ausländischer Handelsflagge.

Am 21. August verlassen *Beluga Fraternity* und *Beluga Foresight* Wladiwostok, Russlands Fernost-Metropole. Dort haben sie ihre letzten zweifarbigen Stempel für die Weiterfahrt erhalten. Zehn Tage später, inzwischen auf siebzig Grad Nord, sichten sie das erste Treibeis; passend zum für denselben Tag vereinbarten Treffen mit dem damals stärksten Eisbrecher der Welt, der noch von sowjetischen Ingenieuren konstruierten *50 Let Pobedy* (50 Jahre Sieg).

Der auffallend schwarz-rot lackierte Atomeisbrecher hat 2007 mit zwölf Jahren Verspätung seinen Dienst angetreten; eigentlich sollte er zum fünfzigsten Jahrestag des Weltkriegsendes den sowjetischen Ruhm durch die Arktis tragen. Doch die UdSSR zerbrach, das Schiff wäre fast als Investitionsruine in Sankt Petersburg geendet. Lange Zeit wusste niemand eine Verwendung für den nuklearen Kraftprotz. Mit 75 000 PS und ihrem neu gestalteten, löffelförmigen Bug kann die *50 Let Pobedy* gut zweieinhalb Meter dickes Eis brechen – für die spätsommerlichen Eisreste in der Ostsibirischen See braucht es diese Power nicht einmal ansatzweise. Die beiden eisverstärkten Beluga-Frachter würden vermutlich allein durchkommen – und so hat Beluga Shipping das Unternehmen auch angekündigt. Weniger um Kosten zu sparen, als um die Leichtigkeit der kommerziellen Polarmeerfahrt in Zeiten der Polkappenschmelze zu demonstrieren – und Folgeaufträge zu akquirieren.

Doch Eisbrecher-Begleitung ist Pflicht und spätestens in der Wilkizki-Straße auch hilfreich. Immerhin steigt in diesem Nadelöhr an der Nordspitze Asiens die Konzentration des Meereises auf 50 Prozent. Und damit auch die Kollisionsgefahr. Ein zweiter Atomeisbrecher, die *Rossija* aus dem Jahr 1983, die wenig später außer Dienst gestellt werden wird, steht für die sichere Durchfahrt in die Karasee bereit. Dort zieht stürmisches Wetter auf – wie es im Arktischen Ozean in Zeiten des Klimawandels inzwischen häufiger herrscht. Die Weiterfahrt verlangsamt sich; mit Verzögerung löschen die beiden Frachter am 7. September ihre Ladung in Nowy Port. Und dampfen ungestört weiter, über Murmansk, wo sie Metallröhren laden, bis nach Rotterdam.

Selten fand ein Schwerguttransport ein größeres Medienecho, zumindest außerhalb Russlands. Ob *Bild*-Zeitung oder *New York Times* – die Presse begeistert sich für die zwei deutschen Frachter, die das Eismeer vor Sibirien bezwangen. Als hätte es im Sommer 2009 nicht auch drei russische Passagen und vorher sieben Jahrzehnte sowjetische Arktisschifffahrt gegeben. Oder 1997 die Doppelpassage der *Uikku*. Erst im letzten Jahr, verbreitet dagegen Geschäftsführer Niels Stolberg in einem Interview für die Nachrichtenagentur Reuters, sei die Seeroute überhaupt für Handelsschiffe befahrbar geworden. Die meisten westlichen Journalisten übernehmen diese Selbstdarstellung; für sie ist die Polarregion offenbar noch das fantastische, kalte Land aus den Entdeckerromanen ihrer Kindheit. So geheimnisvoll und abgelegen wie der Marianengraben im Pazifik – aber zumindest im Polarsommer fotogener.

Näher dran ist der *Barents Observer*, eine stets gut informierte Internetzeitschrift zu allen Themen der eurasischen Arktis. Das norwegische Portal erinnert nicht nur an die sowjetische Handelsflotte, sondern auch an die mit zunehmendem Schiffsverkehr wachsenden Unfallrisiken. Ob die Beluga-Kapitäne, wenn sie sich dem zugegebenermaßen grandiosen Blick über die eisig gescheckte Ostsibirische See hingeben, daran denken, dass sie entlang der abgelegensten Küste der Welt fahren und durch noch immer unzureichend erforschte Gewässer?

Wie schwierig erreichbar havarierte Schiffe selbst in der vergleichsweise zugänglichen Barentssee sind, hat gerade erst der Frachter *Petrosawodsk* erfahren, der bei Spitzbergen vor einer Vogelkolonie auf Grund gelaufen war. Glücklicherweise konnte das Schweröl an Bord rechtzeitig abgepumpt werden – in der Region waren die Kapazitäten für die Reinigung ölverseuchter Eisgewässer gleich null. Doch auch so waren für die Bergung der *Petrosawodsk* 15 Millionen Dollar veranschlagt. Kaum auszurechnen, was eine vergleichbare Aktion in der Ostsibirischen See kosten und wie lange es dauern würde, bis

Hilfsgerät vor Ort wäre. Zu Recht hält daher der *Barents Observer* den Ausbau von Seenotrettungsdiensten und Reparaturwerften in der Arktis für ein mindestens ebenso wichtiges Thema wie die Beluga-Lieferung durchs Eismeer.

Das Hauptaugenmerk der Öffentlichkeit gilt gleichwohl den wirtschaftlichen Kennziffern. Noch im Juni 2009 hat die einflussreiche maritime Klassifikationsgesellschaft Det Norske Veritas den Nördlichen Seeweg als eine mittelfristig zu teure Alternative verworfen. Die Kosten für eine arktistaugliche Ausstattung der Schiffe halten die norwegischen Experten für inakzeptabel. Treibeis, Nebel und gefrierender Regen senkten selbst im Sommer das Durchschnittstempo; Versicherungsprämien verteuerten sich je nach Schiffstyp um bis zu 100 Prozent. Die flachen, küstennahen Routen gelten für die gigantischen Containerschiffe der jüngsten Generation als nicht befahrbar, die tieferen Fahrwasser im Norden des Polarmeers hingegen als nicht eisfrei genug.

Nun verkündet Beluga Shipping stolz, mit der Pionierfahrt 5500 Kilometer eingespart zu haben – und das heißt: mehrere Arbeitstage, 300000 Dollar und die Emissionen von 200 Tonnen Schweröl. Pro Schiff. Mit größeren Frachtern und in immer länger eisfreien Sommern werde die arktische Seeroute so zuverlässig wie die Suez-Route sein. Nur schneller und billiger. Und Piratenüberfälle drohten im Eismeer, anders als damals am Horn von Afrika, ebenfalls nicht.

Dass Stolberg mit den russischen Behörden einen erheblichen Rabatt auf die Transitgebühren ausgehandelt hat und seine Kapitäne in Wladiwostok drei Wochen auf ihre Papiere warten mussten, erwähnt er nicht. Warum auch – zukünftige Erfolge scheinen wichtiger. Längst seien neue Verträge für den Transport von über 1000 Tonnen aus Asien nach Europa unterschrieben. Der neue Boom scheint garantiert.

Tatsächlich nahmen in den nächsten Jahren so viele Schiffe wie nie die Abkürzung über den Nördlichen Seeweg. War der Transitverkehr in den späten 1990er-Jahren fast komplett eingeschlafen, so vervielfachte er sich zwischen 2009 und 2013 von fünf auf die Rekordzahl von einundsiebzig Gesamtpassagen, darunter die ersten Durchquerungen ohne Eisbrecher, der erste Flüssigerdgastanker, die ersten verschifften Container, das erste Passagierschiff. Die Erfolgsmeldungen jagten sich genauso schnell wie die Warnungen vor der Polarmeerschmelze. Während sich die Navigationsperiode weiter in den Juni und November ausdehnte, schrumpfte die benötigte Zeit für die Bewältigung der schon lange nicht mehr legendären Nordostpassage. Nur noch siebeneinhalb Tage für den Abschnitt von Nowaja Semlja zur Beringstraße benötigte im September 2011 der doppelwandige Supertanker *Wladimir Tichonow*, der 120000 Tonnen russisches Gaskondensat nach Thailand lieferte. Eine neue Bestmarke. Und weil die von zwei Eisbrechern begleitete *Tichonow* die Strecke nördlich der sibirischen Archipele wählte, war seine Fahrt zugleich ein Beweis für die Schiffbarkeit des Polarmeers selbst in höchsten Breitengraden.

Immerhin sechsundzwanzig der Durchfahrten von 2013, also ein gutes Drittel, erfolgten unter nichtrussischer Flagge. Die blaue Walschwanz-Flagge von Beluga Shipping war nicht mehr dabei; die Bremer Reederei stellte Anfang 2011 einen Insolvenzantrag – just in dem Jahr, in dem die Nordostpassage erstmals völlig eisfrei war. Nicht nur aus dem Weltraum, sondern auch von den Kommandobrücken war kein Treibeis mehr zu erspähen.

Selbst wenn Stolberg seine Reederei auflösen und wegen Bilanzfälschung eine dreieinhalbjährige Haftstrafe antreten musste – seine Schwergutfrachter hatte er zum richtigen Zeitpunkt an den richtigen Ort geschickt. Und dies nicht nur wegen des Klimawandels. Mindestens ebenso stark profitierte Beluga Shipping von einer Wiederentdeckung der Arktis in der russischen Politik. Schon mit der Fertigstellung der 250 Millionen Dollar teuren *50 Let Pobedy* hatte der russische Präsident Putin seinen Glauben in die Zukunft des Nördlichen Seewegs und in die positiven Seiten des Klimawandels bekräftigt. Nicht zufällig reiste er persönlich für die Indienstnahme des Eisbrechers 2007 nach Murmansk, zwanzig Jahre nach Michail Gorbatschows berühmter Arktisrede.

Im September 2008 verkündete dann Dmitri Medwedew, Russlands neues (vorübergehendes) Staatsoberhaupt, eine erweiterte Arktisstrategie der Russischen Föderation. Das sechsseitige Grundsatzpapier definierte Moskaus wirtschaftliche, sicherheitspolitische und ökologische Ziele im hohen Norden. Bei aller Sorge über die sich wandelnde Fauna und Flora oder über im aufgetauten Permafrostboden versinkende Infrastruktur setzte die Strategie vor allem auf die ökonomischen Chancen einer zunehmend eisbefreiten Polarregion. Bereits über 95 Prozent des russischen Erdgases und gut 70 Prozent des russischen Öls stammten aus der Arktis; außerdem fast alle in Russland geförderten Diamanten sowie der größte Teil der Schwer- und Edelmetalle. Russlands Norden, wurde Medwedew nicht müde zu betonen, bilde die materielle Basis für die Entwicklung des Landes zur Rohstoffsupermacht des 21. Jahrhunderts. Nicht zuletzt dachte er dabei an wachsende Exporte in die Industrieländer Westeuropas und Ostasiens.

Noch mehr Rohstoffe lockten im Meeresgrund unterhalb des schmelzenden Eises. Neben Kupfer, Platin und seltenen Erden befänden sich nördlich des Polarkreises 30 Prozent der weltweiten Gas- und 13 Prozent der Ölreserven – schätzte 2008 eine viel beachtete Studie amerikanischer Geologen. Und zwar vor allem offshore. Bereits 2035, vermuteten die Wissenschaftlerinnen, würde die Mehrheit der weltweit geförderten fossilen Brennstoffe, die letzten Reserven der Erde, aus der nördlichen Polarregion stammen.

Längst hatten die arktischen Küstenstaaten begonnen, Nutzungsansprüche auf den Meeresgrund anzumelden – weit über die 200 Seemeilen ihrer jeweiligen Ausschließlichen Wirtschaftszonen im Polarmeer hinaus und teils mit erheblichen Überschneidungen. Das im November 1994 in Kraft getretene UN-Seerechtsübereinkommen sieht solche Befugnisse für den Abbau von Bodenschätzen jenseits der 200-Meilen-Grenze ausdrücklich vor – nicht aber (und dies im Unterschied zur Ausschließlichen Wirtschaftszone) für die Ausbeutung des Meeres oberhalb des Meeresgrunds, beispielsweise durch Fischfang.

Nutzungsrechte für den Meeresboden gewähren die Vereinten Nationen freilich nur, sofern sich in einem komplizierten Begutachtungsverfahren darlegen lässt, dass die fraglichen Regionen Teil des Festlandsockels sind, also geologisch nachweisbare Verlängerungen der Landmasse eines Küstenstaats. Beginnend mit Russland im Jahr 2001, haben inzwischen fast alle fünf arktischen Küstenanrainer entsprechende Gutachten und Anträge bei der UNO eingereicht (mit Ausnahme der USA, die das Seerechtsübereinkommen nie ratifiziert haben). Der oft beschworene Wettlauf zum Pol oder gar Krieg um die Rohstoffe der Arktis findet einstweilen mit juristischen Mitteln statt. Oder am Verhandlungstisch mit den Nachbarstaaten.

Fest einplanen konnte Russland bereits die wirtschaftliche Ausbeutung von 70 Prozent der unter dem Arktischen Ozean entdeckten Rohstoffe, weil sie innerhalb der russischen Ausschließlichen Wirtschaftszone liegen, großteils im Gebiet des Nördlichen Seewegs. Für die technisch schwierige Erschließung dieser Rohstoffe setzte Moskaus neue Arktisstrategie auch auf Joint Ventures mit ausländischen Förderunternehmen. So schlossen 2011 die Ölgiganten Rosneft und ExxonMobil einen Vertrag zur Erdölförderung in der Karasee, später auch vor Ostsibirien und Tschukotka. Noch mehr Bodenschätze ließen sich möglicherweise entlang des Lomonosow-Rückens und des Mendelejew-Rückens finden – zwei Unterwassergebirge, die sich in 2000 Meter Tiefe von Franz-Josef-Land beziehungsweise von Ostsibirien in Richtung Grönland und Kanada erstrecken. Der Zugang zu den Rohstoffen der arktischen Tiefsee dürfte allerdings nur mit immensen Investitionen und modernster Fördertechnik möglich sein; außerdem betrachten auch Dänemark und Kanada die submarinen Berge als Verlängerung ihrer Festlandsockel.

Steigende Rohstoffpreise machten bereits die Erschließung küstennaher Gas- und Ölfelder profitabel – und spülten schon länger Exporterlöse in die russische Staatskasse. Moskau investierte die Milliardeneinnahmen auch in den Ausbau des Nördlichen Seewegs, über den schließlich in Zukunft ein Großteil der Rohstoffausfuhren verschifft werden sollte. Bislang hatte sich, trotz des wachsenden Transitverkehrs, das Transportvolumen allerdings kaum erhöht. Es pendelte seit den späten 1990er-Jahren um zwei Millionen Tonnen pro Saison.

Die Arktisstrategie von 2008 sollte Abhilfe schaffen. Dafür mussten moderne Verladeterminals am Rand der neuen Öl- und Gasfelder aus dem immer weicheren Permafrostboden gestampft und die älteren, seit der Sowjetzeit vernachlässigten See- und Flughäfen für den wachsenden Verkehr ausgebaut werden. Eisenbahngleise und Datenkabel fehlten allerorts. Schon bald sollte außerdem eine neue Generation riesenhafter Eisbrecher den Nördlichen Seeweg ganzjährig und überall befahrbar machen. Seit 2010 entstanden entlang der russischen Arktisküsten auch die ersten von zehn geplanten Seenotrettungszentren, wie sie der *Barents Observer* im Vorjahr so schmerzlich vermisst hatte.

Im Jahr 2012, als die Fläche der arktischen Eiskappe erstmals auf unter vier Millionen Quadratkilometer zurückging (also auf etwa die Hälfte des australischen Kontinents), übernahm eine neue, föderale Behörde im Moskauer Zentrum die Verwaltung des Nördlichen Seewegs. Sie kam den Klagen internationaler Reedereien, die mit möglichst niedrigen Kosten und wenig Wartezeiten kalkulieren, entgegen. Die bislang fixen Gebühren waren plötzlich (wie faktisch bereits für Beluga Shipping) verhandelbare Obergrenzen. Und je nach Wetterlage und Schiffsausrüstung waren nicht einmal mehr Eisbrecher zwingend nötig. Die Entscheidung darüber traf die Behörde aber im Einzelfall und allein. Immerhin konnten nun alle Anträge zum Befahren des Nördlichen Seewegs bei den zunächst fünfzehn Mitarbeitern online gestellt werden. Fast vierhundert waren es 2013, im ersten Arbeitsjahr der neuen Behörde, in der Regel für den Transport von Gütern, seltener für Forschungsexpeditionen oder Kreuzfahrten.

Doch jeder achte Antrag blieb erfolglos, entweder weil Schiffe oder Personal als nicht arktistauglich galten oder schlichtweg unerwünscht waren. Wie im Sommer 2013 die *Arctic Sunrise,* ein Expeditionsschiff von Greenpeace. Doch die Umweltschützer fanden schnell ein Ersatzziel. Sie fuhren mit ihrem umgebauten, knapp fünfzig Meter langen Eisbrecher in die südöstliche Barentssee, um vor der Südspitze von Nowaja Semlja auf der ersten Förderplattform von Rosneft und ExxonMobil gegen Ölbohrungen im Polarmeer zu protestieren. Russische Grenzschützer verhinderten am 18. September mit viel kaltem Wasser und einigen Warnschüssen das Erklettern der Bohrinsel. Zugleich seilten sich Einsatzkräfte vom Helikopter auf die unter niederländischer Flagge fahrende *Arctic Sunrise* ab und übernahmen das Kommando. Sie konnten so zwar die Protestaktion abbrechen, nicht aber ihren Erfolg verhindern. Dramatische Bilder von bewaffneten Männern in schwarzen Sturmhauben und nassen Aktivistinnen in orangen Overalls gingen um die Welt.

Das Expeditionsschiff wurde in Murmansk festgesetzt, und die dreißig Protestler wurden zunächst wegen Piraterie, dann wegen Rowdytum angeklagt. Der Internationale Seegerichtshof in Hamburg erklärte im November die Beschlagnahmung des Schiffs und die Inhaftierung der Besatzung für rechtswidrig. Daraufhin amnestierte die russische Staatsduma die Umweltschützer, das Hamburger Urteil akzeptierte Russland allerdings nicht. Auch wenn sogar der damalige Ministerpräsident Putin den Greenpeacelern öffentlich edle Motive zugestehen mochte.

Die Mannschaft kam rasch gegen Kaution frei, aber die *Arctic Sun-*

rise durfte erst 2014 die russischen Hoheitsgewässer verlassen. Ohne Entschädigung. Greenpeace zahlte einen hohen Preis für seine Kampagne. Doch sie hatte auf einen grundsätzlichen Widerspruch zwischen ökonomischen und ökologischen Zielen in der russischen Arktisstrategie hingewiesen. Einerseits war 2009 im Norden der Karasee ein riesiger Nationalpark entstanden, andererseits der Süden desselben Meeres und der Barentssee als neue Schwerpunktregion der Öl- und Gasförderung ausgewiesen worden.

In dem Streit um die Greenpeace-Aktion und die Festsetzung des Schiffs ging es um unterschiedliche Rechtsauffassungen. Die *Arctic Sunrise* befand sich außerhalb der russischen Zwölfmeilenzone und wähnte sich deshalb in internationalen Gewässern – und damit rechtlich vor einer Beschlagnahmung geschützt. Aus Moskauer Sicht hingegen bestand Handlungsbedarf wegen einer versuchten Okkupation der Ölplattform mit verdächtigen Absichten. Man habe nur sein international verbrieftes Recht auf Ressourcenförderung innerhalb der 200-Meilen-Wirtschaftszone verteidigt und eine mögliche ökologische Katastrophe durch die Beschädigung der Bohrinsel abgewendet.

Zugleich war der Konflikt ein symbolischer, galt doch – und gilt bis heute – aus Moskauer Sicht der Arktische Ozean zwischen Barentssee und Beringstraße als natürliche russische Interessensphäre. Fremde Machtdemonstrationen sind dort nicht gerne gesehen, auch wenn sie seerechtlich legal sind. Und dass sie mit dem schmelzenden Polareis leichter als je zuvor möglich wurden, bereitete russischen Militärs und Sicherheitspolitikern einiges Kopfzerbrechen. Jahrzehntelang hatte der arktische Eispanzer die sowjetische Nordküste hermetisch abgeschlossen. Die Öffnung der Nordostpassage löst neben hochfliegenden ökonomischen Erwartungen bis heute eben auch tief sitzende Bedrohungsvorstellungen aus. Wie im Kalten Krieg warnen immer mehr russische Sicherheitspolitiker und Geostrategen vor einer Beschneidung russischer Interessen durch die anderen arktischen Küstenstaaten.

Der Klimawandel und das wachsende internationale Interesse an der Arktis stellten weitere Argumente dafür bereit, die militärische Präsenz Russlands im hohen Norden zu stärken. Der zwischen 2000 und 2008 verfünffachte Verteidigungshaushalt diente nicht nur der Finanzierung der Kriege in Tschetschenien und gegen Georgien – erhebliche Summen flossen auch in die Modernisierung und Erneuerung der arktischen Streitkräfte. In den 1990er-Jahren aufgegebene Stützpunkte, Radarstationen und Flughäfen wurden reaktiviert; die nördlichste Militärbasis der Welt, Nagurskaja im Naturschutzgebiet von Franz-Josef-Land, wurde nicht nur reaktiviert, sondern aufwendig erweitert. Keine Teilflotte der russischen Marine wuchs schneller als die arktische Nordflotte, die mit regelmäßigen Manövern ihre Einsatzbereitschaft demonstrierte. Demonstrativ durchquerte ihr Flaggschiff, der atomgetriebene Kreuzer *Pjotr Weliki* (Peter der Große), im September 2013 den Nördlichen Seeweg, um an Landungsmanövern auf den Neusibirischen Inseln teilzunehmen. Schon seit 2007 haben auch strategische Bomber ihre Patrouillenflüge entlang von Russlands Seegrenzen zu Norwegen und den USA wiederaufgenommen. Die NATO schickte ihrerseits mehr Kriegsschiffe und Flugzeuge an ihre arktischen Grenzen.

Die Remilitarisierung der Arktis erreichte längst (noch) nicht das Niveau des Kalten Kriegs. Doch sie fügte sich nahtlos in die geostrategische Umorientierung Moskaus ein, die damals immer deutlichere Konturen gewann. Das Ziel war die Rückkehr Russlands als Groß-, wenn nicht als Weltmacht; die Auflösung der Sowjetunion erschien als Erniedrigung. Der Arktische Ozean, der gut zur Hälfte vor der Nordküste Russlands liegt, sollte ein Sprungbrett für die Renaissance vergangener Größe darstellen. Er bot – und bietet – nicht nur Flüssiggastankern oder Atom-U-Booten den einzigen Zugang zum Atlantik und eine Querverbindung in den Pazifik, sondern auch eine Projektionsfläche für weltpolitische Visionen.

Russland entwarf sich seitdem über die Polarmeere als globale, ozeanische Macht. In diesem Selbstbild nahm die Erinnerung an die Eroberer und Erforscher des Nordens und seine Industrialisierung in der Stalinzeit einen zentralen Platz ein. Die Arktis fügte sich nahtlos in den neuen Staatspatriotismus ein, der in Medien und Schulbüchern das Bild einer ruhmreichen, makellosen Vergangenheit zeichnet. Sie zu bewahren und das Erreichte zu mehren – dieses Leitmotiv hat niemand plakativer im politischen Diskurs verankert als der prominente Polarforscher Artur Tschilingarow.

Anfang August 2007 untersuchte Tschilingarow mit der tiefseetauglichen *Mir* (Friede) erstmals den Ozeanboden am Nordpol. Das keine acht Meter lange Forschungstauchboot war eine kleine Berühmtheit, seit es für den Hollywoodfilm die Aufnahmen des Wracks der *Titanic* geliefert hatte. Nun sammelte die *Mir* mithilfe ihres Greifarms gut 4300 Meter unter dem Eis Gesteinsproben, welche die geologische Verwandtschaft des Nordpols mit dem russischen Festlandsockel beweisen sollten.

Mit demselben Werkzeug pflanzte Tschilingarow eine russische Flagge aus Titan in den Meeresgrund des Nordpols. Das Video von der Installation kann zwar mit dem *Titanic*-Film nicht mithalten, ging aber im Internet viral, als Zeugnis eines symbolischen Akts. Russland sei in die Arktis zurückgekehrt, um zu bleiben, erklärte der achtundsechzigjährige Geograf nach dem Tauchgang. Für seinen Unterwasser-Patriotismus bekam er von Putin den höchsten Orden des Landes verliehen, »Held der Russischen Föderation«. Tschilingarow startete daraufhin eine späte politische Karriere als Parlamentarier für die Präsidentenpartei.

Territoriale Rechte auf den Nordpol ergaben sich aus dem Coup nicht. Die Zeiten der Landnahme durch Flaggenhissen seien vorbei, warnten umgehend Russlands arktische Nachbarn. Putin persönlich beschwichtigte: Man sei weiterhin an einer internationalen Zusammenarbeit interessiert. Das zeigten Russlands offizieller UN-Antrag auf unterseeische Bodenrechte jenseits der 200-Meilen-Zone wie auch seine Arktisstrategie von 2008. Trotzdem erschien vielen – in Russland wie außerhalb – Tschilingarows submarine Fahnenzeremonie wie der Beginn eines neuen Wettlaufs zum Pol. Eines Wettlaufs, in dem die größte arktische Macht, Russland, auf einmal das Tempo vorgab.

Vor allem nationalistische Publizisten wie Aleksandr Dugin warnten, dass Russlands Zukunft – gar die Neuaufteilung der Welt – vom Kampf um die Rohstoffe am Nordpol abhänge. Der politische Rechtsaußen und gelegentliche Präsidentenberater Dugin ist die bekannteste Galionsfigur der sogenannten Eurasier; sie gehen von einem eigenen, durch Russland geprägten Kulturtypus zwischen Westeuropa und Ostasien aus und träumen von einem »Sammeln« der ehemals sowjetischen Länder. Ihr Ziel ist nicht weniger als ein neues Großimperium zwischen Atlantik, Pazifik – und Arktischem Ozean. Die Expansion in die Arktis nimmt in diesen atemberaubenden geopolitischen Entwürfen einen besonderen Platz ein. Das liegt nicht allein an den umstrittenen Reichtümern im Eis, sondern ebenso an einer Mystifizierung des Nordens als kulturelles Erbe von Russen. Sie bilden für Dugin das überlegene »Kernethnos« des Zarenreichs, der UdSSR und erst recht der »Russischen Föderation«. Die Arktis sieht er als Ort früherer russischer Heldentaten und als Ursprung überlegener Eigenschaften durch den beständigen Kampf mit den nordischen Elementen. Wo, glaubt man Dugin, russische Eisbären und russische Pinguine leben, dort beginne die Zukunft Russlands. Und später der »Endkampf«, für den der Welterklärer gern das deutsche Wort benutzt, mit dem für so dekadent wie expansionistisch erklärten Westen.

Zwar gibt es gar keine Pinguine in der Arktis, und ob die vom Klimawandel bedrohte Region noch im Stile der Stalin'schen Propaganda für elektrisierende Zukunftsvisionen taugt, ist fraglich. Doch Russlands Großmachtanspruch ist doppelt mit dem hohen Norden verbunden. Zum einen beansprucht der größte Arktisanrainer eine gleichsam natürliche Vorrangstellung im Norden, zum anderen gründet seine wirtschaftliche Macht auf arktischen Ressourcen. Der russische Norden macht gut ein Fünftel der Russischen Föderation aus und ist seit der Sowjetzeit von Städten und Industriestandorten durchzogen. Es war daher nur konsequent, dass Nikolai Pawljuk, ein habilitierter Soziologe der Moskauer Lomonosov-Universität und Direktor eines geheimnisvollen Instituts für Experteneinschätzungen, im Juli 2012 vorschlug, den Arktischen Ozean in Russischen Ozean umzubenennen. Russland nehme nicht nur den größten Teil des arktischen Territoriums ein, erläuterte Pawljuk, sondern habe es auch maßgeblich erforscht und besiedelt. Der Vorschlag verhalf dem unbekannten Wissenschaftler zu kurzfristigem Ruhm in nationalrussischen Kreisen und schien ansonsten ohne Folgen zu verpuffen.

Doch indirekt griff das Gesetz zum Nördlichen Seeweg aus demselben Jahr, mit dem die neue Verwaltung der Schifffahrtsroute geschaffen wurde, die Vorstellung eines russischen Nordmeers auf. Es definierte das Seegebiet zwischen Nowaja Semlja und der Beringstraße als eine historisch gewachsene und nationale Verkehrsverbindung. Diese historischen Gewässer seien seit Jahrhunderten so gut wie ausschließlich von russischen beziehungsweise sowjetischen Schiffen befahren worden. Ähnlich demonstrativ hatte Kanada bereits im Dezember 2009 die Schifffahrtswege vor seiner Arktisküste per Gesetz in Kanadische Nordwestpassage umbenannt.

Auf eine demonstrative Umbenennung des Ozeans im Sinne von Pawljuk verzichtete der russische Gesetzgeber. Mit dem scheinbar beiläufigen Rückgriff auf historisch gewachsene Ansprüche widersprach er indes einmal mehr der insbesondere von den USA vertretenen Einstufung des Nördlichen Seewegs als internationale Gewässer, in denen, wie in allen Ausschließlichen Wirtschaftszonen, ein allgemeines Recht auf friedliche (und eigentlich auch unentgeltliche) Durchfahrt besteht. Seerechtlich gilt die russische Ausschließliche Wirtschaftszone im Polarmeer tatsächlich als internationales Gewässer, und das Recht auf friedliche Durchfahrt gilt sogar in Russlands Zwölfmeilenzone. Lediglich die regelmäßige Vereisung seiner arktischen Wirtschaftszone erlaubt es Moskau, zum Schutz von Umwelt und Schifffahrt das von den USA beanspruchte Durchfahrtsrecht einzuschränken und an kostenpflichtige Dienste zu binden.

Dagegen sind historische Gewässer – in denen ein Küstenstaat nachweisbar lange und ausschließlich seine Souveränität ausgeübt hat – keine internationalen, sondern innere Gewässer. In ihnen gilt das Gesetz des Küstenstaats und ein Durchfahrtsrecht nur unter bestimmten Umständen. Das UN-Seerechtsabkommen sieht solche historischen Sonderrechte aber üblicherweise nur für große Buchten, Meeresstraßen oder Archipelgewässer vor – nicht aber für ganze Meere wie die Karasee oder gar für ein riesiges Seegebiet wie den Nördlichen Seeweg. Als historische Arktisgewässer Russlands dürften sich daher auf internationaler Ebene allein die Meerengen zwischen Sibirien und seinen vorgelagerten Inseln (und das Wasser um diese Inseln selbst) einstufen lassen.

Je stärker die Eiskappe des Nordpols schmilzt, desto wichtiger werden für Moskau Argumente aus der Geschichte der Nordostpassage werden, um den Seeweg auch in einer zunehmend eisfreien Gegenwart zu kontrollieren. Der Klimawandel am Nordpol öffnet aus russischer Sicht somit nicht nur globale Handelsmöglichkeiten und NATO-Flotten potenzielle Angriffsflächen, sondern auch einen neuen Blick in die Vergangenheit und in die Zukunft der russischen Arktis.

15

Die Zukunft Russlands

Am 16. Juni 2016 herrscht Hochbetrieb auf der Baltischen Werft in Sankt Petersburg, drei Kilometer vom ehemaligen Winterpalast der Zaren entfernt. Ein Stapellauf mit großem Festakt steht an. Unter den Klängen des Blasorchesters der russischen Flotte gleitet ein 173 Meter langer, blau-rot lackierter Schiffsrumpf mit dem Heck voran in das trüb grünliche Wasser der Newa. Golden leuchtet von einer riesigen, über die Bordwand gespannten Flagge der doppelköpfige Adler des russischen Staatswappens. Hunderte Ehrengäste klatschen Beifall, am gegenüberliegenden Flussufer knipsen Schaulustige. Schlepper nehmen die antriebslose Stahlhülle in Empfang.

Kein gewöhnliches Schiff lernt an diesem grauen Sommertag schwimmen, sondern der weltgrößte Eisbrecher. Auftraggeber ist Rosatom, Russlands staatlicher Atomkonzern. Die *Arktika* werde schon im übernächsten Winter, verspricht Rosatom-Direktor Sergei Kirijenko, einmal mehr die Zukunft der arktischen Schifffahrt einleiten. Mit der Kraft von zwei 75-Megawatt-Kernreaktoren soll der Koloss bis zu drei Meter dicke Eisschichten in dreißig Meter breite Fahrrinnen verwandeln. Der Schiffsname ist Programm. Als Einsatzgebiet ist das gesamte Seegebiet zwischen Barentssee, Nordpol und Beringstraße vorgesehen. Der Eisbrecher tritt das Erbe der alten *Arktika* an, die 1977 den Pol als erstes Überwasserschiff erreichte und noch bis 2008 im Einsatz war, acht Jahre länger als ursprünglich geplant.

Die neue *Arktika* ist nicht nur bestens für den Kampf gegen massives Meereis ausgerüstet, sondern ebenso für den Dauereinsatz in vereisten Flussmündungen geeignet. Das zukünftige Flaggschiff der Rosatom-Flotte kann seinen Tiefgang anpassen und auch in flacheren Gewässern operieren, die bislang für schwere Eisbrecher unzugänglich waren. Die *Arktika* ist ein neuer Typ Universaleisbrecher. Zwei weitere Modelle der Klasse sind 2016 bereits im Bau, noch zwei sind projektiert. Deutlich über eine Milliarde Euro sollen allein die ersten drei Schiffe zusammen kosten.

Atomeisbrecher sind ein Alleinstellungsmerkmal der russischen Schiffbauindustrie, seit dem Stapellauf der *Lenin* 1957. Die federführenden Ingenieure sind stolz, auf diesem Hightechgebiet weltweit führend zu sein. Trotzdem verlangt der enorme Preis der *Arktika*-Klasse eine Berechtigung. Wofür braucht es solche extrastarken Eisbrecher, wenn doch das Eis im Polarmeer immer weniger und immer dünner wird? Auf die Frage gibt es zwei Antworten.

Einerseits sind in den nächsten Jahren noch drei atomare Meereisbrecher aus Sowjetproduktion auszutauschen. Auch zwei leichte Flusseisbrecher mit Reaktorantrieb, *Waigatsch* und *Taimyr*, halten schon seit über drei Jahrzehnten die südlichen Zugänge des Nördlichen Seewegs frei, Jahre länger als vorgesehen. Andererseits werde mit dem wachsenden Verkehr auf dem Nördlichen Seeweg automatisch die Nachfrage nach Eisbrecherdiensten zunehmen – das versicherte Wjatscheslaw Rukscha, bei Rosatom für die Verwaltung von Russlands ziviler Atomflotte (Rosatomflot) zuständig, in einem Interview vom Dezember 2015. Es sei auf Jahre genug Eis für alle da, fügte der Direktor etwas flapsig hinzu und erklärte den Klimawandel zu einer medialen Übertreibung. Von den eigentlichen Herausforderungen der Schifffahrt im Eismeer lenke der Begriff ab. Erst zwei Wochen zuvor hatte die UN-Klimakonferenz in Paris festgestellt, dass in der russischen Arktis mit drei bis vier Grad höheren Durchschnittstemperaturen die Erderwärmung so messbar wie nirgends auf der Welt voranschreitet.

Der selbstbewusste Chef von Rosatomflot verwies allerdings auf einen wichtigen Punkt. Denn der tendenzielle Rückgang des Polareises bedeutet nicht automatisch eine jedes Jahr einfachere Durchfahrt durch die arktischen Meere – so öffnete sich im Sommer 2021 der Nördliche Seeweg zum ersten Mal seit vierzehn Jahren nicht durchgehend. Und selbst wenn die Seeroute offiziell mehrere Wochen oder Monate als offen und eisfrei gilt, stellt Treibeis ein gefährliches Hindernis dar. Unerwartete Wintereinbrüche lassen es im Frühling oder Herbst schnell zusammenfrieren, sodass einfach eisverstärkte Schiffe ihre Fahrt nicht fortsetzen können. Eisbrecher sind nicht immer ausreichend oder schnell verfügbar.

Ohne weitere Stapelläufe von Supereisbrechern wird sich daher die Navigationsperiode nicht so schnell ausdehnen – oder das wichtigste von Rukscha ausgegebene Ziel erreichen lassen: die ganzjährige, systematische Nutzung des Nördlichen Seewegs. Dessen routinemäßige Befahrbarkeit selbst im extremen Polarwinter würde einen der stärksten Einwände von Reedern gegen die arktische Route entkräften: Wie soll sich eine Investition in eismeertaugliche Handelsschiffe rechnen, die nur in unscharf definierten Sommermonaten durch die Arktis fahren können? Denn für den Einsatz in anderen Gewässern sind sie zu schwer, zu klein, zu langsam – also schlichtweg zu teuer.

Doch Rukschas Rosatomflot will nicht nur den Zeitraum, in dem das Polarmeer jährlich navigierbar ist, maximal ausdehnen, sondern auch die geografischen Grenzen der Schifffahrt. Die Schwereisbrecher der neuen *Arktika*-Klasse sind auch für den Einsatz in den höchsten Breitengraden konzipiert – weitab der für große Handelsschiffe so gefährlichen Untiefen vor den Küsten Sibiriens. Selbst die regelmäßige Fahrt über den Nordpol, die kürzeste Verbindung zwischen Atlantik und Pazifik, erscheint möglich. Nicht zufällig führte die erste (verspätete) Testfahrt der *Arktika* im Oktober 2020 direkt von St. Petersburg zum Pol. Ingenieure und Techniker kehrten mit einer Mischung aus Stolz und Enttäuschung zurück. Das zu Beginn des Winters nicht mal zwei Meter dicke Packeis auf neunzig Grad Nord hatte ihnen nicht genügt, um die volle Funktionsfähigkeit des Schiffs zu testen. Trotzdem kam selbst die mächtige *Arktika* in Polnähe nur im Schritttempo voran.

Der transpolare Weg ist einstweilen eine Zukunftsvision. Doch mit seiner wachsenden (nicht nur atomgetriebenen) Eisbrecherflotte positionierte Russland sich schon früh, um auch diese potenzielle Handelsroute zu kontrollieren. Sie würde zwar nicht, wie bislang noch jede Fahrt über die Nordostpassage, durch Moskaus Ausschließliche Wirtschaftszone führen, sondern durch die Hohe See – dort räumt das UN-Seerechtsübereinkommen keinem Küstenstaat Sonderrechte ein. Aber die langjährige Erfahrung mit kommerzieller Eisbrecherbegleitung und ein Monopol auf extrastarke Schiffe mit Nuklearantrieb verschaffen Russland einen Startvorteil. Die *Arktika*-Brecher würden außerdem in erster Linie sibirische Rohstofftransporte über den Pol geleiten. Und die sind seit 2019 gesetzlich dazu verpflichtet, unter russischer Flagge zu segeln.

Anders als die transpolare Zukunftsroute ist die Verwandlung der arktischen Meere in einen wichtigen Exportweg für sibirische Ressourcen bereits Wirklichkeit. Das gilt insbesondere für Flüssigerdgas (LNG = Liquefied Natural Gas) und Erdöl. Während die *Arktika* in Sankt Petersburg ihre Reaktoren und Deckaufbauten erhielt, entstand in Sabetta auf der Jamal-Halbinsel in der westlichen Karasee – über dem größten noch nicht erschlossenen Erdgasfeld der Welt – ein hochmodernes LNG-Terminal. Gas wird dort unter Druck auf mindestens minus 161 Grad abgekühlt und verflüssigt. In diesem Zustand nimmt es nur ein Sechshundertstel seines ursprünglichen Volumens ein und kann auf speziellen Tankern verschifft werden. Diese Form des Gastransports ist unabhängig von Pipelines – dafür ist die Herstellung von LNG teuer, weil energieaufwendig. LNG gilt im Vergleich mit normalem Erdgas als hochwertiger und zugleich im Verbrauch als emissionsärmere Alternative zu anderen Flüssigbrennstoffen.

Russland drängt mit einer großen LNG-Anlage auf Sachalin schon länger in das lukrative Geschäft mit Flüssigerdgas und möchte 2035 Weltmarktführer sein. Im Dezember 2017 begann die Verschiffung von LNG aus Sabetta. Aus einem kleinen Weiler mit vor zwei Dekaden nur neunzehn Bewohnern war hier innerhalb weniger Jahre der russische Arktishafen mit dem (nach Murmansk) zweithöchsten Warenumschlag entstanden. Heute arbeiten 22 000 Menschen am Nordwestende des Ob-Busens, etwa 550 Kilometer nördlich des Polarkreises. Ihnen ist es zu verdanken, dass Russland bis 2023 zum viertgrößten LNG-Exporteur der Welt aufstieg.

Novatek, Russlands größtes privates Energieunternehmen, hat den Hafen mithilfe von chinesischen und französischen Investoren in den Permafrostboden gebaut. Die ausländischen Partner übernahmen zusammen fast die Hälfte der Kosten für das arktische Prestigeprojekt. Präsident Putin reiste persönlich in die sibirische Polarnacht, um mit einem feierlichen Knopfdruck die Beladung des ersten LNG-Tankers zu starten, der *Christophe de Margerie*.

Sie ist nach einem Manager des am Bau von Sabetta beteiligten Energiekonzerns Total benannt und mit einer Länge von 300 Metern das größte eisbrechende Schiff der Welt. Seine 45 000 PS starken dieselelektrischen Motoren schieben es eigenständig durch zwei Meter dickes Eis. Zusammen mit ihren vierzehn Schwesterschiffen soll die *Christophe de Margerie* den Jamal ganzjährig mit den energiehungrigen Industriestaaten in Westeuropa, Ost- und Südasien verbinden. Novatek emanzipiert sich mit dieser Flotte ein gutes Stück vom Nuklear-Monopolisten Rosatom. Erwartungsgemäß kam die *Christophe de Margerie* mit der ersten LNG-Lieferung aus eigener Kraft nach England. Doch auf der Osthälfte des Nördlichen Seewegs werden im Winter weiterhin die schweren Atomeisbrecher bereitstehen müssen – hier wird also die Nachfrage nach ihren Diensten weiter anwachsen.

Daher kündigte Putin in Sabetta den Bau eines neuen Supereisbrechers an, der sogar die gerade im Aufbau befindliche *Arktika*-Flotte klein aussehen lässt. Der fünfzig Meter breite, nukleare Zukunftseisbrecher vom Typ *Lider* (Leader), so schwärmte der Präsident von einem damals erst im Modell existierenden Schiff, werde jedes arktische Eis brechen können, jederzeit. Sogar überbreite Tanker und Schwergutfrachter könnten zügig durch die Polarnacht geleitet werden. Das etwa zwei Meter dicke Eis, das im Winter den Nördlichen Seeweg verschließt, sollen die *Lider* mit einer fantastischen Arbeitsgeschwindigkeit von zehn bis zwölf Knoten öffnen können. Selbst im Sommer sind Handelsschiffe auf dieser Polarroute nicht viel schneller unterwegs. Sabetta, der Arktisschifffahrt und Russland sowieso, schloss Putin, stehe eine große Zukunft bevor.

Tatsächlich begann mit dem neuen LNG-Terminal ein beispielloser Verkehrsaufschwung auf dem Nördlichen Seeweg. Bereits die Materiallieferungen für den Bau von Sabetta hatten dafür gesorgt, dass 2016 mit 7,3 Millionen Tonnen verschiffter Güter endlich der sowjetische Rekord aus dem Jahr 1987 eingestellt wurde. Nach der Inbetriebnahme des Hafens verdreifachte sich das Transportvolumen innerhalb von nur zwei Jahren von knapp 10 Millionen Tonnen (2017) auf über 31 Millionen Tonnen (2019). Davon entfiel der Löwenanteil mit über 20 Millionen Tonnen auf das Jamal-LNG und immerhin 7,7 Millionen Tonnen auf den Export von Erdöl aus dem 400 Kilometer südlich von Sabetta liegenden Nowy Port. Von dort verschifft bereits seit 2016 eine Tochter des weltgrößten Gasproduzenten Gazprom sibirisches Öl in eisverstärkten Tankern nach Ost und West.

An dritter Stelle der Exportstatistik lag 2019 die Firma Nornickel, die aus dem verseuchten Boden um Norilsk 1,5 Millionen Tonnen Buntmetalle für den Weltmarkt gewann. Das allein war mehr als doppelt so viel wie alle im selben Jahr auf dem Transitweg verschifften

Güter (0,7 Millionen Tonnen). Dabei waren doch gerade mit dem Warenverkehr zwischen Atlantik und Pazifik am Ende der 2000er-Jahre so hochfliegende Erwartungen verknüpft worden, zumindest im Ausland. In Russland fand der Transithandel weitaus weniger Beachtung. Das lag auch daran, dass die Einnahmen aus der Verwaltung des Nördlichen Seewegs – für Lotsendienste, Eisbrecher-Begleitung oder meteorologische Daten – im Vergleich mit den schwindelerregenden Milliardengewinnen aus dem Rohstoffexport immer mehr verblassten.

Rasantes Wachstum wurde auf Russlands Nördlichem Seeweg wieder zum Programm. Das gab es zuletzt in den 1930er-Jahren, in der finsteren Zeit von Stalins Industrialisierungsdiktatur. Und um eine zweite Industrialisierung der Arktis geht es auch heute – wie vor neunzig Jahren gerne »Aneignung des Nordens« genannt. Sie soll abermals im Rekordtempo gelingen, und den Schlüssel hierfür stellt wiederum der Nördliche Seeweg dar. Seit 2022 heißt die Administration sogar wieder wie 1932: Hauptverwaltung des Nördlichen Seewegs.

Für die Entwicklung der arktischen Seeroute fließen aus der Staatskasse nicht nur Milliarden in den Eisbrecherbau, sondern ebenso in Hafenanlagen, Seenotrettungsdienste und Satellitennavigation – und nicht zuletzt in großzügige Steuersubventionen für die nordsibirische Öl- und Gasindustrie. Eine Eisenbahnlinie, für deren Bau allein über drei Milliarden Euro eingeplant sind, soll die neuen Öl- und Gasterminals an der Arktisküste auch mit den Rohstoffzentren im westsibirischen Binnenland und weiter mit der Transsibirischen Eisenbahn verbinden. Kurzum: Es geht darum, den Nördlichen Seeweg in eine zentrale Transportachse des russischen Rohstoffimperiums zu verwandeln – und Russland in die fünftgrößte Volkswirtschaft der Welt. Das war im Jahr 2018 Großbritannien – Russland nahm den elften Platz ein.

Bis 2024 müsse dieses Ziel erreicht sein, bestimmte Russlands Präsident im Mai 2018 in einem »Zukunftserlass« über die grundlegenden Entwicklungslinien des Landes. Für die nächsten sechs Jahre versprach Putin mehr Wohlstand, mehr Bildung und ein längeres, komfortableres Leben für alle. Der Weg dorthin sollte über eine Modernisierung und noch stärkere Exportorientierung der Wirtschaft führen. Für den Nördlichen Seeweg rechnete der Erlass für 2024 fest mit 80 Millionen Tonnen transportierter Güter – was eine Verachtfachung des Transportvolumens gegenüber den im Mai 2018 vorliegenden Daten bedeutete. Nur wenige wagten leise Kritik an den hochgesteckten Zielen und Kennziffern des Erlasses.

Anderen schwindelte der Kopf angesichts des LNG-Booms. Aleksei Lichatschow, der neue Chef von Rosatom, überbot Putins Prognose im April 2019 um mehr als 10 Millionen Tonnen und versicherte dem Präsidenten seine unermüdliche Unterstützung. Rosatom hatte zu Beginn des Jahres die Verwaltung des Nördlichen Seewegs übernommen – und damit seine Schlüsselposition im komplizierten Machtgeflecht der russischen Behörden, Staatsbetriebe und Ministerien sichtbar gestärkt.

Das versprochene Wachstum auf dem Nördlichen Seeweg ist aber nur zu erreichen, wenn Novatek rechtzeitig ein im Bau befindliches zweites, noch größeres LNG-Terminal in Betrieb nimmt und zugleich weiter östlich der russische Energieriese Rosneft sein für 2027 geplantes Erdölterminal in der Nähe des Jenisei-Hafens Dikson fertigstellt. Unter dem Meeresboden vor dem Jenisei liegen noch kaum erschlossene Ölfelder. Sie sind so ergiebig, dass aus ihnen einmal ein Fünftel von Russlands gesamter Erdölproduktion stammen soll.

Dieses »Vostok Oil«-Projekt verzögert sich allerdings ebenso wie das LNG-2-Projekt von Novatek immer wieder. Einen herben Rückschlag bedeutete zuletzt die Einstellung westlicher Zulieferungen als Antwort auf Russlands Invasion der Ukraine im Februar 2022. Wegen der Wirtschaftssanktionen fielen zum Jahresende außerdem die

Öllieferungen per Tanker nach Westeuropa weg. Sie mussten nun über die deutlich weitere und logistisch anspruchsvollere Osthälfte des Seewegs nach China und Indien verkauft werden.

Und trotzdem setzte im August 2022 ein offizieller Entwicklungsplan die Ziellinie für den Nördlichen Seeweg noch einmal nach oben, auf 150 Millionen Tonnen für das Jahr 2030. Denn mit dem Ukraine-Krieg gewann die arktische Schifffahrt weiter an Priorität. Arktisches Öl und Gas sollen nun im großen Stil nach Asien transportiert werden, und dies schon ab 2024 ganzjährig. China stellt in diesem Plan nicht nur den größten Absatzmarkt dar, sondern auch den wichtigsten Hoffnungsträger für die Einfuhr von Kapital und Know-how, um westliche Sanktionen zu kompensieren. Der Nördliche Seeweg soll zum Ausweg aus der Isolation in Europa werden.

Ganz neu ist die Idee allerdings nicht. Bereits 2012, vor seiner umstrittenen dritten Amtszeit als Präsident, hat Putin als Wahlkampfslogan eine Wende nach Osten angekündigt und Russland selbstbewusst zum Teil des boomenden asiatisch-pazifischen Wirtschaftsraums erklärt. Und der Weg dorthin sollte schon damals auch durchs Eismeer führen; der Nördliche Seeweg würde Russlands Norden zu einer Drehscheibe zwischen Europa und Asien machen. Putin, der sich so gern mit Peter dem Großen vergleichen lässt, knüpfte hier möglicherweise bewusst an eine Vision dieses Zaren aus dem frühen 18. Jahrhundert an. Allerdings lehnt Putin sich seitdem immer stärker an China an, als Zar Peter sich das hätte vorstellen können.

Spätestens seit 2014, als die russische Annexion der Krim eine erste westliche Sanktionswelle auslöste, sucht Moskau den Schulterschluss mit Peking. Das ist nicht nur bildlich zu verstehen; Präsident Putin und sein chinesischer Amtskollege Xi Jinping demonstrieren auf ihren regelmäßigen Gipfeltreffen ein so herzliches wie antiwestliches Einvernehmen. Die beiden etwa gleichaltrigen Alleinherrscher sollen auch privat blendend harmonieren. Putin spielt Xi auf seiner pompösen Residenz in Ogarjowo bei Moskau gerne Klavierstücke vor; der chinesische Präsident bedankt sich artig und nennt Wladimir Wladimirowitsch einen seiner engsten Freunde.

Der Nördliche Seeweg hat seinen festen Platz in dieser sino-russischen Männerfreundschaft. Komplementär zu Russlands arktischer Schifffahrtsroute hat Xi die Schaffung einer Neuen Seidenstraße angekündigt – ein von Peking (teil)finanziertes Netz aus neuen Schnellstraßen und Eisenbahnlinien, Pipelines und Datenkabeln durch Eurasien. Seit Mai 2017 ist der Nördliche Seeweg als »Polare Seidenstraße« offiziell Teil des gigantischen Infrastrukturprojekts, das einmal 40 Prozent des Welthandels tragen soll. Putin und Xi verkündeten die neue arktische Kooperation gemeinsam in Peking. Immer wieder bekräftigten die beiden Präsidenten seitdem die strategische Rolle der Arktis. Man müsse den Seeweg der Zukunft mit vereinten Kräften entwickeln, betonte Putin zum Abschluss von Xis Staatsbesuch in Moskau im März 2023. Gern auch in einem gemeinsamen Gremium. Das war eine bemerkenswerte Andeutung – hat Moskau doch bislang immer argwöhnisch seine alleinige Zuständigkeit betont, wenn es um die Verwaltung des Seewegs geht. Die mächtige Rosatom-Behörde holte im Frühjahr 2024 Vertreter von Pekings Handelsministerium an Bord, um die Zukunft des Nördlichen Seewegs mit chinesischem Kapital und Technik zu planen. In sechs Jahren werde Chinas Anteil am Transitverkehr 50 Millionen Tonnen ausmachen, kündigte Rosatom-Chef Lichatschow vollmundig an – das wären mehr Güter als zurzeit insgesamt auf dem Nördlichen Seeweg transportiert werden.

Pekings »Polare Seidenstraße« dient aber nicht allein dazu, Putin, den »ewigen Freund« von Staatspräsident Xi, Importgüter zum Aufbau seines Rohstoffimperiums zu liefern. Sie besteht aus zwei weiteren Spuren. Erstens ist China am Import von Rohstoffen aus der russischen Arktis interessiert. Es hält, unter anderem, 20 Prozent der Anteile an dem LNG-Terminal in Sabetta und beteiligt sich an der technisch schwierigen Erschließung von Rohstoffen unter dem Meeresboden. Immer nördlicher entstehen seitdem chinesische Bohrinseln in der Karasee. Dass Moskau 2022 seine Rohstoffexporte nach China gegenüber dem Vorjahr um fast 50 Prozent steigern konnte, war auch dank der auf dem Nördlichen Seeweg nach Osten umgelenkten Öl- und Kohletransporte möglich. China wurde damit erstmals zum größten Absatzmarkt für Russlands fossile Brennstoffe; während Russland im Reich der Mitte Saudi-Arabien als größten Ölversorger ablöste. 2023 wuchs Chinas Import von russischem Rohöl über den Nördlichen Seeweg um fast ein Viertel. Trotzdem bleibt der Nördliche Seeweg für China nur einer von vielen Importkanälen.

Zweitens könnte für Chinas Exportwirtschaft die »Polare Seidenstraße« langfristig eine Ersatzroute für die südlichen Schifffahrtsstrecken darstellen. Diese sind potenziell überlastet und führen durch leicht blockierbare Nadelöhre wie die Straße von Malakka oder den Suezkanal. Doch bislang hat die chinesische Handelsflotte, die größte der Welt, von der Route nur probeweise Gebrauch gemacht. Peking schickte zwar Forschungsschiffe wie den Eisbrecher *Xue Long* (Schneedrache), der 2012 als erstes chinesisches Schiff überhaupt die Nordostpassage durchquerte – sogar hin und zurück in einer Saison. Und seit 2015 wagten sich immer mehr Handelsschiffe aus China in die Meere vor Sibirien. Im Jahr 2021 wuchs die Zahl der jährlichen Transitfahrten unter chinesischer Flagge auf dreiundfünfzig (von insgesamt fünfundachtzig Durchquerungen). Damit begannen oder endeten zwei von drei Gesamtdurchquerungen des Nördlichen Seewegs in einem der vielen Megaseehäfen Chinas, was abermals die Bedeutung Chinas als Partner Russlands zeigt. Doch aus chinesischer Sicht besaß die arktische Alternativroute eine marginale Bedeutung. Den Suezkanal passierten im selben Zeitraum über zweitausend chinesische Schiffe. Und nach Beginn des Ukraine-Kriegs konnten chinesische Reedereien leicht auf den arktischen Transit verzichten. Der internationale Durchgangsverkehr auf dem Nördlichen Seeweg kam völlig zum Erliegen. Doch nutzen chinesische Schiffe weiterhin den Nördlichen Seeweg, um russische Häfen zu beliefern. Neben den spektakulären Schwerguttransporten für den Bau sibirischer LNG- und Ölterminals kam 2023 ein weitgehend unbemerkter Containerschiffhandel in Gang.

Ausländer würden den Arktischen Ozean seit Kriegsbeginn meiden, als wäre er aus Säure, klagte die russische Fachzeitschrift *Korabl* (Schiff) schon im Juli 2022, zu Beginn der Transit-Saison. An der Einschätzung änderte sich auch ein Jahr später nichts. Doch insgesamt brach der Schiffsverkehr auf dem Nördlichen Seeweg gegenüber dem Vorjahr mit 7 Prozent (2994 Fahrten statt 3227) nicht dramatisch ein; zumal das Frachtvolumen mit 34 statt 34,8 Millionen Tonnen fast unverändert blieb. Das unterstreicht einmal mehr die Schlüsselrolle des Seewegs für die russischen Arktisexporte.

Doch nach einem langen und eisstarken Winter kam der sino-russische Polarmeerhandel 2022 erst vergleichsweise spät in Gang. Der Tanker *Nikolai Jewgenow*, der in den letzten Jahren noch im Pendelverkehr von Sabetta nach Frankreich und Spanien gefahren war, brach Mitte Juni mit der ersten LNG-Lieferung nach China auf. Zu diesem Zeitpunkt war das Meer noch von einem durchgehenden Eispanzer bedeckt, sodass der superschwere Eisbrecher *Sibir*, ein Schwesterschiff der neuen *Arktika*, dem Tanker einen Weg um die Nordspitze Asiens bahnen musste. In pazifischen Häfen hatten sich weitere elf Schiffe zum Gastanken in Sabetta angemeldet. Der Export von Flüssigerdgas, dem wichtigsten Transportgut auf dem Nördlichen Seeweg, schien im Kriegssommer 2022 zu boomen. Schon jubelte die Regierungszeitung *Iswestija*, dass alle Handelsströme durchs Eismeer zukünftig von Europa weggelenkt würden. Und Michail Mischustin, der russische Ministerpräsident, kündigte ein noch höheres Entwicklungstempo an. Russlands Wende nach Osten solle nun endlich vollzogen werden, und zwar im Norden.

Tatsächlich wuchs 2022 der LNG-Transport durch den Arktischen Ozean, wenn auch nur um weitere 1,3 Million Tonnen. Doch davon profitierte in erster Linie die EU, die 14 Prozent mehr LNG über den

Nördlichen Seeweg importierte als im letzten Vorkriegsjahr. Über 80 Prozent von Russlands arktischem Flüssigerdgas gingen nach Europa, während Chinas Anteil mit 11 Prozent gegenüber dem Vorjahr fast konstant blieb. Diese Zahlen verschoben sich auch 2023 kaum zugunsten Chinas; weiterhin ging der Löwenanteil aus Russlands arktischem LNG-Export nach Westen. Überhaupt deckte russisches LNG nur 2,5 Prozent des chinesischen Gasbedarfs. Wenn die EU einmal russisches LNG sanktioniert, dürften sich die Relationen aber zugunsten Chinas verschieben und die Abhängigkeit Russlands von diesem Markt vergrößern.

Was trotzdem bleibt, sind die unterschiedlichen geopolitischen Bewertungen der Seeroute in Peking und Moskau, ungeachtet aller Bekundungen einer grenzenlosen Freundschaft. Als Xi die »Neue Seidenstraße« im September 2013 zum ersten Mal vorstellte, schmückte er seine Vision mit Anekdoten von mittelalterlichen Kamelkarawanen, auf deren Glockenklingen jede zentralasiatische Oase gewartet habe. Denn sie hätten mit den begehrten chinesischen Waren Reichtum und überregionale Bedeutung gebracht. Xi möchte an diese glorreichen Zeiten chinesischer Wirtschaftsgröße anknüpfen und den heutigen Erzeugnissen aus dem Reich der Mitte einen freien Transit bereiten, eben auch über den Nördlichen Seeweg.

Wenn hingegen Putin von demselben Weg spricht, erinnert er lieber an Schiffskonvois der Sowjetzeit und unterstreicht, dass die Transportdaten der Vergangenheit inzwischen um ein Mehrfaches überboten sind. Der Arktische Ozean vor Sibirien ist für ihn vor allem eine russische Einflusszone. Die aktuelle Arktisdoktrin der Russischen Föderation vom Oktober 2020 unterstreicht noch einmal, dass der Nördliche Seeweg historisch, geografisch und ökonomisch untrennbar mit dem russischen Festland verbunden sei.

Im Unterschied zu Washington stellt Peking den russischen Regulierungsanspruch auf den Nördlichen Seeweg zwar niemals direkt infrage. Doch in seiner ersten, im Januar 2018 veröffentlichten Arktisstrategie definiert China sich selbstbewusst als ein arktisnaher Staat und fordert mehr internationale (nicht zuletzt natürlich die eigene) Beteiligung bei der Erschließung von Rohstoffen in den internationalen Gewässern der Arktis.

Eines der weltweit ehrgeizigsten arktischen Forschungsprogramme und ein riesiger Arktis-Campus in Shanghai unterstreichen den Anspruch Pekings auf kompetente Mitsprache im hohen Norden. Chinesische Wissenschaftler unterhalten eine eigene Polarstation auf Spitzbergen; Forschungsschiffe untersuchen die polaren Meeres- und Eisströmungen. Chinesische Eisbrecher testen die transpolare Schiffsroute, die theoretisch von Russlands Nördlichem Seeweg unabhängig macht. Und schon mehrfach hat Peking den Bau eines eigenen Atomeisbrechers angekündigt – eine weitere symbolische Herausforderung Moskaus.

Russland scheint sich mit einer aktiveren Rolle Chinas in der Arktis abgefunden zu haben. Das ist ein Preis, den es für die Wende nach Osten zu zahlen gilt. Doch selbst wenn sich der Nördliche Seeweg für Russland ökonomisch nach Asien verschiebt, beginnt er aus sicherheitspolitischer Sicht weiterhin in Europa. Er öffnet über die Barentssee Russlands einzigen direkten Zugang zum Nordatlantik. Und wie im Kalten Krieg sind Barentssee und Nordatlantik in den letzten Jahren wieder zum Schauplatz von Kraftdemonstrationen geworden.

Moskau lässt seine modernsten SU-34-Kampfjets an der Grenze des norwegischen Luftraums patrouillieren. NATO-Verbände fahren wieder in die Barentssee, im September 2020 sogar erstmals in Russlands Ausschließliche Wirtschaftszone. Von einer (seerechtlich erlaubten) Weiterfahrt in das offizielle Seegebiet des Nördlichen Seewegs haben sie bislang abgesehen. Russland würde dafür eine 45-tägige Anmeldefrist verlangen.

Derweil warnte General Wladimir Kulischow, der Chef des russischen Grenzschutzes, nicht nur vor der NATO, sondern auch vor ausländischen Forschern und Umweltschützerinnen im Arktischen Ozean. Sie würden Wirtschaftsspionage betreiben, die indigenen Völker aufhetzen und den Rechtsstatus des Nördlichen Seewegs infrage stellen. Was immer genau der General meinte – seine Äußerungen sind typisch für Bedrohungsvorstellungen, die das offizielle Russland umtreibt und nährt. Die neueste Marinedoktrin der Russischen Föderation vom Juli 2022 verfällt in die Rhetorik des Kalten Kriegs und raunt von einem Verlust der Kontrolle des Nördlichen Seewegs durch US-Machenschaften. Die Verwaltung der Seeroute sei aber nicht nur für Russlands Exportwirtschaft lebensnotwendig, sondern auch für den Anspruch des Landes, eine global agierende Seemacht zu sein: auf Augenhöhe mit den USA. In der Arktis werde die neue globale Konkurrenz zwischen West und Ost ausgetragen – ökonomisch und militärisch.

Putin unterschrieb das Grundsatzpapier am Morgen des letzten Julisonntags, der in Russland ein offizieller Feiertag ist: der Tag der Kriegsmarine. Die Hauptparade in Sankt Petersburg nimmt das Staatsoberhaupt stets persönlich ab, Ehrensache. Er hat den Festtag schließlich 2006 selbst eingeführt. Am zentralen Senatsplatz ziehen aufgeputzte Marineangehörige an ihm vorbei, durch die direkt angrenzende Newa dampfen Dutzende Kriegsschiffe in den Finnischen Meerbusen. Hinter dem russischen Staatsoberhaupt ragt das berühmteste Denkmal für Zar Peter den Großen in die Luft, der Eherne Reiter von 1782. Stolz schaut der Gründungsvater der russischen Flotte in den leicht diesigen Himmel im Nordwesten, Richtung Schweden. Der damaligen Ostseegroßmacht hat Peter vor dreihundert Jahren das Mündungsgebiet der Newa auch mithilfe seiner neuen Marine abgenommen. Putins Nähe zu Peter ist gewollt. Der Blick des Präsidenten wirkt aber müder als der des Zaren – möglicherweise träumt er von dem am Morgen unterzeichneten Dokument und seinen Folgen. Was für Peter die Ostsee darstellte, bedeutet für Putin der Arktische Ozean: ein Sprungbrett für Russlands Zukunft und neue Machtfantasien.

Epilog

Vom Traum zur Wirklichkeit (2)

Niemand braucht drei Weltkrisen, um ein Buch zu schreiben. Ohne Klimawandel, Coronapandemie und Ukraine-Krieg hätte ich aber die Geschichte des ältesten Seewegs durch die Arktis anders erzählt.

Der abtauende Nordpol gab den ersten Anstoß. Ein frühneuzeitlicher Seefahrertraum wird ausgerechnet dank des Klimawandels wahr. Und internationale Reeder, die ihre Handelsschiffe im 21. Jahrhundert unbesorgt durch die Nordostpassage schickten, ließen sich wie »Entdecker« aus dem 16. Jahrhundert feiern? Mir erschien die mediale Wiederbelebung der Legende zu oberflächlich – schon weil der mit hohen Erwartungen diskutierte Transithandel stets nur einen verschwindend kleinen Teil der arktischen Schifffahrt ausmachte. Zugleich stutzte ich angesichts Russlands großspuriger Inbesitznahme des Nordpolarmeers, wie ich sie im Sommer 2016 in Sankt Petersburg mit dem Stapellauf des Eisbrechers *Arktika* erstmals bewusst erlebte.

Als Russlandhistoriker war mir klar, dass die Episoden sich am besten über die maritime Geschichte des Zarenreichs und der Sowjetunion verbinden lassen. Die Idee, aus dem Zusammenhang eine Monografie über die Geschichte der Nordostpassage zu machen, kam aber erst, als ich merkte, dass dies noch niemand versucht hat. Warum, habe ich bis zum Schluss nicht verstanden. Ich fand es spannend, viele Zusammenhänge erst einmal selbst herausarbeiten zu müssen.

Wie wenig hatte ich über Schlittenexpeditionen auf dem gefrorenen Ozean, polare Phantominseln oder Eisbrecher gewusst. Und wäre in mein Leben sonst jemals die Mangelkrankheit Skorbut getreten, an der so viele Arktisreisende starben? Hätte ich mich in die Lebensweise von Eisbären eingelesen oder in jene von Forschern in klaustrophobisch engen Drifteisstationen?

An Material aus Bibliotheken in München oder Moskau, aus Archiven zwischen Sankt Petersburg und Wladiwostok sollte es mir jedenfalls nicht mangeln. Doch es zu finden und auszuwerten ähnelte der Fahrt eines Schiffs auf der Nordostpassage, durch Eisfelder, Schneestürme und Nebelbänke, mit drohenden Untiefen, Sturmtiefs und polarnachtlangen Überwinterungen.

Der Schlingerkurs hatte einen Hauptgrund: die Corona-Lockdowns der Jahre 2020/21. Völlig unkalkulierbar wechselten sich damals Phasen der Reisemöglichkeiten mit Zeiten der erzwungenen Bewegungslosigkeit ab. Nur spontane Reisebereitschaft, im Internet ausgegrabene Quellen und die Improvisationskünste von Kolleginnen und Freunden haben dem entstehenden Manuskript – und mir – durch diese Zeit geholfen. Allein mein mehrfach geplanter Trip übers Polarmeer platzte nicht anders als die Träume der ersten Transarktiskapitäne. Insofern geht es in diesem Buch auch um eine imaginierte Reise.

Zum Glück sind historische Bücher selbst Reisen in fremde Länder: in Kulturen, die es nicht mehr gibt, zu Menschen, die eine unverständliche Sprache sprechen und nicht so denken und handeln, wie wir Besserwisser es ihnen gerne vorschlügen. Sogar Raum, Zeit und Kälte nahmen Menschen früher anders wahr. Vergangene Weltauslegungen zu ermessen ist die Aufgabe von Historikern. Sie sind Reiseführer oder, um bei der Nordostpassage zu bleiben, Navigatoren. Sie fungieren als Dolmetscher, welche die Fremdheit der Vergangenheit in die Kategorien der Gegenwart übersetzen – und das, was unverständlich bleibt, in Erzählungen auflösen.

Zur leichteren Orientierung sind in diesem Buch alle Datumsangaben in den westlichen (gregorianischen) Kalender übertragen, der in Russland erst im 20. Jahrhundert eingeführt wurde. Alle altrussischen und die meisten nautischen Maße habe ich in das metrische System und die irritierenden Angaben historischer Thermometer in Grad Celsius umgerechnet. Die fremdsprachigen Zitate sind alle, sofern nicht anders angegeben, von mir übersetzt.

Mehrere Jahre hat mich dieses Buch begleitet, als erst vage, dann fixe Idee, als Materialsammlung und Thema für Lehrveranstaltungen und Vorträge, schließlich als fast tägliche Schreibaufgabe. Der Kriegsausbruch überraschte mich in Moskau, just als ich an dem Kapitel über Stalins Arktispolitik saß. Die Parallelen zur Rhetorik der Gegenwart traten plötzlich überscharf hervor. Und auch die strategische Bedeutung der Nordostpassage für die geopolitischen Ambitionen Russlands.

Zahlreiche Personen haben das entstehende Manuskript begleitet und geholfen, es abzuschließen: Archivare, Bibliothekarinnen, Zuhörer, Studentinnen. Mein besonderer Dank gilt jenen, die verschiedene Fassungen des gesamten Buchs gelesen und es mit ihren Kommentaren lesbarer und lesenswerter gemacht haben: Fiona Rachel Fischer, Ulrich Hofmeister, Helena Holzberger, Claudia Jürgens, Elena Vishlenkova und Judith Weber. Die Deutsche Forschungsgemeinschaft hat mir in einem entscheidenden Moment ein Freisemester finanziert, das so hilfreich war wie ein unverhofft vor der Taimyr-Halbinsel auftauchender Eisbrecher. Dan Aradovsky hat das gesamte Projekt mit fabelhaften Recherchen unterstützt – zuverlässig und unverzichtbar wie Eisprognosen in der arktischen Schifffahrt.

Der Nördliche Seeweg nimmt in diesem Traum eine Schlüsselrolle ein; immer wieder betont Putin die fundamentale Bedeutung der Seeroute für die »Aneignung« der russischen Arktis, also für Sicherheit und Prosperität der Großregion, sowie für ihre Anbindung an Atlantik und Pazifik. Der erwähnte Entwicklungsplan für den Nördlichen Seeweg, nur einen Tag nach der neuen Marinedoktrin unterzeichnet, verleiht diesem Traum mit konkreten Entwicklungsschritten und einem 20-Milliarden-Dollar-Investitionspaket die Aura des Machbaren. Zwar sollten sich die vorgesehenen Transportzahlen bereits 2023 als zu hoch angesetzt erweisen – statt der angekündigten 46 Millionen Tonnen wurden nur 36 Millionen Tonnen Güter verschifft. Denn nicht nur die Produktivität der LNG- und Ölterminale blieb weiterhin hinter den Erwartungen zurück, ebenso fehlte es an arktistauglichen Frachtern und Tankern. Doch der Trend weist nach oben. Nicht zuletzt in China, Indien oder Vietnam bestellte Schiffe sollen die Defizite beheben. Für den Winter 2024 ist einmal mehr der jahreszeitenunabhängige Schiffsverkehr im russischen Teil des Arktischen Ozeans angekündigt. Im Grunde genommen, erklärte Putin dem indischen Premierminister Narendra Damodardas Modi bei dessen Staatsbesuch in Moskau im Juli 2024, stelle Eis das einzige Problem auf dem Nördlichen Seeweg dar. Doch russische Atomeisbrecher könnten es zuverlässig beseitigen. Jederzeit, überall. So einfach kann die Zukunft aussehen.

Zeitleiste

Vor **1500**	Sehr dünne Besiedlung der sibirischen Küste durch nomadische Ethnien
	Tauschhandel mit Nowgorod und Inuit
1525	Dmitri Gerasimow skizziert die Nordostpassage
1553	Richard Chancellor reist um Skandinavien nach Moskau
1582	Die russische Eroberung Sibiriens beginnt
1584	Gründung von Archangelsk
1594–97	Willem Barents' Expeditionen bis Nowaja Semlja
1619/21	Verbot des Seehandels mit Mangaseja
1648	Semjon Deschnjow umsegelt die Nordostspitze Asiens
1710–1820	Entdeckung und Kartografierung der Neusibirischen Inseln
1713/14	Fjodor Saltykow projektiert arktische Hafenstädte und Zollstationen
1728–30	Vitus Bering durchquert die Beringstraße
1733–43	Große Nordische Expedition Erste Gesamtkarte der sibirischen Nordküste
1765–66	Wasili Tschitschagow versucht zweimal vergeblich, den Nordpol zu überqueren
1778	James Cook erkundet die Beringstraße und die Tschuktschensee

1785–94 Joseph Billings und Gawriil Sarytschew segeln nach Tschukotka und Alaska

1810 Jakow Sannikow sichtet eine unbekannte Insel nördlich der Neusibirischen Inseln

1816/17 Otto von Kotzebue sucht die Nordostpassage vor der Nordküste Alaskas

1820–24 Ferdinand Wrangel jagt im Hundeschlitten über die Ostsibirische See

1821–24 Fjodor Litke kartografiert die Westküste von Nowaja Semlja

1832 Wilhelm Brandt träumt von einem sibirischen Seeweg zwischen Amerika und China

1832–33 Pjotr Pachtusow sucht einen Handelsweg von Archangelsk zum Jenisei

1861 Aufhebung der Leibeigenschaft in Russland

1867 Verkauf von Russisch-Amerika (Alaska) an die Vereinigten Staaten

1869 Michail Sidorow verspricht 2000 Pfund für eine Handelsfahrt zum Jenisei

1877 Die *Utrenjaja Sarja* segelt vom Jenisei nach Sankt Petersburg

1878/79 Adolf Erik Nordenskiölds *Vega* gelingt die Erstdurchquerung der Nordostpassage

1891–1905 Bau der Transsibirischen Eisenbahn, Lieferung von Baumaterial übers Polarmeer

1899 *Jermak*, der erste Ozeaneisbrecher, sticht unter russischer Flagge in See

1903–06 Roald Amundsen muss dreimal überwintern, um als Erster die Nordwestpassage zu meistern

1904–05 Russisch-Japanischer Krieg

1910–15 Große Hydrografische Expedition

1912 Fridtjof Nansen macht Jonas Lied und den Seeweg zum Jenisei berühmt

1913 Entdeckung von Nikolaus-II.-Land

1916 Gründung von Murmansk

1917–22 Revolution und Bürgerkrieg in Russland

1920 Gründung des Arktisinstituts in Petrograd

1924 Sowjetische Besetzung der Wrangel-Insel

1926 Wladimir Obrutschew veröffentlicht seinen Roman *Das Sannikowland*
Offizielle Verkündung des sowjetischen Arktissektors
Franz-Josef-Land wird sowjetisch

1928 Der Eisbrecher *Leonid Krasin* rettet die Überlebenden von Umberto Nobiles Luftschiffexpedition

1931 Arktisflug der *Graf Zeppelin*

1932 Der leichte Eisbrecher *Sibirjakow* durchquert die Nordostpassage als erstes Schiff ohne Überwinterung
Gründung der Hauptverwaltung des Nördlichen Seewegs

1933 Gründung der sowjetischen Nordflotte

1933–34 Der Untergang der *Tscheljuskin* wird zu einem Propagandaerfolg

1934 Dem Eisbrecher *Litke* gelingt die erste unfallfreie Durchquerung der Nordostpassage

1935 Gründung von Norilsk

1937 Der Geheimagent Iwan Papanin leitet die erste sowjetische Drifteisexpedition
Acht der neun sowjetischen Eisbrecher sind im Arktischen Ozean eingefroren

1940 Sowjetische Eisbrecher geleiten den deutschen Zerstörer *Komet* vom Atlantik in den Pazifik

1941–45 Die arktischen Meere stellen eine kriegswichtige Versorgungsachse dar

1954–90 130 Atombombentests auf Nowaja Semlja

1959 *Lenin*, der erste Atomeisbrecher, ist einsatzbereit

1965/67 Die amerikanischen Eisbrecher *North Wind* und *East Wind* versuchen, die Wilkizki-Straße zu durchqueren

1975 Mit der *Arktika* nimmt die zweite Generation sowjetischer Atomeisbrecher ihre Arbeit auf
Die arktischen Meere werden im Polarwinter befahrbar

1977 Die *Arktika* erreicht als erstes Schiff den Nordpol

1987 Generalsekretär Michail Gorbatschow kündigt in Murmansk die Öffnung des Nördlichen Seewegs an
6,6 Millionen Tonnen Güter werden auf dem Nördlichen Seeweg transportiert – sowjetischer Rekord

1991 Ausländische Schiffe dürfen den Nördlichen Seeweg kostenpflichtig befahren
Nach Auflösung der UdSSR wird die Russische Föderation ihr Rechtsnachfolger

1993–99 Das norwegisch-russisch-japanische Forschungsprojekt INSROP untersucht die Schiffbarkeit des Nördlichen Seewegs

1997 Der finnische Tanker *Uikku* fährt in einem Sommer zum Fluss Jana und zurück

2001 Mit ihrer ersten Arktisstrategie meldet sich die Russische Föderation als nordische Großmacht zurück

2007 Das Tiefsee-Tauchboot *Mir* pflanzt eine russische Flagge auf den Meeresgrund des Nordpols

2008 Zum ersten Mal sind Nordostpassage und Nordwestpassage im Sommer offen – Treibeis bleibt eine Gefahr
Die zweite Arktisstrategie der Russischen Föderation betont die ökonomische Erschließung des hohen Nordens

2009 Die Bremer Beluga-Reederei feiert den Transit von zwei Schwergutfrachtern durch die Nordostpassage

2012 In Moskau nimmt die neue Verwaltung des Nördlichen Seewegs ihre Arbeit auf
Wladimir Putin bereitet eine »Wende nach Osten« vor

2016 Stapellauf des neuen Arktika-Eisbrechers

2016 Mit 7,3 Millionen Tonnen transportierter Güter wird der sowjetische Rekord von 1987 eingestellt

2017 Der Nördliche Seeweg wird Teil von Chinas »Polarer Seidenstraße« in den Atlantik
Im nordwestsibirischen Sabetta beginnt die Verschiffung von Flüssigerdgas (LNG)

Seit 2018 LNG-Exporte lassen das Transportvolumen auf dem Nördlichen Seeweg hochschnellen

2020 Östlich der Jenisei-Mündung beginnt der Bau eines gigantischen Öl-Terminals

2022 Im Ukraine-Krieg gelangt russisches Erdöl über den Nördlichen Seeweg auf asiatische Märkte

2024 Die ganzjährige Befahrung des Seewegs soll beginnen

Quellen und Literatur

Hier folgt eine Auswahl der verarbeiteten internationalen Forschungsliteratur. Leider sind die wenigsten Arbeiten auf Deutsch verfasst. Die Liste enthält sowohl die wichtigsten allgemeinen Titel mit weiterführenden Literaturhinweisen als auch spezielle, ältere und oft schlichtweg übersehene Publikationen. Anders als im Text, in dem alle russischen Namen zur leichteren Les- und Recherchierbarkeit nach allgemein gebräuchlichen Regeln transkribiert wurden, folgt die Bibliografie den Regeln wissenschaftlicher Transliteration.

Zitatnachweise

1 A. E. Nordenskiöld, Die Umsegelung Asiens und Europas auf der Vega, Bd. 1. Leipzig 1882, S. 305.

2 R. L. Brown (Hg.), Calendar of State Papers and Manuscripts, Relating to English Affairs, Vol. 6/1, 1555–1556: Existing in the Archives and Collections of Venice, and in Other Libraries of Northern Italy. Cambridge 1877, S. 238–240, hier S. 240 (Giovanni Michiels Schreiben vom 4. November 1555).

3 Paolo Giovio, De legatione Basilii Magni principis Moschoviae. Rom 1525.

4 Siehe zum Beispiel Jodocus Hondius, Tartaria (1606); https://commons.wikimedia.org/wiki/File:Tartaria_by_Jodocus_Hondius.jpg; vgl. auch Willem Barentsz, Delineatio cartae trium navigantium per Bataves, ad Septentrionalem plagam, Norvegiae, Moscoviae et novae Semblae Autore Wilhelmo Bernardo; https://commons.wikimedia.org/wiki/File:Barentsz_Full_Map.jpg

5 Gerrit de Veer, A True Description of Three Voyages by the North-East Towards Cathay and China Undertaken by the Dutch in the Years 1594, 1595 and 1596. [Amsterdam 1598] London 1853, S. 99.

6 Ebd., S. 112.

7 Gerhardo De Veer, Tabula terrae Nouae Zemblae in qua fretum sinusq Waigats item ord littorialis Tartariae atq Russiae, ad urgem usq Kildeinam … 1601; https://upload.wikimedia.org/wikipedia/commons/2/27/1601_De_Bry_and_de_Veer_Map_of_Nova_Zembla_and_the_Northeast_Passage_-_Geographicus_-_NovaZembla-debry-1601.jpg

8 Issac Massa, Caerte van't Noorderste Russen, Samojeden, ende Tingoesen Landt, Amsterdam 1612; https://commons.wikimedia.org/wiki/File:Massa_-_Caerte_van't_Noorderste_Russen,_Samojeden,_ende_Tingoesen_Landt.jpg.

9 Nikolaj N. Ogloblin, Semen Dežnev (1638–1671), in: Žurnal Ministerstva narodnogo prosveščenija 272 (1890), Teil 2, S. 249–306, hier S. 304.

10 Sankt-Peterburgskie Vedomosti, 16./27. 3. 1730. Im Zarenreich galt der julianische Kalender, der im 18. Jahrhundert elf Tage von dem in West-

europa üblichen gregorianischen Kalender abwich.

11 V. Bering: Donesenie flota kapitana Beringa ob ėkspedicii ego k vostočnym beregam Sibiri, in: V. Vachtin, Russkie truženiki morja. Sankt Petersburg 1890, S. 86–96, hier S. 94.

12 Sankt-Peterburgskie Vedomosti, 16./27. 3. 1730.

13 J. Perry: The state of Russia, under the present Czar. London 1716, S. 61 f.

14 Severovostočnyj mys po opisi šturmana Čeljuskina, in: Zapiski Gidrografičeskogo departamenta Morskogo ministerstva 9 (1851), S. 59–64, hier S. 62.

15 Pravila, dannye Kapitanu-Komandoru Beringu, 28. 12. 1732/8. 1. 1733, Polnoe Sobranie Zakonov Rossijskoj Imperii Bd. 8, Sankt Petersburg 1830, Nr. 6291, S. 1005.

16 Ebd., S. 1006.

17 Siehe Generalkarte des Russischen Reichs von 1745; https://commons.m.wikimedia.org/wiki/File:Russian_Empire_1745_General_Map_(HQ).jpg#mw-jump-to-license.

18 G. F. Müller, Nachrichten von Seereisen und zur See gemachten Entdeckungen, die von Rußland aus längs den Küsten des Eißmeeres und auf dem östlichen Weltmeere gegen Japon und America geschehen sind. Sankt Petersburg 1758, S. 158 f.

19 M. V. Lomonosov, Kratkoe opisanie raznych putešestvij po severnym morjam i pokazanija vozmožnogo prochodu Sibirskim okeanom v Vostočnuju Indiju, in: Ders., Polnoe Sobranie Sočinenij, Bd. 6. Moskau 1952, S. 417–498, hier S. 424. Zwischen den Seiten 424 und 425 befindet sich auch eine Karte der Wege über den Nordpol (1762).

20 O. v. Kotzebue, Entdeckungs-Reise in die Süd-See und nach der Berings-Straße zur Erforschung einer nordöstlichen Durchfahrt [...]. 3 Bände. Weimar 1821.

21 M. M. Gedenštrom, Putešestvie po Ledovitomu morju i ostrovam onogo, in: Sibirskij Vestnik 1822, Nr. 19, S. 129–146, hier S. 135.

22 M. M. Gedenštrom, Putešestvie po Ledovitomu morju i ostrovam onogo, in: Sibirskij Vestnik 1822, Nr. 17, S. 37–48, hier S. 44.

23 F. P. Wrangel, Reise des Kaiserlich-russischen Flotten-Lieutenants Ferdinand von Wrangel längs der Nordküste von Sibirien und auf dem Eismeere, in den Jahren 1820 bis 1824. Berlin 1837, Bd. 1, S. 261 f.

24 Ebd., Bd. 2, S. 77.

25 Prošenie Vil'gel'ma Brandta, 14. 4. 1832, in: Severnyj morskoj put'. Sbornik statej po gidrografii i moreplavaniju, Bd. 11. Leningrad 1939, S. 64.

26 M. Rejneke, Ėkspedicija podporučika Pachtusova dlja opisi vostočnogo berega Novoj Zemli v 1832 i 1833 gg., in: Zapiski gidrografičeskogo departamenta 1 (1842), S. 1–246, hier S. 37.

27 Ebd., S. 118.

28 Ebd., S. 165.

29 Vzgljad na Beloe more i svedenija o morskoj ėkspedicii Brandta (Archangel'skogo 1-j gil'dy kupca), k vostočnomu beregu Novoj Zemli, v Karskuju gubu i k ust'ju Eniseja, in: Žurnal manufaktur i torgovli 11 (1835), Teil 2, S. 37–91, hier S. 76 f.

30 P. A. Kropotkin, Ėkspedicija dlja issledovanija russkich severnych

morej. Sankt Petersburg 1871, S. 12.

31 M. Sidorov, O neobchodimosti ogradit' prava sobstvennosti Rossii na Karskoe more [1871], in: F. Studitskij, Istorija otkrytija morskogo puti iz Evropy v Sibirskie reki i do Beringova proliva. Sankt Petersburg 1883, S. 40–53, hier S. 41.

32 D. I. Švanenberg, M. K. Sidorov, O plavanii jachti »Utrenjaja Zarja« iz Eniseja čerez Karskoe more i Severnyj okean do Peterburga. Sankt Petersburg 1878, S. 10.

33 Podlipovec, Blistatel'nye ėry, Sibir', Nr. 24, 16. 7. 1878, S. 1.

34 Zit. nach A. Leslie, Die Nordpolarreisen Adolf Erik Nordenskiöld's 1858 bis 1879. Leipzig 1880, S. 248.

35 Ebd., S. 300. Abb. der *Vega* vor Tschukotka siehe https://en.wikipedia.org/wiki/Vega_Expedition#/media/File:NMA.0077091_Fartyget_Vega_fastfruset_i_isen_vid_Pitlekai.jpg.

36 A. E. Nordenskiöld, Die Umsegelung Asiens und Europas auf der Vega, Bd. 1. Leipzig 1882, S. 422.

37 A. E. Nordenskiöld, Berichte über die Vega-Expedition an Dr. Oscar Dickson, geschrieben an Bord der Vega. Leipzig o. J., S. 622.

38 A. E. Nordenskiöld, Die Umsegelung Asiens und Europas auf der Vega, Bd. 2. Leipzig 1882, S. 10.

39 A. E. Nordenskiöld, Berichte über die Vega-Expedition, S. 678.

40 J. Viggins, Morskoj put' v Sibir' Karskim Morem, 1874–1894. Sankt Petersburg 1895, S. 12.

41 S. Makarov, Ob issledovanii Severnogo Ledovitogo okeana. Sankt Petersburg 1897, S. 38.

42 L. L. Brejtfus, Morskoj Sibirskij put' na Dal'nij Vostok. Sankt Petersburg 1904, S. 22.

43 N. Arbenev, V Severnom Ledovitom okeane. Sankt Petersburg 1913, S. 34 ff.

44 L. Starokadomskij, Otkrytie novych zemel v Severnom Ledovitom okeane. Petrograd 1915, S. 35.

45 L. Starokadomskij, Čerez Ledovityj okean iz Vladivostoka v Archangel'sk. Petrograd 1916, S. 50.

46 Ebd., S. 52.

47 J. Lied, Sibirisches Abenteuer. München 1953, S. 73.

48 Ebd., S. 79.

49 F. Nansen, Sibirien. Ein Zukunftsland. Leipzig 1914, S. 363.

50 Ja. Šachtunovskij, Zavoevanie Severa, in: Ogonek 31/1928, S. 8–9, hier S. 9.

51 V. Majakovskij, Proba, Rabočaja Moskva, 9. 10. 1928.

52 Ja. Šachtunovskij, Zavoevanie Severa, in: Ogonek 31/1928, S. 8–9, hier S. 9.

53 B. Gromov, Pochod »Sedova«. Moskau 1930, S. 77.

54 S. Marvič, Arktičeskij polet LZ-127, in: Vokrug Sveta, 21/1931, S. 10–11, hier S. 11.

55 Vstreča cepellina s »Malyginym«, in: Izvestija, 29. 7. 1931, S. 2.

56 R. Samojlovič, V l'dach Arktiki. Moskau ^{3}1934, S. 324 u. 327.

57 Ebd., S. 310.

58 H. P. Smolka, Forty Thousand Against the Arctic. Russia's Polar Empire. London 1937, S. 30.

59 Ebd., S. 275.

60 V. Vize, Meždunarodnyj poljarnyj god. Leningrad 21932, S. 49.

61 V. Vize, Na »Sibirjakove« v Tichij okean. Leningrad 1934, S. 126 f.

62 Velikij sibirskij put' otkryt, in: Vokrug Sveta 1/1933, S. 1.

63 SSSR na strojke, 9/1933, S. 1.

64 O. Ju. Šmidt, Naši zadači v 1936 godu, in: Sovetskaja Arktika 3/1936, S. 28–43, hier S. 30.

65 Velikaja sila strany lučezarnogo buduščego, in: Vostočnosibirskaja Pravda, 16. 4. 1934, S. 2.

66 O. Ju. Šmidt, Ėkspedicija na Čeljuskine i Severnyj Morskoj put', in: Pochod Čeljuskina, Bd. 1. Moskau 1934, S. 11–48, hier S. 46.

67 B. Gromov: Gibel' Čeljuskina. Moskau 1934, S. 108.

68 Technika pobedila prirodu, čelovek pobedil smert', in: Izvestija, 14. 4. 1934, S. 2.

69 Beseda s tov. O. Ju. Šmidtom, in: Literaturnaja gazeta, 6. 6. 1934, S. 1.

70 Nauka nastupaet na Sever, in: Geroičeskij pochod. »Pravda« o poljarnoj ėkspedicii Čeljuskina. Moskau 1934, S. 5.

71 O. Ju. Šmidt, Pisateli na Čeljuskine, in: Literaturnaja gazeta, 28. 6. 1934, S. 1.

72 Ebd.

73 Union of Soviet Socialist Republics. New York World's Fair 1939. O. O., o. J., S. 10.

74 R. Brigham, Russia's Icebreaker, in: LIFE, 17. 7. 1964, S. 30–34C, hier S. 34A.

75 T. Armstrong, V. Bulatov, J. P. P. Nielsen, E. Okhuizen: Historical and Current Uses of the Northern Sea Route. Part I–IV. INSROP Working Papers 28/1996, 61/1996, 84/1997, 113/1998; auf der Grundlage dann neuerdings: Jens P. Nielsen, Edwin Okhuizen (Hg.): From Northeast passage to Northern sea route. A history of the waterway north of Eurasia. Leiden/Boston 2022.

Weiterführende Literatur

1 Wege durchs Eismeer

J. P. Nielsen, E. Okhuizen (Hg.), From Northeast passage to Northern sea route. A history of the waterway north of Eurasia. Leiden 2022 • M. I. Belov, Istorija otkrytija i osvoenija Severnogo Morskogo puti, 4 Bde. Leningrad 1956–1969 • D. Huddart, T. Stott, Adventure Tourism. Environmental Impacts and Management. Cham 2020 • A. Renner, Markt, Staat, Propaganda. Der Nördliche Seeweg in Russlands Arktisplänen, in: osteuropa 5/2020, S. 35–59

2 Handel und Hyperspace

S. Baron, Muscovy and the English Quest for a North-Eastern Passage to Cathay (1553–1584), in: Acta Slavica Iaponica 3 (1985), S. 1–17 • J. R. Evans, Tudor Adventurers. An Arctic Voyage of Discovery: the Hunt for the Northeast Passage. New York 2014 • K. Küntzel-Witt, »Mythos Nordostpassage«: Der Traum vom kurzen Weg nach China, in: F. Edelmayer, G. Pfeisinger (Hg.), Ozeane. Mythen, Interaktionen und Konflikte. Münster 2017, S. 203–232 • A. Pitzer, Icebound. Shipwrecked at the Edge of the World. New York 2021

3 Russlands Wilder Norden

T. Armstrong, In Search of a Sea Route to Siberia, 1553–1619, in: Arctic 37 (1984), S. 429–440 • D. Dahlmann: Sibirien. Vom 16. Jahrhundert bis zur Gegenwart. Paderborn 2009 • R. H. Fisher, The voyage of Semen Dezhnev in 1648. Bering's precursor. London 1981 • A. Renner, Mangazeja: Goldsprudel an der Nordost-Passage, erscheint in: H. Holzberger (Hg.), Russische Orte in Asien. Heidelberg 2024

4 Peters Traum

O. Frost, The Russian Discovery of America. New Haven 2004 • N. Okhotina Lind, P. U. Møller (Hg.), Under Vitus Bering's Command. Aarhus 2003 • N. Okhotina Lind, P. U. Møller (Hg.), Vtoraja Kamčatskaja ėkspedicija. Morskie otrjady, 5 Bde. Sankt Petersburg 2001–18 • D. A. Širina, Rossija: naučnoe issledovanie Arktiki XVIII v. – 1917 g. Novosibirsk 2001 • M. Winkler, Imagining the Arctic, the Russian Way: Concepts and Projects for the Arctic Ocean in the Eighteenth Century, in: New Global Studies, 2/2013, S. 73–100

5 Hinter dem Eis
A. P. Sokolov, Proekt Lomonosova i ėkspedicija Čičagova [1854]. Sankt Petersburg 2018 • A. Mkrtčjan, L. Popov, Zemlja Sannikova (Film), UdSSR: Mosfilm 1973 • W. A. Obrutschew, Das Sannikowland. Dt. v. Bruno Pasch. Berlin 1953 • D. Ordubadi, Die Billings-Saryčev-Expedition 1785–1795. Göttingen 2016 • V. Pasetsky, The Land that never was. The Search for Sannikov-Land in the Arctic Ocean. Moskau 1988

6 Der Zucker-Millionär
E. Amburger (Hg.), Die Familie Brandt. Hamburg – Archangel – Sankt Petersburg – London. Leipzig 1937 • E. Amburger, William Brandt and the Story of his Enterprises. Typoskript, ca. 1950 (Privatarchiv Wolfgang Sartor) • E. I. Ovsjankin, Arkhangel'sk kupečeskij. Arkhangel'sk 2000 • B. V. Richter, Petr K. Pachtusov. Moskau 1952

7 Der Durchbruch
M. Agapov, Severnyj morskoj put': Nacional'nyj patriotizm i predprinimatel'skie interesy, in: Quaestio Rossica, 2/2023, S. 473–488 • G. Kish, North-east passage. Adolf Erik Nordenskiöld, his life and times. Amsterdam 1973 • C. Krypton, The northern sea route. Its place in Russian economic history before 1917. New York 1953 • D. Saunders, Captain Wiggins and Admiral Makarov: commerce and politics in the Russian Arctic (1874–1904), in: Polar record, 2017, S. 427–435 • F. Studitskij, Istorija otkrytija morskogo puti iz Evropy v Sibirskie reki i do Beringova proliva. Sankt Petersburg 1883

8 Krieg und Kommerz
W. Barr, A Tsarist Attempt at Opening the Northern Sea Route: The Arctic Ocean Hydrographic Expedition, 1910–1915, in: Polarforschung, 1/1975, S. 51–64 • J. Lied, The story of the Siberian Company. London 1960 • L. M. Starokadomskiy, W. Barr, Charting the Russian Northern Sea Route. The Arctic Ocean Hydrographic Expedition 1910–1915. Montréal 2000 • N. A. Transehe, The Siberian Sea Road: The Work of the Russian Hydrographical Expedition to the Arctic 1910–1915, in: Geographical Review, 3/1925, S. 367–398

9 Ein polares Tortenstück
S. Barr (Hg.), Franz Josef Land. Polarhåndbok 8. Oslo 1995 • W. Barr, E. Baldwin, The First Tourist Cruise in the Soviet Arctic, in: Arctic 33 (1980), S. 671–685 • N. B. Gramatčikova, O. A. Skubač, Arktičeskij ėkstrim. Katastrofa Dirižabla »Italija« v Sovetskoj dokumentalistike, 1928–1930, in: Ural'skij istoričeskij Vestnik 68 (2020), S. 90–99 • P. Horensma, The Soviet Arctic. London 1991 • C. Krypton, The Northern Sea Route and the Economy of the Soviet North. New York 1956

10 Das Institut / 11 Helden der Arktis
M. A. Emelina, M. A. Savinov, P. A. Filin, Letopis' Arktičeskogo instituta. Moskau 2020 • F. Griffiths, Arctic and North in the Russian Identity. Toronto 1990 • H. Günther, Der sozialistische Übermensch. Stuttgart 1993 • P. R. Josephson, The Conquest of the Russian Arctic. Cambridge, MA 2014 • D. Luzin, The Northern Sea Route During World War II, 1939–1945, in: The Journal of Slavic Military Studies, 3/2007, S. 421–

432 • J. McCannon, Red arctic. Polar exploration and the myth of the North in the Soviet Union, 1932–1939. Oxford 1998 • E. T. Krenkel, The Voyage of the Cheliuskin. New York 1935

12 Lenin auf großer Fahrt

V. Blinov, Ledokol Lenin. Sankt Petersburg 2007 • R. Brigham, Russia's atomic icebreaker, in: LIFE, 17. 7. 1964, S. 30–34 • D. Brubaker, Nuclear Transport along the Northern Route and Nuclear Waste Dumping in the Barents and Kara Seas, in: D. D. Caron (Hg.), The oceans in nuclear age. Leiden 2014, S. 467–505 • F. Lüscher, Nuklearer Internationalismus in der Sowjetunion. Geteiltes Wissen in einer geteilten Welt, 1945–1973. Köln 2021 • P. L. Ølgaard, Accidents in Nuclear Ships. Lyngby 2016 • F. Mowat, Sibir. My discovery of Siberia. Toronto 1970

13 Eine Rede in Murmansk

W. E. Butler, The legal regime of Soviet Arctic marine areas, in: L.W. Brigham (Hg.), The Soviet maritime Arctic. Annapolis, MD 1991, S. 215–234 • K. Etland, Mikhail Gorbachev, the Murmansk Speech, and the end of the cold war in the Arctic, in: M. N. Suprun (Hg.), Cholodnaja vojna v Arktike. Arkhangel'sk 2009, S. 38–58 • S. Gerbaud, L'Astrolabe et la découverte du passage du Nord-Est, in: La revue maritime, 424/1991, S. 62–65 • W. Østreng, L.W. Brigham, The natural and societal challenges of the Northern Sea route. Dordrecht 1999 • R. D. Brubaker, C. L. Ragner, A review of the International Northern Sea Route Program (INSROP) – 10 years on, in: Polar Geography, 1–2/2010, S. 15–38

14 Das Eis schmilzt

15 Die Zukunft Russlands

www.barentsobserver.com & www.thebarentsobserver.com • S. G. Borgerson, Arctic Meltdown. The Economic and Security Implications of Global Warming, in: Foreign Affairs 87 (2008), S. 63–77 • L. W. Brigham, The Arctic Waterway to Russia's Economic Future, in: Wilson Quarterly, 3/2017, https://www.wilsonquarterly.com/quarterly/into-the-arctic/the-arctic-waterway-to-russias-economic-future • N. Bayat Grajewski, Russia's Great Power Assertion: Status-Seeking in the Arctic, in: St Antony's International Review 13 (2017), S. 141–163 • G. Hønneland, Russia and the Arctic. Environment, identity and foreign policy. London 2020 • M. Laruelle, Russia's Arctic strategies and the future of the Far North. Armonk 2014 • M. Paul, Der Kampf um den Nordpol. Die Arktis, der Klimawandel und die Rivalität der Großmächte. Freiburg i. Br. 2022 • A. Sergunin, G. H. Gjørv, The Politics of Russian Arctic shipping: evolving security and geopolitical factors, in: Polar journal 10 (2020), S. 251–272 • S. Zhiltsov, The Arctic. A drifting future. New York 2021

Register

Personen, Orte und *Schiffe*

(Kursive Seitenzahlen beziehen sich auf Karten.)